International Relations for the Global Commons

グローバル・コモンズのための国際関係論

森　彰夫

Akio Mori

彩流社

序

グローバル・リスク社会の専門家のウルリッヒ・ベック[1]は、「リスクは国家間の権力関係の裏をかいくぐって発生」[2]し、「グローバル化時代のリスクの分布は国境と一致せず、そうして越境したリスクの共有関係は、政治的にも組織的にもどこにも属さず、時には認識すらされず、漂うことになる」[3]と指摘していた。

新型コロナウイルスのパンデミック危機は、米中貿易戦争のような愚かな行為を嘲笑うかのようにグローバル・リスクとして猛威を振るい、2020 年末の米大統領選挙、Brexit の 1 年間の移行期間終了などの時期に予想されていた恐慌が前倒しされる形となった。

2018 年までの 10 年間で国内避難民を含む難民の総数は倍増し、7000 万人を超えた。シリアなどから紛争難民がヨーロッパに押し寄せ、ヨーロッパでは排外主義的な極右政党が台頭し、Brexit につながった。格差拡大によって途上国からの移民も増加している。

生態学者のハーディン[4]は、個人の配慮のない行動が環境を損なう危険性を警告し、「共有地（コモンズ）の悲劇」として警告していた。たとえば、共有地（コモンズ）である牧草地に複数の農民が牛を放牧する。農民は利益の最大化を求めてより多くの牛を放牧する。自身の所有地であれば、牛が牧草を食べ尽くさないように数を調整するが、共有地では、自身が牛を増やさないと他の農民が牛を増やしてしまい、自身の取り分が減ってしまうので、牛を無尽蔵に増やし続ける結果になる。こうして農民が共有地を自由に利用する限り、資源である牧草地は荒れ果てて、結果としてすべての農民が被害を受けることになる[5]、というのである。

エリノア・オストロム[6]が「資源を管理する効率性は市場でも政府でもなく、コミュニティが補完的役割を果たしたときに最も効果的になる」とシェアリン

---

1 Ulrich Beck（1944 年 - 2015 年）ドイツの社会学者。ミュンヘン大学およびロンドン・スクール・オブ・エコノミクスの社会学教授。
2 ベック（1998 年）p. 29.
3 同上。pp. 72-73.
4 Garrett Hardin（1915 年 - 2003 年）カリフォルニア大学サンタバーバラ校で生態学教授。
5 Hardin (1968) p.1244.
6 Elinor Ostrom（1933 年 - 2012 年）米国の政治学者、経済学者。インディアナ大学教授。2009 年、オリバー・ウィリアムソンとともにノーベル経済学賞を受賞した。

グ・エコノミーの意義を考察した。今日の持続不可能な天文学的な格差拡大の原因は、GAFA などのデジタル・プラットフォーマーによってもたらされている。独占を解体し、1%の富裕層からもっとも効率的に資源管理できるコミュニティに権限を移す必要があろう。

筆者は、2011 年にオルター・グローバリゼーションが必要であるという観点から、国際関係論のテキストとして『オルタナティブ国際関係論—国際機構と国際協力の改革へ向けて—』を出版した。そのなかで、アントニオ・ネグリ[7]とマイケル・ハート[8]が、「国民国家からグローバルな市場の調整への移行に立ち会っている……来るべき〈帝国〉は領土を持たない……それは、核兵器と貨幣とコミュニケーションを手段とするグローバルな管理ネットワーク（「単一の支配原理のもとに統合された一連の国家的かつ超国家的な組織体」）である」[9]と論じたことをも考察した。

本書の第 14 章で新たに、ネグリとハートがオープンソース社会を提唱し、デジタル・プラットフォーマーによる独占を解体する必要性を論じていることの意味を考察する。ナポレオンが自ら皇帝を名乗るボナパルティズムによってフランス革命の自由、平等、国民主権による民主主義の理念はフランスでは潰えたが、アレクシ・ド・トクヴィル[10]は自らアメリカに渡りデモクラシーがどのように機能していくかを観察し、多数者が多数決で少数者を抑圧するという多数者による専制となっていることを見抜いて論じた。多数派による専制の克服はフランス革命以来の宿題であったが、科学技術が発達し、コモンズが開放されることによって、マルチチュード[11]がついに自らを統治する能力を手にする可能性が見えてきたことを意味するのである。

---

[7] Antonio Negri（1933 年 - ）イタリアの政治活動家、哲学者。パドヴァ大学、パリ第 8 大学で教える。

[8] Michael Hardt（1960 年 - ）パリ第 8 大学で当時フランス亡命中のネグリに師事。デューク大学文学部准教授。

[9] ネグリ・ハート（2003 年）pp.4-6

[10] Alexis-Charles-Henri Clérel de Tocqueville（1805 年 - 1859 年）生家はノルマンディー地方の貴族で軍人・大地主という由緒ある家柄で、フランス革命の際に親戚が多数処刑された。1848 年の二月革命の際には革命政府の議員となり、翌年には外相。1851 年、ルイ＝ナポレオン（後のナポレオン 3 世）のクーデターに巻き込まれて逮捕され、政界を退いた。フランスが誇る歴史家・知識人。

[11] マキャベリによって使用され、その後、スピノザが用いた政治概念で、ラテン語 では「多数」、「民衆」などの意味を持ち、最近では、ネグリとハートが多用している。

しかしながら、格差拡大や温暖化の主要な原因でありもっとも責任を負わなければならないはずの米国の大統領がトランプとなり、公然と人種差別や排外主義で大衆を煽動し、人権の侵害行為を行っている。また、コモンズを独占し続けようとする民間企業や政府が強大な権力として立ち塞がっている。これらを克服していくことができなければ、自由、平等、民主主義、他者の尊重、多元性は死に絶え、「コモンズの悲劇」がもたらされ、人類に未来は残されていかないであろう。本書は、このような問題意識を『グローバル・コモンズのための国際関係論』として 14 の章で考察している。

第 1 章では、これまでのリベラリズム、リアリズム、国際政治経済論、従属論と世界システム論、コンストラクティビズムを考察し、さらに、グローバリゼーション下におけるオルター・グローバリゼーションの取り組みを国際関係論的に位置付けようとするオルタナティブ国際関係理論を考察する。

第 2 章では、安全保障におけるグローバル・コモンズを、パルメ委員会がまとめた「共通の安全保障」の問題として考察する。セキュリティ・ディレンマ／パラドクス、圧倒的な軍事力や核の抑止力に頼る個別的安全保障に留まっていること、軍事同盟の矛盾、抑止理論のジレンマと失敗など、今日の安全保障の諸体系の問題を論じている。また、第二次世界大戦後、国連による集団的安全保障体制が打ち出されたが、冷戦構造の中で機能不全となった国連の改革、各国の常備軍を国連憲章で打ち出された国連予備軍に再編していくことの必要性を論じた。

日本においても、嫌韓論や嫌中論のようなヘイトスピーチが正当化されるような歴史修正主義が安倍政権によって打ち出された。歴史修正主義は、戦前の価値観や体制に過ちはなく、復活させ、国連中心主義に回帰するのではなく、自衛隊を国軍として憲法に明記することによって軍事力を増強するためには不可欠であると考えていることが根底にあり、セキュリティ・ディレンマ／パラドクスの教科書的な事例となっている。第 3 章で、1930 年代に侵略と植民地支配が推進されていく中、石橋湛山[12]が帝国主義に対抗する平和的な加工貿易立国論を唱え

---

12 （1884 年 - 1973 年）1924 年に『東洋経済新報』第 5 代主幹となり、翌年には代表取締役専務（社長制となるのは、1941 年以降）に就任。戦後、大蔵大臣、通商産業大臣、内閣総理大臣、郵政大臣などを歴任。

て台湾・朝鮮・満州を放棄する「小日本主義」を訴えていたことを考察する。

第 4 章では、歴史修正主義によって従軍慰安婦に対する強制性の有無、徴用工などの個人請求権、南京大虐殺、泰緬鉄道建設のための強制労働、サンダカン捕虜収容所での虐待、シンガポール華僑虐殺などについて、まるで異なる二つの戦争の記憶が語られているが、その歴史的・社会的根拠までさかのぼって考えることが必要であり、国立公文書館などの資料も参照しながら考察した。ナチス・ドイツによる戦争犯罪の記憶のされ方と比較し、歴史修正主義によって日本軍ばかりではなく国民全体の名誉と歴史が回復できることはなく、それどころか、過去の過ちが正当化され、再び過ちを繰り返すことになってしまうことを考察した。

第 5 章では、グローバル・リスクとして、世界で最も憂慮されている主要な地域紛争を考察している。大国の思惑や介入から生じた性格の紛争、経済格差などの経済問題や一党独裁制などの政治問題などを人為的な民族主義的キャンペーンで民族問題にすり替えたために引き起こされてきた紛争、植民地支配の負の遺産による部族紛争の特質を論じている。

多くの新生国、開発途上国では、独裁型の政治権力がしばしば国民の人権を抑圧する政治的行為を行い、大国の介入や紛争激化に伴い人道上の罪悪となる暴力・残虐行為が多発している。第 6 章では、人権外交の名を掲げて外国から干渉や圧力を加える事例の正当性、ユーゴスラビア紛争における国内避難民の保護、イラク戦争やダルフール紛争における人権・人道問題、ガラパゴス化している日本の「難民鎖国」政策について考察している。

1929 年の世界大恐慌後に列強がブロック経済圏をつくる一方、保護貿易からはじき出された国をファシズムに走らせ第二次世界大戦を招いたという反省から、国際的協力による通貨の安定、貿易の振興、発展途上国の成長を実現するものとしてブレトンウッズ協定が結ばれ、国際通貨基金（IMF）および国際復興開発銀行（世界銀行）が設立された。第 7 章では、「ケインズの双子」と呼ばれたブレトンウッズ体制の新古典派の牙城への変質、重債務国に対する構造調整プログラムの弊害、ユーロの導入と課題、リブラとデジタル人民元の登場を踏まえ、今後の国際通貨・金融体制の課題について考察している。

第二次世界大戦後、途上国に対する開発援助が世界銀行などの国際機関や先進国政府によって取り組まれてきたが、貧困層の人口は減らず格差が拡大し、開発援助の量が不十分であるとともに、開発援助のあり方にも問題があるといえる。第 8 章では、開発援助機関設立からの活動内容、弊害の原因、今後の対策について考察している。貧困国の債務返済能力を奪っているのが、IMF・世界銀行の構造調整融資自体であり、債務国からの輸入を増やさず、債務国に債務返済能力を持たせなかった債権国の先進諸国との関係の問題であること、経済開発がうまく進まない、あるいは進行していたものが頓挫してしまうのは、経済発展に必要な社会的インフラの欠乏にあるとの認識から社会開発の必要性を考察している。

第 9 章では、先進国が自由貿易を主張し、発展途上国が保護主義を主張する歴史的経緯、自由貿易を促進する国際的な取組みの枠組みとしての GATT／WTO、自由貿易協定（FTA）、経済連携協定（EPA）、環太平洋パートナーシップ協定（TPP）の矛盾、途上国を代弁する UNCTAD、法規制や基準を定めることによって、公正な貿易、安全管理、環境保護、労働者などの人権擁護などを行う国際機関に WTO が再編されることの必要性を論じている。

第 10 章では、EU に刺激され、北米の NAFTA、南米の MERCOSUR、ASEAN と東アジアの歩み寄りの他、自由貿易協定（FTA）を締結する動きが増加したこと、ギリシャ危機や Brexit のようにリージョナル・コモンズとして地域統合が直面するようになった課題などについて考察している。

第 11 章では、グローバル・コモンズとして地球環境保全を考察している。温暖化が進み、ある“臨界点”を超えると、氷の融解が止められなくなる。グリーンランドの氷の厚さは 1500 メートル以上ある。氷が解けると標高が下がる。標高が下がると、より暖かい空気に触れるため、さらに氷が解ける。こうした悪循環は、森林火災にも見られる。2018 年にアマゾン、2019 年にオーストラリアで大規模な火災に見舞われた。火災や伐採、干ばつで森林が減少すると、森林から出る水蒸気が減少し、雨も減る。雨が減ることで木が枯れ、さらに森林が減少する。日本近海の海水温が 2 度上昇したことから、50 年に一度の大型台風が毎年日本に上陸するようになり、河川の氾濫などで大規模災害が引き起こされている。UNEP は、「今後 2 年間に世界の GDP の 1%を投資すると、世界経済の重要な緑化のシードとなるために必要なグリーンインフラストラクチャーの臨界質量を提供できる」[13]と報告していたにもかかわらず、「自国ファースト」などという政権を支持し続けたことによって、温暖化や格差拡大が進み「コモンズの悲劇」となり、地球は人類が住めない惑星となってしまうことを考察している。

第 12 章では、グローバリゼーションの是非を考察し、スーザン・ジョージ[14]らが提唱している金融取引課税（トービン税）などによる国際的な所得の再分配などを求めるオルター・グローバリゼーションを評価し、セルジュ・ラトゥーシュ[15]やデビッド・コーテン[16]のようにグローバリゼーションそのものに反対し開発自体の必要性を否定する議論には根拠がないことを論じている。また、ネグリとハートが、国民国家からグローバルな市場の調整へ移行し、来るべき〈帝国〉は領土を持たない、とグローバリゼーションを論じていることを考察する。

第 13 章では、グローバル・コモンズとして経済資源の在りかたに焦点を絞り、米国発世界金融・経済危機、公共財としての金融システム、自壊するグローバル資本主義、エリノア・オストロムによって論じられたシェアリング・エコノミー、今日の持続不可能な天文学的な格差拡大の原因となっているデジタル・プラットフォーマーによる独占を解体し、1%の富裕層からもっとも効率的に資源管理できるコミュニティに権限を移す必要があることを考察している。

第 14 章で、多数派による専制は正当化されないこと、小選挙区制による閉塞感、東欧の EU 懐疑派が打ち出した「イリベラル・デモクラシー」が権威主義体制に他ならないこと、ネグリとハートが論じている多層的な連邦モデルは国境を越えるネットワーク上の権力が未完のプロジェクトである民主主義を完成させる可能性を持っていることを考察している。

本書が、「コモンズの悲劇」に瀕しつつあるグローバル社会の諸問題を解決する一助となれば幸いである。

森彰夫

---

[13] See Barbier (2009)

[14] Susan George (1934 年 -) 国際 NGO の ATTAC France の名誉代表。オルター・グローバリゼーションの国際的市民運動の理論的リーダー。

[15] Serge Latouche（1940 年 - ）社会科学における反功利主義運動（MAUSS）に所属し、近代思想の経済的偏向に関する研究討論活動で知られる。パリ第 12 大学の名誉教授、経済哲学者。

[16] David C. Korten （1937 年 - ）米国開発庁（USAID）元アジア地域上級顧問。現在、People-Centered Development Forum（民衆中心の発展フォーラム）代表。

目　次

第1章　国際関係の理論

Sourcc: https://diamond.jp/articlcs/-/16095
Susan George（1934年 - ）国際NGOのATTAC（Association for Taxation of (financial) Transactions to Aid Citizens France）の名誉代表。オルター・グローバリゼーションの国際的市民運動の理論的リーダー。

はじめに

私たちが国際関係を学ぶべき最も主要な理由は、世界のあらゆる人々が領土に仕切られた個別の政治共同体、すなわち国家のなかに分断されており、こうした事実が人々の生活に深く影響を及ぼしているからである[1]。これはグローバリゼーションの時代であっても、基本的には変わらない。国際関係の理論として、これまでのリベラリズム、リアリズム、国際政治経済論、従属理論と世界システム論、コンストラクティビズムを考察し、さらに、グローバリゼーション下において新たに登場してきたオルター・グローバリゼーションの取り組みを国際関係論的に位置付けようとするオルタナティブ国際関係理論を考察する。

1．リベラリズム

1795 年にカント[2]によって書かれた『永遠平和のために』は、「国際連盟」という国際フォーラムによる国際協調を説明している。19 世紀のベンサム[3]などの人道主義の思想家が説いた「最大多数の最大幸福」は、世界の人々が望んでいるのだから利益の自動的調和による平和という理想社会をつくることができるとした理想主義の理論であった。また、貿易や投資などの経済交流が盛んになり経済的相互依存が深化することで、貿易や投資の利益に反するような緊張関係には反対し、武力衝突にエスカレートする前に問題を平和平和裏に解決するよう試みると、スミス[4]やリカード[5]らのリベラリストは論じてきた。

第一次世界大戦後、その残虐さに驚愕した人々の間では、軍事力の均衡を図り自国を守るというリアリズムの理論ではなく、国際法や国際社会規範を整備し、各国が話し合える国際フォーラムを設置することで国際紛争を避けるべきであ

---

1 Jackson and Sorensen (2003) p. 2.

2 Immanuel Kant（1724 年 - 1804 年）プロイセン王国出身の思想家、大学教授、ドイツ観念論哲学の祖。『純粋理性批判』、『実践理性批判』、『判断力批判』の三批判書を発表し、批判哲学を提唱して、認識論における、いわゆる「コペルニクス的転回」をもたらした。

3 Jeremy Bentham（1748 年 - 1832 年）イギリスの哲学者・経済学者・法学者で、功利主義の創始者。

4 Adam Smith（1723 年 - 1790 年）スコットランド生まれのイギリス（グレートブリテン王国）の経済学者・哲学者である。主著は『国富論』（または『諸国民の富』とも。「経済学の父」と呼ばれる。

5 David Ricardo（1772 年 - 1823 年）自由貿易を擁護する理論を唱えたイギリスの経済学者。各国が比較優位に立つ産品を重点的に輸出する事で経済厚生は高まる、とする「比較生産費説」を主張した。

るという理想主義の考え方が台頭した。この理想主義によって、国際連盟が設立され、各国が戦争に訴える権利を廃止し、戦争を違法化する世界平和宣言が打ち出された。

しかし、国際連盟による平和構築の努力も空しく、1931年の満州事変、1933年のナチスドイツの誕生、ドイツや日本の国際連盟脱退、1937年の日独伊三国防共協定締結によって第二次世界大戦へと突き進み、理想主義による壮大な実験の失敗としてリアリストから批判を浴びた。

他方、リアリズムにも短所があり、時代を超えて変わらない国際政治の性質を重視しているため、冷戦の終結といった国際社会の変化を十分に説明できない。これに対し、リベラリズムの思想を継承した国際関係理論は、変化する国際情勢に対応しながら発展してきた。

1950年代には、ドイチュ[6]によってヨーロッパでのコミュニケーションや交流の進化と安全保障の関係を論じた多元的安全保障論が論じられた。1970年代には、コヘイン[7]とナイ[8]によって国家間の経済的相互依存、多国籍企業や非政府主体、国境を越えたネットワークなどの役割を重要視した相互依存論が台頭した。さらに、国際レジーム論やネオリベラル制度論が、国際制度や国際機関の側面から国家間の利害調整と協力関係の構築の可能性を強調した。コヘインはネオリベラル制度論の立場から、ネオリアリズムの主張のうち、国家をアクターとする点、国家が生き残りのために行動する点などは受け入れるが、しかしそうした仮定をおいても、国際政治において経済や規則の果たす役割は大きく協調も可能である、ということを論じている。また、ポスト冷戦期は、デモクラティック・ピース論によって、国内政治が国家の安全保障に与える影響力について論じられている。

---

[6] Karl Wolfgang Deutsch（1912年 - 1992年）元ハーヴァード大学教授。プラハで生まれたドイツ人。カレル大学卒業後（1938年）、米国に移住。マサチューセッツ工科大学、イェール大学で教える。安全保障共同体（security community）という概念を提起。

[7] Robert Owen Keohane（1941年 - ）米国の国際政治学者。プリンストン大学教授。

[8] Joseph Samuel Nye, Jr.（1937年 - ）米国を代表するリベラル派の国際政治学者。またアメリカ民主党政権でしばしば政府高官を務めた。知日派として知られる。1995年2月、国防次官補として通称「ナイ・イニシアティヴ」と呼ばれる「東アジア戦略報告(EASR)」を作成。東アジアに約10万の在外米軍を維持するなど、冷戦後のアメリカの極東安保構想を示した。2008年12月には都内でナイは日本の民主党幹部と会談を行い、「オバマ次期政権下で（日本の）民主党が安全保障政策でインド洋での給油活動をやめ、日米地位協定などの見直しに動いたら反米と受け止める」と発言を行った（『産経新聞』2008年12月22日）。

2．リアリズム

リアリズムの元祖といえるのが、歴史家のトゥキュディデス[9]で、紀元前 450 年ごろに『戦史』で、古代ギリシャにおけるペロポネソス戦争の権力闘争と戦争の因果関係を描き出している[10]。

都市国家フィレンツェの生き残り戦略を記したマキアベリ[11]の 1532 年の『君主論』は、「君主というものは……国を維持するために、信義に反したり、慈悲に反したり、人間味に反したり、宗教に反した行動にたびたび出なくてはならない」[12]と国家目的のためなら手段を選ぶなと勧めている。

ホッブス[13]は、『リヴァイアサン[14]』で、人間は権力欲をもつ生き物であるという仮定から、こうした人間からなる集団に秩序を打ち立てるためには強力な中央権力が必要であると主張した。ホッブスの「万人の万人に対する闘争」という考え方は、後世のリアリストたちに国際関係が「万人の万人に対する闘争」が行われている自然状態に近いという「ホッブス的世界観」を与えている。

カー[15]は、1939 年に刊行した『危機の 20 年』で、第一次世界大戦後、侵略戦争が違法化され、平和を維持するために国際連盟が設立されたにもかかわらず再び戦争の危機をむかえた原因を理想主義の誤りに求め、国際関係においてパワーの重要性を強調する現実主義の立場を説いた。カーは、現実を無批判的に肯定する道義を無視したリアリズムには批判的で、健全な国際関係理論はリアリズムと理想主義の融合から生まれるとした[16]。

モーゲンソー[17]は、理想主義によっては第二次世界大戦が起こってしまったように国際紛争を防ぐことはできず、世界の動きを国益、パワーやバランス・オブ・

---

[9] Thukydides/Thucydides（紀元前 460 年頃 - 紀元前 395 年）。古代アテナイの歴史家。

[10] トゥキュディデス（1966 年）参照。

[11] Niccolò Machiavelli（1469 年 - 1527 年）イタリア、ルネサンス期の政治思想家、フィレンツェ共和国の外交官。

[12] マキアベリ（1998 年）pp. 99-100.

[13] Thomas Hobbes（1588 年 - 1679 年）イングランドの哲学者であり、近代政治思想を基礎づけた思想家。

[14] 旧約聖書に登場する海の怪物。

[15] Edward Hallett Carr（1892 年 - 1982 年）イギリスの歴史家、政治学者、外交官。

[16] カー（1996 年）参照。

[17] Hans Joachim Morgenthau（1904 年- 1980 年）ドイツからナチスによる迫害を恐れて 1937 年に米国に移住した国際政治学者。シカゴ大学教授。

パワーから読み解き、リアリズムを体系化した[18]。リアリズムは、世界は中央政府が存在しない無政府状態で、国家の上に立つ権力や権威が存在しないため、国際関係のおけるアクターは国家であり、国際機関や NGO は国際関係の脇役でしかなく、国益や国家の安全保障が最優先課題となり、この目的を達成するためにパワーが重要な手段とする。時に国家は他国を援助したり、地球規模の問題解決のために譲歩することもあるが、リアリストとしては、問題が国家の安全保障にとってさほど重要でない場合や、長い目で見て国益につながる場合に限るということになる。

権力欲から物事を説明するリアリズムは、火が燃えるから火事になるといっても何の説明にならないように、論理的な弱点があった。これを克服するものとして、ネオリアリズムのウォルツ[19]は、国際関係の因果関係を明らかにするために、無政府状態とパワー分析／配分として定義される国際構造（原因／独立変数）が、あらゆる国家同士のできごと（結果／従属変数）に影響すると仮定した。大国はパワーが大きいので、システムにおける地位が高く、それだけ行動する余地が広く、小国はパワーが小さいからシステムにおける地位が低く、それだけ行動の範囲は狭まるように、国家の行動パターンは、国際システムの無政府性とパワー分布から説明できるとした[20]。

米ソ冷戦、インド・パキスタンの核軍拡競争、中東紛争、北朝鮮の核保有などは、リアリズムの枠組みでその本質を説明できる。しかし、リアリズムは冷戦の終焉という激変を予測できなかったように、国際関係の変化を説明できないという弱点を持っている。

3．国際政治経済論

現代の国際関係のダイナミズムを理解するためには、政治と経済とを別々にとらえるのではなく、両者を整合的なフレームワークで分析する必要があり、国際

---

[18] See Morgenthau (2006)

[19] Kenneth Neal Waltz（1924 年 -　）。米国の国際政治学者。カリフォルニア大学バークレー校名誉教授。彼の論文 “The Spread of Nuclear Weapons: More May Better” では、核保有国が十数ヵ国になった方が世界はより安定するという主張を展開し、激しい議論となった。

[20] See Waltz (1979)

政治経済論として論じられてきている。

スーザン・ストレンジ[21]は、権力（国家）と市場（経済）の相関関係を、4 つの源泉――安全、生産、金融、知識プラス信念――によって決定される「構造的権力」という視点から説明している[22]。リアリストは、軍事力、そして他人の服従を促すような強制力を使用する可能性こそが重要なのだとしていることに対して、ストレンジは「強制力が権力の唯一の源泉であるということも事実ではない」[23]と批判している。

またストレンジは、アジア通貨危機に始まる世界経済の混乱に対する各国政府の政策対応とその効果に見られるように、グローバル経済において国家の権威は衰退しているとし、その衰退の原因を分析するとともに、国際官僚機構、超国家企業、国際カルテル、国際監査法人、マフィアなどに代表される「新しい権威」の実態を明らかにしている[24]。

4．従属理論と世界システム論

国益中心の分析手段と解決方法をもつリアリズムとも、相互依存を分析し解決手段とするリベラリストとも違い、国と国との間の支配・従属関係に注目したのが従属理論である。途上国では、一次産品の国内産業を独占する多国籍企業の増加と貿易赤字の増加という共通の問題が生じていた。

国連ラテンアメリカ経済委員会（ECLA）の事務局長をしていたプレビッシュ[25]は、高度に工業化された先進国を「中心」、開発途上国を「周辺」と捉え、自由貿易体制が工業化製品を輸出する「中心」にとっては有利で、一次産品を輸出

[21] Susan Strange（1923 年 - 1998 年）イギリスの国際政治経済学者。『エコノミスト』『オブザーバー』の記者を経て、ロンドン・スクール・オブ・エコノミクス（LSE）、ウォーリック大学の教授。

[22] ストレンジ（1994 年）。「それぞれの面――安全、生産、金融、知識プラス信念――のどれかが他の 3 つにとって基本的である、ということはありうる」（ストレンジ（1994 年）, p. 47.）としている。マルクスは、生産力の発展段階に対応する生産関係の総体が社会の土台であり、この土台の上に法律的・政治的上部構造が立ち、土台が上部構造を制約するとしている。ルカーチは、下部構造と上部構造は相互作用を及ぼしているとしている。

[23] ストレンジ（1994 年）p. 47.

[24] ストレンジ（1998 年）参照。

[25] Raúl Prebisch（1901 年 - 1986 年）。アルゼンチンの経済学者。大蔵次官。アルゼンチンの金融がイギリス系の銀行に握られていて金融政策を自由に行えないため、未成熟な工業化を支援することを目的に 1935 年、中央銀行を設立し初代総裁に就任。

する「周辺」にとっては不利という一次産品長期的交易条件悪化説を唱えた[26]。また、輸出主導型成長論や比較優位財への特化による国際分業論に対抗して、先進国に対して不均等な貿易条件を是正し、政府主導の輸入代替工業化により国内に資本を蓄積、中産階級を育成、対外貿易をコントロールすることで経済成長を目指すことを論じた。

ECLA は、先進国主導による先進国の利益を優先するような不均等な貿易体制に対抗し、途上国の結束により新たなルール作りを求め、1964 年に国連貿易開発会議（UNCTAD）が設立され、初代事務局長におプレビッシュが就任した。

プレビッシュ理論は、中心国による経済支配、周辺国の経済従属という支配・従属構造まで踏み込んでおらず、従属関係を補強している市場メカニズムや資本主義システムには触れずに途上国の工業化を勧めた。しかし、先進国による資本の流入による工業化は、先進国への経済的従属を深め、対外債務や貿易赤字の増加を招いた。

途上国の低開発は、世界規模の資本主義の発展の副産物であり、途上国の先進国に対する従属的な関係の結果として、先進国と途上国の貿易関係を不等価交換というネオ・マルクス主義的分析方法により説明したのがフランク[27]である。フランクは、チリとブラジルでの輸入代替工業化政策の失敗により ECLA 派理論の破綻が実証されたとし、ECLA 派従属理論と区別し、自説を新従属理論と呼んでいる。フランクは、周辺地域のなかでも中核地域との関係を利用して利益を得ようとする中核と、この周辺地域内の中核に搾取されてしまう周辺内の周辺地域が存在[28]していて、周辺地域の「低開発の発展」から脱却するためには、外部や内部の中核による搾取から脱却する必要があり、そのためには自給自足化するか

[26] Prebisch (1959) p. 264.

[27] Andre Gunder Frank（1929 年 - 2005 年）ドイツ生まれの経済歴史家、社会学者であり、1960 年代に提唱された従属理論の生みの親の一人。1941 年にフランクの家族は米国へ移住した。1957 年、シカゴ大学において経済学の博士号を得たが、卒業論文のタイトルは『1928 年から 1955 年までのウクライナの農業における発展と生産性』で、卒業論文の指導教官は自由放任主義で有名なミルトン・フリードマンであり、その後フリードマンを徹底的に批判した。1962 年にラテンアメリカへ移り、チリの大学において社会学と経済学の教授に選ばれ、アジェンデ政権の一連の改革に関わり、同政権が 1973 年のクーデターで崩壊した後、ヨーロッパへ逃避した。1994 年、アムステルダム大学の名誉教授として退職。

[28] フランク（1976 年）pp. 142-144.

社会主義革命を起こすしかないと結論付けた[29]。先進国と途上国の貿易関係を不等価交換というネオ・マルクス主義的分析方法は、アジアの新興工業国 NIEs の登場に対しては説明力を欠いていた。

アミン[30]は、マルクス主義の発展段階説である原始共同体－奴隷制－封建制－資本制を、非西欧地域、特にアフリカ地域に当てはめるように再構築を行った。原始共同体の次に村落共同体を置き、そのなかで特定の君主に共同体や家臣が貢納し、君主に保護を保障させるという貢納的生産様式という搾取システムが、西欧起源の資本主義と結びつき、中核地域は資本主義と結合して周辺地域を形成し、世界的に単一の生産体制である資本主義を成立させたとする[31]。アミンは、世界資本主義システムが不均等発展を特徴とし、現体制の変動がその中心部ではなく、周辺部から起こることを論証し、周辺部からの離脱（delinking）を意味する社会主義革命への道を推奨した。しかし、この従属理論的開発政策を採用し、外国資本に頼らず、農村開発に重点を置いたタンザニア、カンボジア、ジャマイカ、毛沢東時代の中国などがその経済発展を成功させたとはいえなかった。

従属理論が国家ごとに自立したシステムとして先進国との従属関係を考察したのに対し、世界全体を一つのシステムとしてとらえ、どの国の経済も世界システム内の中核、周辺、準周辺の 3 層構造のどこかに属し、システムの一部として機能していると考えたのがウォラーステイン[32]である。中核のうちの 1 国が絶対的な経済力を持ち、他を寄せ付けない圧倒的な権力を持つ覇権（ヘゲモニー）を確立し、近代世界システムの部分的修正や漸進的改良を拒否してシステム自体の変革を要求する社会主義運動と民族解放運動を反システム運動と位置付けてい

29 同上。p. 45.

30 Samir Amin（1931 年 - ）。エジプトのカイロ生まれの経済学者。現在はセネガルのダカール在住。国連大学第三世界フォーラム部会長。父親はエジプト人、母親はフランス人。エジプトのポートサイドで育ち、1947 年から 1957 年までパリで政治学、経済学、統計学を学ぶ。パリではフランス共産党に参加するが、後に距離を置くようになり、毛沢東思想やクメール・ルージュの思想などからも影響を受けた。マルクス経済学の立場から開発途上国の「従属理論」をフランク、カルドーゾなどと相前後して提唱した。イマニュエル・ウォーラーステインの世界システム論に影響を与えた。

31 アミン（1979 年 b）p. 37.

32 Immanuel Wallerstein（1930 年 - ）。アメリカの社会学者。カール・マルクスの唯物弁証法や史的唯物論、国際政治経済学での従属理論、歴史学のアナール学派の代表的存在であるフェルナン・ブローデルの研究方法を踏まえて、世界を単一のシステムとする巨視的な観点による、政治経済学と社会学を包括した世界システム論を提唱し確立した。

る[33]。地理的不平等の固定化・拡大に意義を唱える反グローバリゼーションの運動は世界資本主義システムに対する運動として説明できる。従属理論では説明し切れなかったNIEｓ現象を解き明かすことができ、世界システム論による理論的貢献といえる。

５．コンストラクティビズム

リアリズムは冷戦の終焉という激変を予測できなかったように、国際関係の変化を説明できないという弱点を持っているが、これらを説明するものとして、国際関係における規範、アイディア、アイデンティティを重視するアプローチであるコンストラクティビズム（構成主義）が登場した。オナフ[34]が国際関係の「社会的に構築された」性質を強調する世界政治の研究に対するアプローチを描写するために「構成主義」という用語を作り出した[35]。

ウェント[36]は、構造的変動はアクターが自分は何者であるか、また何を望んでいるか（すなわちアイデンティティと利益）を再定義したときに起こるとしている[37]。たとえば、ソ連は冷戦の過程で自身のアイデンティティを再考察、再構築し、ゴルバチョフが新思考外交を打ち出し冷戦を終結させ、東欧諸国に対する制限主権論を放棄し、ペレストロイカで改革を開始したが、旧ソ連・東欧諸国は新古典派の市場経済化政策を導入した。新思考は、ソ連と米国の敵対国の志向的枠組みからパートナーシップの枠組みへと移行させ、国際関係の変動をもたらしたと解釈される。

ウェントはアイデンティティを最重要概念としてコンストラクティビズムを展開していったが、オヌフらは規則や規範（行為の基本となる共通社会理解）といった間主観（intersubject）概念を基にコンストラクティビズムを展開している。たとえば、南アフリカのアパルトヘイトに対する米国の政策のように、奴隷

---

33 ウォラーステイン（1991年）pp. 95-96.

34 Nicholas Greenwood Onuf（1941年 - ）米国の政治学者。アメリカン大学教授を経て、フロリダ国際大学名誉教授。

35 Jackson and Sørensen (2003) p.168

36 Alexander Wendt（1958年 - ）西ドイツ・マインツ生まれ。米国・オハイオ州立大学政治学部の教授。

37 Wendt (1999), pp.336-337.

制度や人種差別制度が慣習として米国に浸透していたころの米国の南アフリカに対する外交政策は、国家主権という理念で内政不干渉を正当化していたが、人種差別が国際的に偏見として考えられるようになり、優勢な国際的規範となってからは、アパルトヘイト廃止に圧力をかける政策に転換した。

アパルトヘイトに対する国際規範は明確に形成されているが、すべての事象で規範が明確に形成されるわけではなく、相反する理念が国際規範を形成できないケースもある。たとえば、地球温暖化問題ではEUや日本は国際規範に影響を受けているのに対し、米国の政策には国際規範の反映があまり見られない。いつ理念が重要になるのか、アクターによって理念から受ける影響が異なるかについては、コンストラクティビズムは明確な答えを持っていないといえる。

6．オルタナティブ国際関係理論

NGOの増加と広がり、貿易とコミュニケーションの技術進歩による国家間の複雑な繋がりによって「相互依存論」が形成され、このような新しい世界環境においては世界を管理するパワーがなくても国際協調が実現される可能性があることを示唆している。しかし、世界金融・経済危機のように国境を越えて行われる金融取引を規制・監督する世界中央政府の不在がクローズアップされてきており、現実は逆に世界を管理するパワーが必要であることを示しており、「相互依存論」は根拠を失っている。

個人は個別の主権国家だけに帰属しているのではなく、もっと包括的な全人類の共同体にも帰属している。リンクレーター[38]は、市民権は国民国家のなかにのみ限定されるべきではなく、市民は人間性に訴えることで、自分たちの国家の国際的・道義的・法的責務に反して出された法律や命令を拒絶できると訴えることができ、国家中心の考えに挑戦し、より人間中心の国際関係論の視座を提示している[39]。リンクレーターのコスモポリタニズムは、批判的国際理論と言われているが、EUの地域統合に見られるように、国民国家を超えたアイデンティティの

---

[38] Andrew Linklater（1949年 - ）イギリスの国際政治学者。アベリストウィス大学国際政治学部のウッドロウ・ウィルソン講座教授。

[39] Linklater (1990) p. 203.

形成は今後必要なオルタナティブの一つであり、オルタナティブ国際関係理論に含めたい。

ちなみに、東日本大震災後、テレビで政府広報は、ヨーロッパで活躍するサッカー選手のメッセージを伝えた。ドイツのシュトゥッツガルトの岡崎は「日本の強さは団結力です」、ドイツのシャルケの内田は「日本が一つのチームなんです」、イタリアのインテルの長友は「大丈夫。1 人じゃない。世界中の人が日本を応援しています。一人一人ができることをしましょう」。これらは国家中心主義的発想であり、「世界の強さは団結力です」、「世界が一つのチームなんです」、「大丈夫。1 人じゃない。世界中の人が被災地を応援しています。一人一人ができることをしましょう」と置き換えるべきであろう。

これまで国家の安全保障しか取り組まれてこなかったが、グローバル化が進んだ今日の世界においては、国家が人々の安全を十分に担保できていないケースがあるとの現実を踏まえ、人間の安全保障が必要であり、紛争と開発の両面にかかわる現象に対し、包括的な取り組みを提唱し、個人やコミュニティに焦点をあて、人間一人一人の保護とエンパワーメントの必要性が強調されるようになった。人間の安全保障委員会は、2001 年 1 月に緒方貞子前国連難民高等弁務官およびアマルティア・セン[40]を共同議長として創設された。2003 年に両共同議長によりコフィー・アナン国連事務総長へ提出された「人間の安全保障委員会」報告書には以下の主な提言が掲載されている。(1) 紛争の危険からの人々の保護、(2) 武器拡散からの人々の保護、(3) 移動する人々の安全保障の推進、(4) 戦争から平和への移行期のための基金の創設、(5) 極貧者が裨益するような公正な貿易と市場の強化、(6) 最低限の生活水準の保障、(7) 基礎保健サービスの完全普及、(8) 効率的かつ衡平な特許制度の創設、(9) 普遍的な基礎教育の完全実施、(10) グローバルなアイデンティティの促進[41]。

ガルトゥング[42]は、1984 年に *There are Alternatives!: Four Roads to Peace*

---

40 Amartya Sen（1933 年 -　）インドの経済学者。ケンブリッジ大学トリニティ・カレッジ学長。ノーベル経済学賞受賞。

41 Commission on Human Security (2003). *Human Security Now*, pp.2-12.

42 Johan Galtung（1930 年 -　）オスロ生まれのノルウェーの政治学者。オスロ大学から数学と社会学の博士号を取得。平和研究、紛争研究の開拓者。1959 年、オスロ国際平和研究所（PRIO）を創設し、雑誌 *Journal of Peace Research* の編集長として、ヨーロッパにおける平和研究を主導した。

and Security（邦訳『平和への新思考』）を出版し、平和を維持できる安全保障を実現するための代案を示した。この代案は、NATO が中距離核ミサイルパーシングⅡを西ヨーロッパ諸国に配備したことに対し、ワルシャワ条約機構が中距離核ミサイル SS-20 を東欧諸国に配備し、ヨーロッパが核戦争になりかねない 1980 年代の冷戦激化第 2 期に、オルタナティブ反核運動に大きな影響を与え、1987 年の中距離核戦力全廃条約を実現する大きな原動力となった。

21 世紀においても説得力を持つ代案であり、次のような 4 つのポイントがある。(1) トランス・アーマメント：防御兵器を充実させ、攻撃兵器をなくす方向への移行は、より高いレベルの安全保障をもたらす[43]。攻撃的な兵器は、意図がいかに平和的であれ、その潜在的破壊力のために脅威とみなされ、先制攻撃とそれに対する反撃を誘発する。(2) 非同盟：両超大国からの切り離しが、二番目に重要な安全保障の問題点である。ある国が攻撃的兵器を有する外国と同盟関係で結ばれており、戦時において自国の領土が攻撃のミサイル発射基地として使われる危険がある場合（たとえば、長距離爆撃機のために飛行場が使用されたり、領海内あるいは領海外からミサイルを発射することができる戦艦や潜水艦のために航海施設などが使われる場合）、その国は客観的にみて攻撃的システムの一部をなしている。(3) 内的強靭性：脆弱な生態系、必需品の供給における外国貿易への依存、過度の中央集権化、過度に高度なテクノロジー、社会構造における深刻な亀裂あるいは分裂、沈滞した士気などの国内的脆弱性がより小さい社会は攻撃されにくい。安全保障は、純粋に防御的な防衛手段と非脆弱性の適切な組み合

平和のための超国家的なネットワークの総括者で、超国家的手法の開発者でもある。スリランカ、アフガニスタン、北コーカサス、エクアドルなど世界で 40 ヵ所以上の紛争の仲介者として活躍。平和＝戦争のない状態と捉える「消極的平和」に加えて、貧困、抑圧、差別などの行為主体が不明確であり、その間接的・潜在的なアプローチで行われる構造的暴力がない「積極的平和」を提起し、平和の理解に画期的な転換をもたらした。

[43] 攻撃兵器は、空母、イージス艦（空母を護衛するために、レーダーなどのセンサー・システム、コンピュータによる情報処理システム、ミサイルとその発射機などの攻撃システム、そして他の部隊と連絡するためのデータリンク装置などが連結され、対空・対水上・対潜のあらゆる局面において、目標の捜索から識別、判断から攻撃に至るまでを、迅速に行なうことができる。同時に捕捉・追跡可能な目標は 128 以上といわれ、その内の脅威度が高いと判定された 12 目標を同時迎撃できる）、巡洋艦、駆逐艦、フリゲート艦、潜水艦、爆撃機、戦闘機、戦車（敵陣における塹壕戦を突破するための走行車両）など。自衛隊のイージス艦 4 隻、潜水艦 16 隻をはじめとする諸艦艇、F-15J/DJ の 202 機をはじめとする諸戦闘機、戦車約 600 両は、攻撃兵器であり、歴代自民党政府の「自衛のための必要最小限度の実力を保持することまで禁止する趣旨のものではない」という憲法解釈の域をはるかに超えた装備となっている。

わせの上に成り立つ。(4) 外的有用性：政治的、人道的、生態学的、文化的な分野などで、外国に対して有用であることによって、攻撃されにくくなる[44]。

開発援助の分野では、経済中心の開発目標に対するオルタナティブな目標としては、社会開発や持続可能な開発が掲げられ、プロセスについてのオルタナティブとしては、民衆の参加と主体的な取組みを中心とする参加型開発や地域からの発展プロセスに重きを置くという意味での狭義の内発的発展をこれに位置づけることができる[45]。

新自由主義とは異なった政治面・経済面・社会体制面などでのグローバリゼーションを模索・推進する諸運動として、オルター・グローバリズム（フランス語 Altermondialisme）が取り組まれてきている。スーザン・ジョージがその代表的な指導者で、国際 NGO の ATTAC[46]や世界社会フォーラム（World Social Forum、略称 WSF）がその運動を担っている。ジョージや ATTAC が訴えてきたトービン税の導入については、2008 年の世界金融危機以降、EU の首脳たちが支持を表明するに至り、オルター・グローバリズムはヨーロッパにおいては大きな運動となっている。しかし、米国、日本、途上国ではまだ大きな運動になっているとはいえない。

オルター・グローバリズムは、地域によって一様ではなく、その理由も考える必要がある。国際社会の変動をもたらすものは何かということについて、歴史的に多くの考察がなされてきたが、代表的な方法・法則として弁証法があげられる。ヘーゲルの弁証法を構成するものは、ある命題（テーゼ＝正）と、それと矛盾する、もしくはそれを否定する反対の命題（アンチテーゼ＝反対命題）、そして、それらを本質的に統合した命題（ジンテーゼ＝合）の 3 つである。全てのものは

---

44 ガルトゥング（1989 年）pp.302-363.

45 「それぞれの地域の生態系に適合し、地域の住民の生活の基本的必要と地域の文化の伝統に根ざして、地域の住民の協力によって、発展の方向と筋道をつくり出していくという創造的な事業」と特徴づけられている。鶴見（1999 年）参照。

46 Association for Taxation of (financial) Transactions to Aid Citizens。フランスで ATTAC が誕生する契機となったのは、1997 年 12 月、リベラル派の月刊誌『ルモンド・ディプロマティーク』のイニャシオ・ラモネによる「投機などによるアジア経済危機が全世界に脅威をもたらしている……市民の力で金融取引に課税すること（トービン税）をめざそう」という社説である。殺到する市民からの反響に応える責任があると認識され、『ルモンド・ディプロマティーク』が ATTAC を 1998 年 6 月に創設し、『ルモンド・ディプロマティーク』の編集長兼社長のベルナール・カッセンが初代代表を務めた。2003 年末には 35,000 団体が参加し、会員となっている主要団体は、労働組合から市民団体、社会運動や農民運動まで、多種多様である。目加田（2004 年）pp.142-143.

己のうちに矛盾を含んでおり、それによって必然的に己と対立するものを生み出す。生み出したものと生み出されたものは互いに対立しあうが（ここに優劣関係はない）、同時にまさにその対立によって互いに結びついている（相互媒介）。最後には2つがアウフヘーベン（Aufheben、止揚・揚棄）される。

マルクスの弁証法では、生産力が発展すると、従来の生産関係との間に矛盾が生じ、その矛盾が突き動かす力により生産関係が変化（発展）する。これが階級闘争を生み出し歴史を突き動かす基本的な力であると考えられる。弁証法では、量の漸次的な動きが質の変化をもたらすことになるが、単に量が増えれば自動的に質への変化がもたらされるのではなく、質への変化をもたらす契機、すなわちジンテーゼをもたらす契機が実行可能で具体的な形で用意される必要がある。そのような契機は部分的な改良の域を出ないものであっても、改良の積み重ねが量から質の変化をもたらすと考えられる。オルター・グローバリズムが欧州で大きな運動になっているのは、1980 年代からの反核運動など多くのオルタナティブ運動の取り組みがあり、量的蓄積がなされているからと考えられる。それに対して、米国、日本、途上国ではまだ大きな運動になっていないのは、量的蓄積がなされてきていないからだと考えられる。

コンストラクティビズムは、ソ連・東欧諸国がアイデンティティや規範を再考察、再構築し、冷戦を終結させ、新古典派の市場経済化政策を導入し国際関係の変動をもたらしたと説明するが、アイデンティティや規範の再構築も結果であり、それらをもたらした原因が重要である。アイデンティティや規範が再構築されるためにはオルタナティブが示され受け入れられることが必要である。核兵器反対やスターリン主義反対と叫んでも実現可能性は低く、実行可能な具体的なオルタナティブが示されて初めて実現される。核兵器のオルタナティブとして新思考外交、スターリン主義的計画経済のオルタナティブとして新古典派の市場経済化政策が示され受け入れられたため、国際関係の変動が起こったと考えるべきであろう。もっとも、第5章や第6章で見るように、新古典派の市場経済化政策というオルタナティブは間違ったオルタナティブであり、是正されていく必要がある。

第2章　グローバル・コモンズ――共通の安全保障

Source: https://news.usni.org/2013/08/08/inside-aegis ashore

2017年、日本政府は陸上配備のイージス・アショアの導入を決定した。関連経費を合わせると総額5千億円にのぼり、発射する迎撃ミサイルは1発30億～40億円。対するSLBMの1発あたりの価格は10分の1以下。https://www.nikkei.com/article/DGXMZO50660670V01C19A0EA3000/

敵が高高度防衛ミサイル（THAAD）やSM-3艦対空ミサイルといったTMDを打ち破るには、それらの兵器の交戦可能限界を越えた規模で攻撃したり、弾道上に撹乱射撃するだけで良い。おとりバルーンによっても、ミサイル防衛システムは無力化されて無用の長物となってしまう（Butt, Yousaf, "The Delusion of Misille Defense", New York Times, September 20, 2011, www.nytimes.com/2011/09/21/）とし、ネオ・リアリストのケネス・ウォルツは、ミサイル防衛は妄想と批判している。

はじめに

二度の世界大戦を経験したにもかかわらず、地球上から戦争がなくなった日はない。モーゲンソーなどの国際政治学者によって、伝統的なバランス・オブ・パワー、個別的安全保障から集団的安全保障へと変わることが求められてきた。しかしながら、これまで圧倒的な軍事力や核の抑止力に頼る個別的安全保障に留まっており、国連を中心とした集団的安全保障体制をいかに構築していくか、妨げてきたものは何なのか、考察する。

1．セキュリティ・ディレンマ／パラドクス

バランス・オブ・パワーは、19 世紀、第二帝政期のフランスとプロイセン王国（後のドイツ帝国）の間で行われた 1870 年から 1871 年までの普仏戦争に至るプロセスにおいて見られるように、欧州の国際秩序を維持するために各国間の軍事力に一定の均衡を与えることにより、突出した脅威が生み出されることを抑制し、地域不安や紛争の誘因を低下させることを目的として考案されたバランス型の軍事力と同盟に基づいた個別安全保障モデルである。バランス・オブ・パワーは、結局、各国が敵対国の軍事力と均衡させようとして疑心暗鬼から軍拡競争を招き、戦争を食い止められず、第一次世界大戦につながった。バランス・オブ・パワーは、あくまで均衡の維持が目的で、そもそも平和を志向するための秩序体系ではなかった。

自国の安全強化が他国の不安を高め、システム全体を不安定化させるという問題は、政治学者のハーツ[1]が「セキュリティ・ディレンマ」[2]として名づけた。「セキュリティ・ディレンマ」を緩和し克服する方法として、政治学者のチャールズ・グレーサーは、競争（たとえば軍備競争）よりも相互協力（制度化）の方が、相手の行動の不確実性を減らして互いの利益になることが理解されることを論じている[3]。

---

[1] John Hermann Herz （1908 年 - 2005 年）ドイツ出身の国際政治学者。ナチス政権成立後、アメリカに移住。コロンビア大学、ニューヨーク市立大学教授。

[2] Herz (1959) p. 231.「互いの猜疑心と恐怖からくる不安感が各国をして、一層の安全を求めてさらなる国力追求へと向かわせる。しかし、完全な安全などというものは永遠に獲得しえないから、そういう努力は、結局、自己敗北的なものに終わらざるをえまい」と論じている。

[3] Glaser (1995) p. 62.「攻撃・防禦バランスが防衛に有利であれば、防衛に要するコストは物理的な

2．軍事同盟の矛盾

冷戦終結後、ワルシャワ条約機構（WTO）が解体したとき、ネオリアリストのウォルツは、北大西洋条約機構（NATO）について「勝った同盟は勝利のあかつきに崩壊する。その勝利が決定的であればあるほど、確実に崩壊する」[4]と論じ、ジョージ・ケナン[5]も「冷戦の終結とともに、現行の防衛取り決めの根拠がほとんどなくなったのは当然だ」[6]とし、外交史家のブルース・カミングス[7]は冷戦後も「なぜ米軍が日本列島にとどまるのか」[8]と問うていた。しかし、こうした期待とは逆に、1994 年に NATO 首脳会議が「平和のためのパートナーシップ」を採択し、1999 年にチェコ、ハンガリー、ポーランド、2002 年にバルト三国、スロヴァキア、ルーマニア、スロヴェニアが NATO に加盟した。これらは、「バンドワゴン（勝ち馬に乗る）」といえるが、リアリストのケナンは、「NATO 拡大は冷戦後の大失策」[9]と題し、NATO を東方に拡大すれば、ロシアとの均衡が崩れロシアの安全が失われるため、大失策であると論じている。

これに対して、リベラル制度論者は、一旦同盟が形成されると、同盟それ自体が組織化・制度化され、同盟を運営するために制度や官僚組織（人、予算、建物）が作られ、さらには軍産複合体、大学やメディアなどの間にもネットワークが広がるため、現代の同盟は単なる契約書や「便宜上の結婚」ではなく、純粋に軍事的目標を達成する前に、外交政策と経済政策の調整を要求するため、NATO が加盟国間を統合させるのは間違いのない潮流と捉えている[10]。

コンストラクティヴィズムは、GNP ではイギリスと大差なかった 1940 年代後半のソ連はただパワーが大きいというだけでは脅威にならず、共産主義イデオ

（軍事）力にこの比を掛けたものでよく、防衛に有利な比であればあるほど軍事力は小さくてよいことになる」と論じている。

[4] Waltz (1993) p. 75.

[5] George Frost Kennan（1904 年 - 2005 年）米国の外交官、政治学者、歴史家。1940 年代と 1950 年代末の外交政策立案者として、彼はソ連の封じ込めを柱とするアメリカの冷戦政策の設計者。プリンストン高等研究所名誉教授。

[6] Kennan (1994) p. 313.

[7] Bruce Cumings（1943 年- ）米国シカゴ大学名誉教授。

[8] Cumings (1992) p. 97.

[9] George F. Kennan, “NATO Expansion Would be a Fateful Blunder”, *International Herald Tribune*, February 6. 1997.

[10] Haas and Whiting (1956), p. 183.

ロギーそれ自体は思想的な脅威になりうるが、第二次世界大戦中、英米はこれを問題にせず、戦後のソ連による東欧のソヴィエト化が脅威になったとし、イデオロギーと外交行動が脅威になると捉える[11]。

日米安全保障条約はもともと米国の基地貸借条約の性格が強く、米軍を日本に駐留させることによって安全を確保しようとするのが、当初の 20 年間ほどは本音であったが、米国側の論理である均衡と日本側の論理であるバンドワゴンの間には微妙なずれがある。冷戦後も日米同盟は 1996 年の「日米安全保障共同宣言」を経て、「日米防衛協力のための指針（ガイドライン）」の改定と周辺事態関連法、テロ対策特別措置法の制定によって補足され維持されてきているが、米国側には日本がただ乗りしていると映り、日本側には思いやり予算や不平等な地位協定を押し付けられていると映っていて、微妙なずれも維持されてきている。すべての軍事同盟がそうであるように、「動機の非対称性」の矛盾があり、すべての軍事同盟のように終焉を向かえる運命にある。

また、同盟は相互の軍事援助の約束であるが、守られる側にとっては「捨てられる恐怖」と、同盟相手国の戦争に不本意に「巻き込まれる恐怖」があり、二つの不安の間で「同盟のディレンマ」に陥る。さらには、捨てられるリスクを減らすために同盟を強化すると、この動きは巻き込まれるリスクを高めるだけではなく、同盟が想定する敵対国との間で関係悪化を招き、「セキュリティ・ディレンマ」や「敵対国とのディレンマ」[12]を引き起こす。

国際政治学者の土山實男は、「もし同盟が終わるなら（終わるのは確かである）、いつ、どのようにして終わるのかについて、希望的観測や幻想をもたずに分析しておくに及（し）くはない……「9 条・安保体制」を支えてきた認知構造や規範が他のものと代わるとき、日米同盟に対する日本の態度も変わるに違いない。しかし、それとて理由もなく一晩のうちに変わるものではない。「9 条・安保体制」ができる原因となったのが敗戦と占領であったように、これらがもし変わるとすれば現存の国際秩序を揺るがすような「地殻変動」によってであろう」[13]と論じ

[11] Risse-Kappen (1996) p.373.
[12] Snyder (1984) pp. 461-495.
[13] 土山（2004 年）pp. 335-349.

ている。同盟の「自然死」は、朝鮮半島問題が解決し台湾の政治的地位について米国が懸念を持つ必要がなくなったとき、あるいは、内外の政治・経済システムの運営に失敗し、同盟を維持するための莫大な費用を賄う余裕がなくなったときにありえる。同盟の「事故死」は、北朝鮮から核恫喝を受けた日本が、米国政府が日本の核武装を許容するという希望的観測の下に核保有を決定した場合、たとえば米国議会が激高して、同盟の信頼性が失われ、事実上安保条約が機能しなくなる。あるいは、1960 年の安全保障条約改定時から、朝鮮有事に際して在日米軍が戦闘行動に出るときには事前協議の対象にはしないという合意が日米両政府間で密約として取り交わされていたが、実際に朝鮮有事が起きて作戦行動がとられたとしたら、国民の理解と政策とのギャップが問題になりえる。周辺事態関連法にある「内乱」や「内戦」の拡大がどのようなものをいうのか、ある出来事がここにいう内乱や内戦にあたるかどうかを、だれが、どのように判断し、日米間でその判断にギャップがある場合、それをどのようにして調整するのかは、実は同盟政策の根幹を揺るがしかねない重要な問題をはらんでいることなどを契機にしてありえる、と論じている[14]。

東アジア共同体を提唱している谷口誠は、「第二次世界大戦後、頼り切ってきた日米安全保障体制が、未来永劫不変のものであるかどうかを、検証すべき時が来ている……「東アジア共同体」が成立し、東アジアの各国が、メンバーとしてともに発展する道を進むことになったとき、日本が日米同盟に頼らねばならなかった相手国は、すでに敵国ではなく、共に歩む仲間となっているであろう」[15]と論じている。

3．抑止理論のディレンマと失敗

抑止理論は 1940 年代後半から約 10 年間で精緻化され、ジョセフ・ナイ[16]などが、安全保障研究が生んだもっとも壮大な知的成果物と位置付けている[17]もので

14 土山（2004 年）pp. 358-360.
15 谷口（2004 年）pp. 221-223.
16 Joseph Samuel Nye, Jr.（1937 年 - ）は、米国を代表するリベラル派の国際政治学者。民主党政権でしばしば政府高官を務めた。知日派として知られる。
17 Nye (1988) pp. 5-27.

あり、核抑止論を説明するときに用いられる。抑止の論理は、被抑止側に抑止側が望まない行動をとらせないために、もし被抑止側が攻撃的行動に出た場合、抑止側は懲罰的報復措置をとると威嚇することによって被抑止側にそうした行動に出ることを思い止まらせ、被抑止側が抑止側の意図と能力について誤認や誤算をしなければ、予想される報復の被害が攻撃に出た場合に得られる期待利益よりも小さいと確信しないかぎり、抑止は機能するというものである。

しかし、抑止理論は、ゲーム理論において、個々の最適な選択が全体として最適な選択とはならない状況の例としてよく挙げられる囚人のディレンマ[18]の問題がある。たとえば、核開発では、A 国と B 国が両方とも核開発を止めれば平和が維持できるにもかかわらず、相手国が裏切って核開発をはじめる恐怖に耐え切れず、双方とも核開発をはじめてしまう（恐怖の均衡）。

すでに 1976 年にジョン・スタインブルーナー[19]は、抑止論自体に非合理性が内在し、「合理モデルの論理によれば、もし核攻撃された場合、つまり抑止に失敗した場合には報復攻撃をかけることが合理的対応である、とされているが、抑止に失敗したあとで報復して得るものは実質的には何もないので、実際に報復することは「合理的」反応ではないかもしれない……できそうにないことを前提としている抑止論には深刻なディレンマがある」[20]と指摘している。このディレンマを緩和するための方法として、ABM などの核防衛があるが、拠点防衛は可能でも、広域防衛は現実には不可能であり、叩かれないために皮肉にも先制攻撃を

---

[18] 警官は A、B、2 人の共犯の囚人に自白させる為に、彼らの牢屋を順に訪れ、以下の条件を伝える。もし、2 人とも黙秘したら、2 人とも懲役 2 年とする。だが、A が黙秘していても、B が自白したら自白した方だけを刑を 1 年に減刑し、他方は懲役 15 年とする。逆に A だけが自白し、B が黙秘したら A は刑が 1 年になるが、B は懲役 15 年とする。2 人とも自白したら、2 人とも懲役 10 年とする。2 人は双方に同じ条件が提示されている事を知っているものとし、彼ら 2 人は別室に隔離されていて、2 人の間で強制力のある合意を形成できないとする。この場合、A は以下のように考える。B が「協調」を選んだ場合、自分（=A）が B と協調すれば自分は懲役 2 年だが、逆に自分が B を裏切れば懲役は 1 年ですむので、B を裏切ったほうが得だ。B が「裏切り」を選んだ場合、自分が B と協調すれば自分は懲役 15 年だが、逆に自分が B を裏切れば懲役は 10 年ですむので、B をやはり裏切ったほうが得だ。以上の議論により、B が自分との協調を選んだかどうかによらず B を裏切るのが最適な戦略（支配戦略）であるので、A は B を裏切る。B も同様の考えにより、A を裏切る事になる。よって A、B は互いに協調しあったほうが得であるにもかかわらず、互いに裏切りあって 10 年の刑を受ける事になる。合理的な各個人が自分にとって「最適な選択」（裏切り）をすることと、全体として「最適な選択」をすることが同時に達成できないことがディレンマと言われる所以である。

[19] John Steinbruner （1942 年 - 2015 年）米国メリーランド大学教授。軍備管理、核兵器、ソ連の外交政策の権威。

[20] Steinbruner (1976) pp. 223-245.

かけることが合理的戦略となる。これは実際に、先制攻撃による自衛を主張する「ブッシュ・ドクトリン」につながり、戦争を抑止するよりも戦争を起こりやすくしてしまっている。

抑止失敗の心理的要因を重視するロバート・ジャービス[21]は、「各国は自国の安全を高めようとして威嚇政策や軍備拡張をとるために、相手国側に軍備を増強させることになり、皮肉にもより不安定な関係を生み、特に、相互の脅し合いになる抑止政策は、敵意のスパイラルを生じやすい」[22]と論じている。

核抑止論は、かつての勢力均衡論とまったく同じ欠陥を含むものであり、米ソを中心とする核軍拡競争を招いた。こうした状況への非同盟諸国や平和運動の強い批判を背景に、すでに1978年の第1回国連軍縮特別総会の最終文書で、核抑止力と軍事同盟による平和という考え方を否定し、国連の集団安全保障の活性化と軍縮による平和という考え方を対置している。オバマ大統領をはじめ、鳩山首相や岡田外相も核抑止力を維持する議論を展開しているが、そもそも、唯一の被爆国である日本が、核の庇護による安全保障を訴えること自体が倫理的に間違っているといえよう。

4．個別的安全保障から集団的安全保障へ

第一次世界大戦後には、米国のウィルソン大統領の提唱で、バランス・オブ・パワーが世界大戦をもたらしたという反省から、集団安全保障の考え方に基づく国際連盟が設立された。集団安全保障は、全世界すべての国が体制に参加し、武力行使を原則禁止するとともに、これに違反した国に対しては構成国が協力して軍事力を含めて制裁する安全保障体制である。しかしながら、国際連盟は、ウィルソン大統領が提唱したにもかかわらず、モンロー主義を唱える上院が批准せず、ロシア革命直後のソ連の加盟が認められず、1933年に日本とドイツ、1937年にイタリアが国際連盟から脱退し、全会一致という原則もあり、第二次世界大戦を防ぐことができなかった。

---

[21] Robert Jervis（1940年 - ）米国コロンビア大学政治学部教授。
[22] Jervis, Lebow, and Stein eds. (1976) chapter 3.

5．国連による集団的安全保障体制

（1）国連

国連は、第二次世界大戦後、国際連盟の反省を踏まえて、国際的な「共通の課題」である平和と安全の維持（中心的な目的）や人権の保護などのために諸国の行動の調整をすること（国際協力）を目的に設立された。国連憲章前文が、「われら連合国の人民は」で始まるように、第二次世界大戦時の戦勝国である連合国(United Nations) が中心となって設立された。戦後、「連合国」という言葉に抵抗があるとして外務省が「国際連合」と意図的に呼称した[23]。

国連は、6 つの主要機関と主要機関の内部組織である補助機関から成る。国連総会は全加盟国で構成され、国連の関与するすべての問題を討議する。各国が 1 票の表決権を有し、重要問題については 3 分の 2、一般問題については過半数で決する多数決制で表決が行われる。ただし、総会での決議は加盟国または安全保障理事会に対する勧告までの効力を有するのみで、強制力・拘束力をもたない。

安全保障理事会は、第二次世界大戦の戦勝 5 大国による常任理事国と国連加盟国の中から総会で選ばれる 10 の非常任理事国から構成されている。軍事参謀委員会の助言に従って国連軍を平和維持のために行使する権限がある。国連の主要機関の中では、安全保障理事会が決定した条項のみが、法的強制力・拘束力を持つ。これは、全会一致制で半ば機能不全に陥っていた国際連盟の反省を踏まえ、安全保障理事会の常任理事国が一致すればアクションをとれる大国一致の原則としたことによる。しかし、常任理事国である 5 大国が拒否権を持つため、拒否権の行使が常態化し、安全保障理事会は機能不全に陥っている。国連の大国一致の原則は、大国の支配を招き、大国のための国連になってしまうことが懸念されてきた。

（2）朝鮮戦争における国連軍

1950 年 6 月から 1953 年 7 月までの、成立したばかりの大韓民国（韓国）と朝鮮民主主義人民共和国（北朝鮮）の間で朝鮮半島の主権を巡って朝鮮戦争が起こり、韓国側には米国軍を中心に、イギリスやオーストラリア、ベルギーやタイ

---

[23] 中華人民共和国では「联合国（日本で用いられている漢字に直すと連合国、または聯合国）」と呼んでいる。

王国などの国連加盟国で構成された国連軍（正式には「国連派遣軍」）が派遣された。これは、安保理の中国の代表が中華人民共和国ではなく台湾の中華民国であることに抗議してボイコットしていたソ連が賛成しておらず、大国一致ではなく、国連の軍事参謀委員会が機能していないため国連憲章で定めた国連軍とは異なり、国連による集団的安全保障体制に禍根を残した。

（3）平和維持活動（PKO）

安全保障理事会で 5 大国が一致しないため、軍事参謀委員会の指揮下での国連軍が派遣されたことはないが、国連憲章第 1 章で定める「国際の平和及び安全を維持する」ために、国連は小規模の軍隊を現地に派遣して行う活動を平和維持活動として行ってきている。国連 PKO は、紛争が発生した地域における国際の平和と安全の維持および回復のために国連が実施する軍事要員をともなうが強制力をもたない活動で、これらの活動は自発的でかつ同意と協力に基づき、軍事要員をともなった活動とはいえ、武力の行使によって目標の達成を求めてはいないため、国連憲章第 42 項に基づく「強制行動」とは、一線を画したものである[24]。

国連 PKO は、国際の平和と安全を保全する措置として予め想定され国連憲章に盛り込まれたものではなく、現場のニーズに対応して行われてきているため、個々の紛争が独特の性質とダイナミズムをもち同一の特徴をもった国連 PKO はない。たとえば、第 2 次国連ソマリア活動（UNOSOM II）は、上記の国連の定義から外れ、国連安全保障理事会決議 837（1993 年）によって UNOSOM II の人員に対する攻撃に責任を負う者に対して「必要なすべての措置」をとる権限を UNOSOM II に付与し、コンゴ国連軍（ONUC）とユーゴスラビア紛争における国連保護隊（UNPROFOR）も、非強制といった定義からは外れている。

最初の 40 年間においては非武装の軍事要員で編成する停戦監視団、または軽武装の平和維持軍の活動が主要であったが、1989 年に国連ナミビア独立支援集団(UNTAG)の下で歴史上初めて文民による選挙監視活動が実施された。1989 年 12 月の米ソ首脳会談で冷戦終結宣言が行われてからは、冷戦の下で抑圧されてきた地域的な民族・宗教・領土紛争などが頻発するようになり、国連はこれらに対応するために非政府機関と協力して国連平和維持活動に乗り出した（表 1 参

[24] United Nations (1991) p. 4.

照)。冷戦終結後、国連 PKO は国内紛争に介入するようになり、広範囲の活動に従事するようになった[25]。国内紛争では、国家の統治機能が崩壊し、正規軍以外の武装集団が主要な役割を演じていることも多く、そのような「破綻国家」と呼ばれる国では、人道支援活動の保護、選挙、行政、司法といった専門性を必要とされる非軍事的な業務を担当する国連 PKO が増えてきた。

表1　過去および現在活動中の PKO

時期	PKO
1948年5月 -	国連休戦監視機構（UNTSO）
1949年1月 -	国連インド・パキスタン軍事監視団（UNMOGIP）
1964年3月 -	国連キプロス平和維持軍（UNFICYP）
1965年	ドミニカ危機に、OAS が派遣した米州平和軍（IAPF）を国連事務総長代理が監視。
1974年6月 -	国連兵力引き離し監視軍（UNDOF）
1978年3月 -	国連レバノン暫定駐留軍（UNIFIL）
1991年4月 -	国連西サハラ住民投票ミッション（MINURSO）
1993年	ハイチ国際文民使節団（MICIVIH）：OAS と国連が合同で組織
1993年8月 -	国連グルジア監視団（UNOMIG）：国連グルジア監視団（UNOMIG）と CIS との合同平和維持軍
1999年10月 -	国連シエラレオネ・ミッション（UNAMSIL）：シエラレオネ内戦で 1998 年に設置された ECOMOG と 2000 年国連シエラレオネ監視団（UNOMSIL）
1999年11月 -	国連コンゴ民主共和国ミッション（MONUC）
1999年6月 - 1999年	国連コソヴォ暫定行政ミッション（UNMIK）：コソヴォ紛争後の平和維持活動として派遣された国連コソヴォ暫定統治機構（UNMIK）は、UNHCR、OSCE、EU と共に紛争後の平和構築。
2000年7月 -	国連エチオピア・エリトリア・ミッション（UNMEE）
2003年9月 -	国連リベリア・ミッション（UNMIL）： リベリア内戦で 1990 年に設置された ECOWAS 停戦監視団（ECOMOG）と 1993 年国連リベリア監視団（UNOMIL）
2004年7月 - 2007年12月	アフリカ連合ダルフール派遣団（AMIS）
2005年3月 -	国連スーダン派遣団（UNMIS）
2006年8月 -	国連東ティモール統合ミッション(UNMIT)
2007年1月 -	国連ネパール支援団（UNMIN）

平和維持活動に含まれる任務は、軍事作戦から民事作戦まで非常に幅広い。活動に際しては大別して次の二種に類型できる。監視活動（Observer Mission）の

[25] Boutros-Ghali (1995) p.34.

任務は休戦・停戦の監視拠点を運営することにあり、非武装の将校によって編成される監視団（Observer Group）によって行われる。実際には監視団は監視だけでなく、重要な地域の巡察、敵対者間の交渉、特定の調査活動などを行う。監視団が展開される地域に既に平和維持軍が配置されている場合は、その平和維持軍の指揮下に入ることになる。平和維持（Peacekeeping）の任務は兵力引き離し、撤退監督などによって平和を維持することであり、武装した軍人で編成される国連平和維持軍（Peacekeeping Force、PKF）によって行われる。具体的には、諜報活動、対ゲリラ作戦、外交援助、紛争当事者の調停、停戦および休戦の監視、兵力引き離し監視、戦争犯罪の調査、戦犯引き渡し監督、戦犯被疑者の逮捕、選挙監視、非武装地帯の建設維持、避難民の移動、人道救援活動、インフラの復旧などが挙げられる。

和平プロセスにおいて、平和維持、平和創造、平和構築の3つの主要な活動があり、紛争処理と紛争解決の2つの主要なアプローチの適切な働きかけが必要である。紛争当事者の間に緩衝地帯を設置する形での国連PKOの投入は、和平プロセスを加速させ平和の維持に貢献できるが、紛争の根本的な原因を取り除くために必要な当事者間の建設的な相互交流を、物理的な隔離によって意図せずして排除してしまう。このため、PKOに詳しい上杉勇司は、「分断化された社会の再統合を促すような平和維持の戦略が必要とされている」[26]と指摘している。

地域的機関による平和維持活動は強制行動とは異なり、事前に国連安全保障理事会の承認を得る必要はない。強制行動に発展しないように国連平和維持活動が現地において監視し、相互に協力する。

（4）ブトロス・ガリ事務総長の平和執行部隊構想

6代目のブトロス・ブトロス＝ガリは、「アジェンダ・フォー・ピース（平和への課題）」などの提言書を次々と発表し、国連改革（主に財政改革）、PKO改革を実施した。しかし、1996年の事務総長選挙の際、米国が拒否権を発動し再選を阻止されたため退任した。この判断には圧倒的多数の理事国がガリを選出していたにもかかわらず、米国一国の反対で押し切られたとして国際社会から大き

[26] 上杉（2004年）p. 15.

な批判が米国に集中した。

7代目のコフィー・アナンは、2006年12月に国連事務総長を引退する際のスピーチで、近年の国連を無視する米国の覇権主義的行動を批判し、米国が国連を重視した多国間主義に回帰する事を望む声明を発表した[27]。

（5） 強制行動

地域的安全保障は、米州機構（OAS)、アフリカ統一機構（OAU、現 AU)、欧州安全保障協力機構（OSCE)、西アフリカ諸国経済共同体（ECOWAS)、アラブ連盟、NATO、WTO、ANZUS、東南アジア条約機構（SEATO)、中東諸国の中央条約機構（CENTO)、西欧連合（WEU)、平和のためのパートナーシップ（PEP）などによって担われている。地域的機関先議の原則があり、国連による紛争処理を排除するものではないが、地域的機関による強制行動（表2参照）は、事前に国連安全保障理事会の承認を得る必要がある。

表2　地域的機関による強制行動

時期	内容
1991年	湾岸多国籍軍の武力行使は、安保理の要請決議で派遣。
1994年	NATOによるセルビアに対する空爆は安保理の許可なく行われた。
1999年	コソヴォ紛争におけるNATOの空爆は、安保理の事前の許可なく行われた。
2001年-	9.11以降の「米国による対テロ戦争」。アフガニスタンへの米国とイギリスを始めとした連合軍による侵攻は、安保理の許可なく行われた。2007年になって、2007年9月19日に採択された国際治安支援部隊（ISAF）を2008年10月13日まで延長することを主な内容とする国際治安支援部隊（ISAF）の活動期限延長が目的の決議に、不朽の自由作戦（OEF）に対する謝意を前文に加えた決議が国連の安保理で行われた。賛成14、反対0、棄権1。常任理事国のロシアは、OEFが国連の枠外活動であることを主な理由として棄権。
2003年	イラク攻撃にはフランス、ドイツ、ロシア、中華人民共和国などが強硬に反対を表明し、国連の武器査察団による査察を継続すべきとする声もあったが、それを押し切った。

1991年の湾岸戦争では、国連軍が派遣されるべきところ、ソ連と中国の拒否権行使が予想され、多国籍軍の派遣を要請するという安保理決議がなされた。1994年のNATOによるセルビアに対する空爆、1999年のコソヴォ紛争におけ

[27] しかし、640億ドルにのぼるイラク石油食糧交換プログラムに関する国連の大規模な不正疑惑を追及された。アナンの長男コジョが、この人道援助にかかわったスイス企業から退社後も不透明な給与を受けていたことが発覚している。

るNATOの空爆、2001年のアフガニスタンへの米国とイギリスを始めとした連合軍による侵攻、2003 年の米国とイギリスを始めとした連合軍によるイラク攻撃は、安保理の許可なく行われ、冷戦終結後、国連の集団的安全保障体制は、米国によって形骸化させられてきた。

（6）国連憲章における自衛権

国連憲章51条は、自衛権は国家の「固有の権利」と規定している。個別的自衛権とは、他国からの武力による侵害を実力をもってこれを阻止・排除する権利で、集団的自衛権は、自国と密接な関係にある、もしくはその旨協定や条約を締結した他国に対して第三国による武力による侵害があった場合に、自国が直接に攻撃されていなくても、実力をもって阻止・排除する権利である。同時に国連憲章51条は、国連加盟国による集団安全保障体制の下では、自衛権の行使は、国連安全保障理事会の措置がとられるまでの時限的な権利としているので、基本的に、他国から武力による侵害があった場合に自衛権を行使しなくても、国連加盟国による集団安全保障体制の下で、国連安全保障理事会が必要な措置をとって解決するという体制であるにもかかわらず、軍事同盟の存在が国連による集団安全保障体制をないがしろにしてきている。

日本国憲法は第9条で「武力による威嚇又は武力の行使は、国際紛争を解決する手段としては、永久にこれを放棄する……陸海空軍その他の戦力は、これを保持しない」と明記している。しかしながら、自由民主党政府の解釈は、第9条1項は「独立国家に固有の自衛権までも否定する趣旨のものではなく、自衛のための必要最小限度の武力を行使することは認められているところである」と解し、第2項に定める「戦力」の不保持も、「自衛のための必要最小限度の実力を保持することまで禁止する趣旨のものではない」としている。最高裁判所の判例も同様の見解を採り、自衛権留保説をとっている。それに対し、平和主義の立場から、自衛権も放棄しているとする見解（非武装中立論など）があり、「自衛のための必要最小限」とはどのような基準に基づくのか不明という批判がある。これまで、自民党政府を含め、他国に対する侵害を排除するための行為を行う集団的自衛権を行使することは憲法上許されないと解釈されてきたが、米国は日本に対して集団的自衛権を行使できると明言してきており、日米安全保障条約は日本国憲法と抵触している。

権力政治が国際社会の現実であることは事実としても、永遠に権力政治が続くわけではなく、歴史的には権力政治に対する批判も成長してきている。国連憲章、日本国憲法第 9 条、平和 5 原則は、2 度の世界大戦をはじめとする人類が犯した過ちに対する歴史的批判や反省の賜物であり、これらをないがしろにしようとする試みは、再び過ちを犯すものであることを理解する必要がある[28]。

6．国連改革

現状の国連システムは、世界政府ではなく、地球社会を統括する大統領もいない。各国連機関は、国レベルの各省庁にたとえられ、政治問題を扱う国連本部は外務省、世界銀行は財務省、UNESCO は文部科学省、WHO と ILO は厚生労働省、FAO は農林水産省に相当する。これは、ノーベル経済学賞を受賞したヤン・ティンバーゲン[29]が広めている見方である。国内省庁が省益追求に明け暮れているように、各国連機関も機関益追及になりがちで、国連改革が進まない原因のひとつになっている。

第二次世界大戦の戦勝国（特に常任理事国）中心の国連運営に対する敗戦国・発展途上国の不満から、1990 年代後半から安全保障理事会改革問題が活発に議論されるようになった。1992 年 8 月、ジャカルタで開催された非同盟諸国首脳会議で、国連の民主化実現のため、安保理の地理的配分の均衡化と議席の拡大を国連総会の議題とすることを決め、35 ヵ国共同決議案を提出し、作業部会が設

---

[28] 日本国憲法第 9 条が、未来世界を先取りしたもの、世界で最も進歩したものと評価され得るのは、自国の内発的原則として交戦権と軍備を放棄したからであり、依然たる権力政治の世界での自衛の一般的必要とその手段としての戦争とが矛盾する関係を把え、その緊張する対立を、自衛戦争の否定という絶対平和主義において解決したからである……それは確かに国連憲章前文にある連合国諸国民の「戦争に訴えない決意」との調和的関係に期待していると同時に、たとえ侵略があっても軍事力による抵抗には訴えないと自ら規制する、自分に厳しい憲法なのである。しかも、この厳しさこそは、まさにこの核時代において諸国家権力が軍事力の行使を自ら慎む平和共存の厳しさであり、憲法第 9 条は今日においてこそ現実に諸国家を普遍的に拘束し得る文章としての意味を持っている。斉藤（1996 年）p. 224.

[29] Jan Tinbergen（1903 年 - 1994 年）オランダ出身の経済学者。1965 年から 1972 年までは国連開発委員会の議長を務めた。1970 年に国連開発委員会が発表した *Preparation of Guidelines and Proposals for the Second United Nations Development Decade*（『第二次国連開発 10 年のためのガイドラインと提案』）は、『ティンバーゲン報告』とも呼ばれ、1970 年代の開発戦略の方向付けに大きな影響を及ぼした。

けられることとなった。また、同年、カールソン前スウェーデン首相らを共同議長として世界の 28 人の有識者[30]が参加した独立委員会「グローバル・ガバナンス委員会」が発足し、1995 年に包括的な以下のような国連改革提言を発表した。①先進国から 2 ヵ国（国名を挙げていないが、日本とドイツを指す）、途上国から 3 ヵ国（アジア、アフリカ、ラテンアメリカから各 1 ヵ国）、合計意 5 ヵ国を拒否権なしの常勤理事国（standing member）とし、常勤理事国の氏名と選出は総会の提案に委ねる。非常任理事国の拡大は 3 ヵ国程度とし、合計 23 ヵ国で運営する。既存の常任理事国は自国の安全保障にとって差し迫った例外的事例を除いて拒否権の行使を自粛し、事実上の返上を実現する。②任務を終えた信託統治理事会の代わりに、大気圏・宇宙・海洋・地球環境・生命維持システムなどの「地球公共財（Global Commons）」管理理事会を新設し、構成は総会で決定することとし、政府代表以外に学識経験者、NGO を加える。③形骸化している経済社会理事会を廃止し、代わりに強力な「経済安全保障理事会（Economic Security Council）」を新設し、国連ならびに世界銀行、IMF、WTO など世界経済を左右する国際開発・金融・貿易機関の活動の調整と政策目標の一致を図る。④現存の総会を補完するため、加盟国の国会議員からなる「人民議会（People's Assembly）」を創設し、これに漸次、民間人を加え、総会とともに国連の立法機関とする。これが制度化するまでの暫定措置として「市民社会フォーラム（Forum of Civil Society）」を毎年開催し、NGO の意向を反映させる。⑤既存の国際司法裁判所は国家間の紛争しか扱えないので、大量殺戮・人道に対する罪・戦争の罪を犯した個人を訴追して裁く司法機関として国際刑事裁判所を新設する。

このうち⑤は、国連総会付属機関として実現し、2003 年 2 月からオランダのハーグで活動を開始している[31]。

1997 年の国連総会議長のラザリ（マレーシア国連大使）は、グローバル・ガバナンス委員会の提言を基に、以下のような改革案をまとめ、各国に受入を求めた。①安保理拡大幅は、常任理事国 5 ヵ国、非常任理事国 4 ヵ国とし、このうち

---

30 日本からは緒方貞子国連難民高等弁務官（当時）が参加した。

31 米国は署名を撤回し、米国兵士や政治家が訴追されるような自体を避けるため、安保理決議を優先させる対策を講じようとしている。日本は未署名で、未批准。

常任理事国 2 ヵ国は先進国から、3 ヵ国は地域ごとに人口の多い途上国から各 1 ヵ国ずつ選ぶ、②新規の常任理事国には拒否権は付与せず、既存の常任理事国の拒否権行使は憲章第 7 条に限定する、③憲章の旧敵国条項は廃棄する。

先進国から新たに選ばれるのが日本とドイツ、途上国からは、アジアからインド、中南米からブラジル、アフリカからはエジプト、ナイジェリア、南アフリカ共和国から持ち回りで常任理事国となるという了解がほぼ得られていた。しかし、イタリアのフルチ国連大使が、イタリアに常任理事国入りの目がないことから、同じく常任理事国入りの目がない韓国、パキスタン、インドネシア、メキシコ、アルゼンチンなどの国連大使に働きかけ、大半の途上国からなる非同盟諸国グループも加わり、ラザリ案を表決にかけないことに合意し棚上げとなった。吉田康彦元国連広報官は、「EU の政治統合が実現し、安保理で EU の議席がひとつになるまで改革が実現しないのではないかという悲観的な観測が出ている。日本の常任理事国入りもそれまでおあずけということになる」[32]と述べている。しかしながら、日本の常任理事国入りは、中国、韓国、北朝鮮が靖国問題や歴史教科書問題などのため反対しており、問題を先に解決しなければならない。

7．国連予備軍

カントは『永遠平和のために』の第三条項で、「常備軍は、時とともに全廃されなければならない」[33]と論じている。その理由は、「なぜなら、常備軍はいつでも武装して出撃する準備を整えていることによって、ほかの諸国をたえず戦争の脅威にさらしているからである。常備軍が刺激となって、たがいに無制限な軍備の拡大を競うようになると、それに費やされる軍事費の増大で、ついには平和の方が短期の戦争よりもいっそう重荷となり、この重荷を逃れるために、常備軍そのものが先制攻撃の原因となるのである。そのうえ、人を殺したり人に殺されたりするために雇われることは、人間が単なる機械や道具としてほかのものの（国家の）手で使用されることを含んでいると思われるが、こうした使用は、わ

[32] 吉田（2003 年）p. 87.
[33] カント（1985 年）p.16.

れわれ自身の人格における人間性の権利とおよそ調和しないであろう」[34]と論じている。

アイゼンハワー大統領の国務長官をつとめたジョン・フォスター・ダレス[35]は、1950 年代のなかごろにこの問題の存在を認め、最近解禁された、きわめて機密性の高いアイゼンハワー大統領あての覚書のなかで、「原子力は、どの国であれ、一国の軍事的利用にゆだねられるには巨大すぎる力であります」と踏み込んで述べ、拒否権が行使できない国連総会に核戦力の管理を移すことにより、「侵略を阻止する原水爆兵器の能力を普遍的なものにする」[36]よう提案していた。

坂本義和は、「現在約 26 万人に及んでいる日本の自衛隊を、例えば当初の警察予備隊程度にまで大幅に縮小し、それを国連警察軍の補助部隊として国連軍司令官の指揮下に置く……単に外国人のみによってではなく、われわれ自身が日本の安全保障に寄与できることになる……われわれは、もし他の国が中立国から成る国連警察軍を必要とする時に、それに応えることができる……自衛隊をすべて国連警察軍に常時編入することにより、われわれは憲法を犯すことなしに、国連の下で「海外派兵」を行うこともできよう」[37]と論じた。

自民党を離脱した小沢一郎も、「自衛隊を国連待機軍として国連に提供し、海外の現地で活動させる」[38]ことを主張し、2009 年 2 月 24 日に、「米国の極東におけるプレゼンス（存在）は第 7 艦隊で十分」[39]などと発言したが、在日米軍基地の維持を前提とした日米安全保障条約の「自然死」の始まりとなる可能性がある。坂本や小沢の国連警察軍／待機軍構想やダレスの国連総会への核戦力の移管構想は、カントの議論を忠実に受け継いだものといえよう。

また、イラクは大量破壊兵器を保有していると嘘をついて戦争を行う米国の一極支配体制や、強欲な利益追求によって世界金融危機を引き起こした米国型資本主義経済が行き詰まり、日米において民主党への政権交代が起こったが、これま

---

[34] 同上、pp.16-17.
[35] John Foster Dulles（1888 年 - 1959 年）対日講和条約の締結で中心的役割を果たし、1953－1959 年に国務長官。核兵器を背景にした大量報復戦略の提唱者として知られる。
[36] Immerman ed. (1990), pp. 4-48.
[37] 坂本（1990 年）pp. 27-31.
[38] 小沢（1993 年）pp. 122-124.
[39] http://www.nikkei.co.jp/sp1/nt215/20090225AS3S2502525022009.html

での国際秩序を揺るがすような「地殻変動」が始まっているといえよう。

おわりに

冷戦時代の核戦争の脅威は冷戦終結によって解消されたが、巨額の軍事予算で維持されている大量の軍事力を用いた地域紛争が多発し、安全保障が脅威にさらされてきている。抑止論の幻想に囚われることなく、軍縮、軍備管理、不拡散を実現し、地域紛争を防止していく必要がある。先進国の軍事費を削減し、貧困削減や格差解消の原資として使用することによって、地域紛争を防止でき、先進国にとっても安全保障度を高めることになるのであり、軍備増強を図ることによって自国の安全を保証しようとすればするほど安全を損なうことになるという「セキュリティ・ディレンマ」を理解し克服していく必要がある。

国連による集団的安全保障体制の強化を図るために、平和的に国際紛争を解決できない場合の手段として、国連予備軍を提供できるよう各国の軍事力を転換する必要がある。国連予備軍は、ガルトゥングが論じていたように米国をはじめ各国が「トランス・アーマメント、非同盟、内的強靭性、外的有用性を促進」[40]していくことによって可能になる。日本の場合は、「そもそも憲法違反である自衛隊を国連にプレゼントすれば一石二鳥」[41]となるものである。

---

[40] ガルトゥング（1989年）参照。
[41] 筆者が大学院生時代に指導を受けた河合秀和教授の持論。

第3章　侵略と植民地支配

大東亜会議に参加した各国傀儡政権首脳（1943年11月5～6日）（帝国議事堂前にて記念撮影。毎日新聞社「昭和史第11巻 破局への道」より）左から：ビルマ国：バー・モウ内閣総理大臣、満州国：張景恵国務総理大臣、中華民国（南京）国民政府：汪兆銘行政院長、日本国：東條英機内閣総理大臣、タイ王国：ワンワイタヤーコーン親王（首相代理）、フィリピン共和国：ホセ・ラウレル大統領、インド：この時点では本土がまだイギリスの植民地支配下にあったインドからは、日本と協力しインド全土のイギリス（イギリス領インド帝国）からの完全独立を目指していた亡命政権である自由インド仮政府首班のチャンドラ・ボースが、日本がインドを大東亜共栄圏に組み込まないという意思を明確にしていたため、オブザーバーとして参加した。

はじめに

石橋湛山は大正デモクラシーにおけるオピニオンリーダーの一人として、いち早く「民主主義」を提唱し、三・一独立運動をはじめとする朝鮮における独立運動に理解を示し、帝国主義に対抗する平和的な加工貿易立国論を唱えて台湾・朝鮮・満州の放棄を主張するなど（小日本主義)、日中戦争勃発から敗戦に至るまで長期戦化を戒める論陣を『東洋経済新報』誌上にて『東洋経済新報』誌上にて張っていた。

戦後は、同誌上で靖国神社の廃止を訴え、第1次吉田内閣の大蔵大臣として入閣し、デフレーションを抑えるためのインフレーションを進め、傾斜生産（石炭増産の特殊促進）や復興金融公庫の活用を特徴とする「石橋財政」を推進した。

1956 年 12 月の白民党総裁公選で、石橋湛山は 7 票差で岸信介に勝ち首相となったが、年明け 1 月に病に倒れ、わずか 65 日でその座を岸信介に譲った。幸い脳梗塞の症状は軽く、石橋は政治活動を再開するまでに回復し、日米安全保障条約改定の強行採決に反対し、岸信介首相に退陣を勧告した。石橋は、各国の軍備でなく「国連を強化し、国際警察軍の創設によって世界の平和を守るという世界連邦」実現への努力を説いていた[1]。

今日の嫌韓論、嫌中論、イスラムフォビア（イスラム嫌い）に見られるヘイトスピーチは、1930 年代のナチス・ドイツや日本の軍国主義に見られた優生思想と同じように、自民族の優越性、他民族の劣等性を、経済的に余裕を失った人びとの偏見や無知に公然と煽ることによって形成されてきている点で本質的に同じである。1930 年代の過ちの責任や戦争犯罪を明確にしてこなかったために、歴史修正主義によって再び 1930 年代の過ちが繰り返されようとしている。

従軍慰安婦に対する強制性の有無、徴用工などの個人請求権、南京大虐殺、泰緬鉄道建設のための強制労働、サンダカン捕虜収容所での虐待、シンガポール華僑虐殺などについて、まるで異なる二つの戦争の記憶が語られているが、その歴史的・社会的根拠までさかのぼって考えることが必要である。歴史修正主義は、戦前の価値観や体制に過ちはなく、復活させ、国連中心主義に回帰するのではな

---

[1] 石橋（1990 年）p. 446.

く、自衛隊を国軍として憲法に明記することによって軍事力を増強するためには不可欠であると考えていることが、歴史認識問題の根底にあるのではないだろうか。歴史の見直しによって日本軍ばかりではなく国民全体の名誉と歴史が回復できることはなく、それどころか、過去の過ちが正当化され、再び過ちを繰り返すことになってしまうのである。

石橋湛山
Source: https://corp.toyokeizai.net/who-we-are/outline/award/

本稿では、石橋湛山の「小日本主義」に立ち戻らない限り、日本の侵略および植民地支配の戦争責任は明確にならず、いつまでも戦後処理が終わらないことを国立公文書館などの資料も参照し考察する。

1．戦争の記憶のされ方

藤原帰一は、「日本にとっての広島が戦時下は、戦時大量殺戮の頂点であり、核時代の恐怖の始まりだったとすれば、アメリカにとって原爆投下は、戦争終結の喜びと戦勝の栄光に結びついていた……（南京大虐殺についての）中国側の主張する死者数 30 万人は過大ではないかという議論から始まり、いまでは南京では虐殺そのものがなかった、という主張も行われている……日本による侵略行為の否定や歴史の捏造のシンボルとして、中国における戦争の焦点にもなった」[2]と、まるで異なる二つの戦争の記憶が語られているが、「ただの無知や忘却の産物として一蹴するのではなく、その歴史的・社会的根拠までさかのぼって考えることが必要」[3]と指摘している。

藤原自身は「広島への原爆投下が正しかったとも必要だったとも考えない。南京で日本軍による虐殺が起こったことは十分に立証されており……私は、原爆投下の正当化や南京大虐殺の正当化は「とんでもない議論」だと考えているし、そ

---

[2] 藤原（2001 年）pp. 4-5.
[3] 同上。p. 7.

のことを隠そうとも思わない」[4]という立場である。

藤原は、「南京大虐殺の存在を否定する人々は、その見直しによって日本軍ばかりではなく国民全体の名誉と歴史が回復できると考えている……戦争の記憶は、それぞれの死者を悼むことに帰着する。死ぬ必要のない父、夫、息子が傷つき殺され、母、妻、娘が傷つき殺される……とても受け入れることのできない不条理な暴力の犠牲者に他ならない……加害者や戦犯などという中傷には耐えられない。状況の中にいた兵士は口をつぐむかもしれないが、不条理な暴力の後から生まれてきた者たちは、不条理に条理を与え、意味を与える。こうして、それぞれが自分の愛する人々を犠牲者として悼み、戦争を記憶するという、それ自身は当然の行動が、強烈な政治イデオロギーの基礎をつくる」[5]と分析している。

絶対平和を願う広島と、不法な暴力を前にして武器を取る義務と責任を問うホロコーストなどには違いがある。ホロコーストは、占領地域で行われた場合だけではなく、ドイツの領土のなかで行われた場合もあり、無法な暴力を前に犠牲者を見殺しにすれば、ただ無法な支配を認めることになる。侵略者に対する自衛戦争だけではなく、国の内外を問わず、深刻な人権侵害が行われた場合に対して武器を取る義務と責任を求めている。藤原は、「暴力に対して暴力で立ち向かえば、支配者の暴行を上回る暴力と破壊をもたらす可能性がある……正しい戦争はあり得るのか。それともあらゆる戦争は正しくないのか？西欧世界においてもアウグスティヌス[6]以来争われてきたこの問題は……犯罪者から武力で人質を奪回すべきかという問題に始まり、隣国で進む大量虐殺を黙視すべきかとか、戦争を避けるためには独裁政権とも手を結ぶべきかとか、およそ暴力を手段とするか否かの選択が争われる場合には繰り返し現れる、ほとんど日常的なジレンマである」[7]と論じている。

1970 年代と 80 年代の大半を日本とその周辺で過ごし、戦争の記憶問題に取り組んできたイアン・ブルマは、「バターン死の行進、マニラでの掠奪、シンガポー

---

[4] 同上。pp. 6-7.
[5] 同上。
[6] アウグスティヌスは、異端的になったドナティストを正しい信仰に戻すためなら武力行使もやむをえないと考えた。
[7] 藤原前掲書。pp. 23-24.

ルでの虐殺は、ほとんど口にされることはなかった。だが、中国、満州、フィリピンでの日本人が受けた被害、とりわけ広島と長崎の出来事は鮮明に記憶に残っており、戦後の日本兵のシベリア抑留も広く記憶されていた」[8]と記している。ブルマは、日本人の戦争の記憶が、加害者としてではなく、主に被害者として記憶されてきていることに疑問を持ち、ヒロシマ、アウシュヴィッツ、南京、ベルリン、花岡などを調査し、戦後世代の手による日本とドイツの戦争体験は、どのように記憶されてきたか比較研究している。

コロンビア大学のグラック・ゼミの参加学生は、中国人、韓国人、韓国系アメリカ人、日本人、カナダ人、米国人、インドネシア人からなるが、グラックのいつまでも韓国が慰安婦問題を蒸し返し、米国に像など建て始めた理由についての質問に対して、韓国人の女子学生は「日本人の謝罪を謝罪として受け入れない決定的な理由は、 謝罪があった直後に、日本政府の誰かが違うことを言うから」と答えていた[9]。グラックは、「2015 年 12 月の日韓合意は、最初から成功の見込みがなかった。今日の世界的基準からすると、日本の指導者は慰安婦制度の過ちを認めて、再び謝罪するように求められている……それを拒否したり否定したりすれば慰安婦の問題が国際社会でいっそうクローズアップされるだけだ」[10]と指摘している。加害の記憶は忘れても、被害の記憶は忘れない傾向があり、人の記憶は曖昧で過誤が生じるものであり、クラッグは、「共通の記憶というのは、はじめから確立された何かがあるのではなく、時間とともに作られ、変化し得る「プロセス」のことを言う」[11]と指摘している。

鄭大均[12]は、ディアスポラ知識人である姜尚中が自らのアイデンティティを確認するために行ってきたルサンチマン・レイシズム（在日朝鮮人の犠牲者性）に基づく激しい日本批判が日本の右派の警戒心や防御心を駆り立て、彼らの嫌韓を煽り、それに基づく北朝鮮バッシングと北朝鮮制裁外交を招いていると述べてい

8 ブルマ（1994 年）p. 8.
9 グラック（2019 年）p. 115.
10 同上。pp. 149-150.
11 同上。p. 114.
12 （1948 年 - ）日本の学者、評論家。首都大学東京都市教養学部名誉教授。専攻は東アジアのナショナル・アイデンティティ、日韓関係論、元在日外国人。韓国系日本人。

る[13]。

後述するように、黄文雄[14]や鄭らや歴史修正主義者によって、すでに戦争を知らない世代に置き換えられている現代の日本社会では、メディアから一方的に若い世代の偏見や無知に訴えられ、信じ込まされている。黄が台湾で日本の植民地支配を正当化することが糾弾されるのと同様に、鄭の議論は、原因と結果の関係が逆転していて、韓国ではこのような主張は、日本の歴史修正主義に貢献するプロパガンダとして糾弾される。

戦争を知らない世代が増える中、連日、メディアを通じて、従軍慰安婦に強制性はなかった、徴用工の請求権は解決済み、南京大虐殺はでっちあげなどという嫌韓・嫌中世論が形成されてきているが、これらは一義的には、日本がアジア諸国を侵略し植民地支配した歴史認識、戦争責任、戦争犯罪を日本とアジア諸国の間で戦後 75 年間、当事者が生きているうちに明確にし和解してこなかったことに原因がある。対照的にヨーロッパでは、戦後、統合というマルティラテラルな枠組みの中で、ドイツやイタリアなどがヨーロッパ諸国を侵略し植民地支配した歴史認識、戦争責任、戦争犯罪を明確にしてきたことによって、EU 加盟国間で戦争をする可能性がなくなり、EU 統合軍の創設が可能となっている[15]。

増田弘は、1910 年以降の政府・軍部にみられる武断政治、対外膨張政策に真向から対峙して「小日本主義」を掲げ、ラディカルな大正デモクラシーの論客として軍国主義批判を貫き、戦後、日中貿易再開、脱冷戦の思想を説いた石橋湛山を丹念に論じた[16]。

石橋湛山の戦中・戦後に書き残した「小日本主義」などの議論は、共通の歴史認識を持つための「プロセス」に不可欠である。

2. 石橋湛山の「小日本主義」

（1）大日本主義の幻想

東洋経済新報という経済メディアを、社長として自ら率いた石橋は、ジョン・

---

13 鄭（2011 年）参照。
14 （1938 年 - ）台湾の評論家で、文明史・経済史研究者。拓殖大学日本文化研究所客員教授。
15 森（2017 年）、（2019 年）参照。
16 増田（1995 年）参照。

メイナード・ケインズの『雇用・利子および貨幣の一般理論』を、最も早く、日本人として読み込み「実践のエコノミスト」として「小日本主義」の論陣を張った。

石橋は、1912 年 10 月の『東洋時論』「評論」で「桂公が出ても帝国主義、政友会内閣が組織せられても帝国主義、而して国民党の言う処を聞いてもやはり帝国主義である。たまたま軍備拡張の不可を唱うるものがあっても、それは目下の財政状態が許さぬからだという。英国のアスキス首相が観艦式に臨んで、ああこの資材を実益ある方面に用いたならばと嘆じたのと、その根本において雲泥万里の相違がある」[17]と、帝国主義を批判した。

大日本主義については、1921 年 8 月 6 日の『東洋経済新報』「社説」で「大日本主義、即ち日本本土以外に、領土もしくは勢力範囲を拡張せんとする政策が、経済上、軍事上、価値無きこと」[18]と論じた。

歴史修正主義者や「日本は侵略戦争をしたのではなく、アジアを欧米から解放した」という“濡れ衣”論者に共通してみられる主張は、カリフォルニア州における日系移民に対する人種差別に対する憤りが日本を大東亜戦争に突き動かしたのであり、「日清戦争、日露戦争などによって国際法上合法的に中国大陸に権益を得て、これを守るために条約等に基づいて軍を配置したのである……我が国は他国との比較で言えば極めて穏健な植民地統治をしたのである」[19]と正当化する。しかし、石橋は、以下のように、アジア諸国を見下して進出することに道理はないと論じていた。

> 米人決して罪なきにあらず、白人もとより偏見あり。しかれども彼らに偏見あり、罪ありとて、我また罪を犯し、偏見を抱きて可なりとの道理は一つもこれ有らず。彼らに罪あり、偏見あらば、我はむしろかえってこれを棄て、あくまで正しき道理の上に行動してこそ、初めて日本の日本たる立場あり[20]。

---

17 石橋（1990 年）p. 57.
18 同上。p. 208.
19 たとえば、2008 年に「日本は侵略戦争をしたのではなく、アジアを欧米から解放した」という“濡れ衣”論文で自衛隊航空幕僚長を解任された田母神俊雄など。
http://ronbun.apa.co.jp/images/pdf/2008jyusyou_saiyuusyu.pdf
20 石橋（1914 年）『東洋経済新報』5 月 15 日号社説

> 今わが国民は一つの謬想に陥れり。人口過剰といの憂いということこれなり。政治家、評論家はこれによってすなわちあるいは大陸発展を唱え、あるいは北守南進を主張す……カリフォルニア州の土地所有禁止案が異常の熱を我が国民に起こせるまたこの理由に外ならず……交通機関の未だ備わらざる時代は、もし内地の食料不足せば是非ともその過剰の人口はこれを外に出すか、もしくは生産を防止するかより外に、始末の途なかりしならんも、今日は全くこれと異なれり。工業盛んに起こり、貨物の外国に出すこと多きを得ば……食料はこれをアメリカ大陸に求むるも、インドに求むるも、支那に求むるも自由自在なる我が邦がむしろ豈(あに)6 千万、7 千万の人口に過剰に苦しまん。吾輩は我が国民がかくの如き根拠なき謬想に駆られて、いたずらに帝国主義を奉行し、白人の偏見に油を灌ぎ……無益の葛藤に気を疲らすの、詢に愚なるを思わずんばあらざるなり[21]。

この三地（朝鮮･台湾･関東州[22]）を合せて､昨年､我が国はわずかに九億円余の商売をしたに過ぎない｡同年､米国に対しては輸出入合計十四億三千八百万円､インドに対しては五億八千七百万円､また英国に対してさえ､三億三千万円の商売をした｡朝鮮･台湾･関東州のいずれの一地をとって見ても､我がこれに対する商売は英国に対する商売にさえ及ばぬのである。米国に対する商売に至っては､朝鮮･台湾･関東州の三地に対する商売を合せたよりもなお五億二千余万円多いのである｡即ち貿易上の数字で見る限り､米国は､朝鮮･台湾･関東州を合せたよりも､我に対して､一層大なる経済的利益関係を有し、インド、英国は、それぞれ、朝鮮･台湾･関東州の一地ないし二地に匹敵しもしくはそれに勝る経済的利益関係を、我と結んでおるのである。もし経済的自立ということをいうならば、米国こそ、インドこそ、英国こそ、我が経済的自

[21] 同上。
[22] 日露戦争の終結後、その講和条約であるポーツマス条約に基づき、中国の遼東半島先端部と南満州鉄道附属地を併せた租借権がロシアから日本に移行した地域。1932 年、関東軍が東三省全土を占拠し満洲国を建てると、租借権の設定は満洲国から受けている形式に改定された。

立に欠くべからざる国といわねばならない[23]。

表 1　各国の貿易に占める経済ブロックのシェア及び帝国圏貿易の世界貿易に占めるシェア（1929 年、1937 年）

		各国の貿易に占める経済ブロックのシェア（%）				帝国圏貿易の世界シェア（%）	
		輸入		輸出			
		1929	1937	1929	1937	1929	1937
イギリス 1)	英帝国圏	30	42	44	50	27.9	29.8
	その他スターリング・ブロック 2)	12	13	7	12		
ドイツ	南西ヨーロッパ 6 ヵ国 3)	4.5	12	5	13		
	ラテンアメリカ	12	16	8	11.5		
フランス	植民地・属領	12	27	19	27.5	8	7.3
	金ブロック諸国 4)	14	14	29	27		
イタリア	植民地・エチオピア	0.5	2	2	23		
ポルトガル	植民地	8	10	13	12		
日本	朝鮮、台湾、広東、満州	20	41	24	55		
オランダ	植民地	5.5	9	9	11	4.7	4.8

原注：1) General Trade、2) スウェーデン、ノルウェー、フィンランド、デンマーク、エジプト、エストニア、ラトビア、タイ、イラク、3) ブルガリア、ギリシア、ハンガリー、ルーマニア、トルコ、ユーゴスラヴィア、4) ベルギー、イタリア、オランダ、スイス、ポーランド

Source: League of Nations, *World Economic Survey*, 1938/9, p. 186., *do., International Trade Statistics*, 1938, p. 281., p. 303., League of Nations, *Review of World Trade*, 1937, p. 22., 1938, p. 22.より算出。宮崎他編（1981 年）p. 118.

1929 年の大恐慌後、失業率が各国で 20%となるなか、表 1 に示されるように、日本の貿易に占める円ブロックのシェアは、1929 年から 1937 年までに輸入で 20%から 41%、輸出で 24%から 55%に急増したが、円ブロックの実態は、円ブロックに対して黒字、第三国貿易において赤字であり、鉄鉱石、綿花、石油などの主要資源の輸入に必要な外貨をブロック経済化でカバーできるわけでなかった。このため、さらに円ブロックを大東亜共栄圏として拡大していかざるをえず、アジア諸国で多大な犠牲者を出すとともに、国民を存亡の危機に陥らせたのである[24]。

---

23 石橋（1921 年）「大日本主義の幻想」『東洋経済新報』7 月 30 日号～8 月 13 日号

24 2019 年 3 月に、3 ヵ月物の米国債の利回りは 2.14%、2 年債や 5 年債は 1.8%台と、償還までの期間の長い債券の方が金利が低くなった。過去 60 年間のデータから長短金利の逆転（逆イールド）が発生した後の米国株は平均して 1 年 9 ヵ月、市場は金利低下によるカネ余りで 29%上昇し、その後は深刻な景気後退とともに株安に向かっている。
https://r.nikkei.com/article/DGXMZO47281770120720I9SHA000?unloc

歴史修正主義者や「日本は侵略戦争をしたのではなく、アジアを欧米から解放した」という“濡れ衣”論者は、「多くのアジア諸国が大東亜戦争を肯定的に評価している」[25]と正当化する。しかし、石橋は、傀儡政権のみが肯定的に評価しているにすぎず、蒋介石国民党政権を屈服させ属国化しようとしたことの誤りを以下のように論じていた。

> 今日の蒋政権もしくは蒋介石は、決して昔の支那軍閥の類ではない。それ所か日清戦争の時の清国の朝廷とか、或いは日露戦争の場合の露国の政府とかいうものよりも遥かに民衆の中に基礎を持ったものである……私は欧州戦争以来の支那の国民は、日本の明治維新当時の状況にあると思う。即ち彼等は民族意識をハッキリと持ち始めた……其の熱情を持った若き支那の知識階級の要望の上に立って居たのが、即ち蒋介石である[26]。

1938年11月3日 - 近衛首相は、国民党政府はすでに一地方政府にすぎず、抗日政策を続けるならば壊滅するまで矛を納めないと述べたうえで、日本の目的は「東亜永遠の安定を確保すべき新秩序の建設に在り」、国民党政府が抗日政策を放棄すれば新秩序参加を拒まないとの東亜新秩序声明（第二次近衛声明）を出した。蒋介石は12月28日、「東亜新秩序」は中国の奴隷化と世界の分割支配を意図していると批判、アメリカ合衆国も承認できないと日本を批判した[27]。

日本の近衛政府は、上海事変を経て、首都南京、漢口、重慶を侵略し、属国にしようとしていたが、石橋は、「日支の緊密な連携を造り上げ」[28]るべきだと論じた。そして、連携を築くべき政権は、重慶に政府を移していた蒋介石政権とであ

---

k=1&s=3 日本でもバブル期の89年に逆イールドが発生し、その後に深刻な景気後退と株安を経験した。2020年下旬に深刻な景気後退と株安が予想される中、米中貿易戦争を始めたトランプ政権は、第二次世界大戦の主要な要因となった経済のブロック化から何も学ばず、再び過ちを犯しつつあるといえる。バブル崩壊後「失われた30年間」になろうとしている日本も、歴史修正主義で戦前の価値観や制度を正当化し、憲法改正して自衛隊を国軍として明記させ、経済のブロック化に加担していくことは、トランプ政権同様、再び過ちを犯すことになる。

[25] http://ronbun.apa.co.jp/images/pdf/2008jyusyou_saiyuusyu.pdf

[26] 1938年4月29日講演「長期建設の意義と我経済の耐久力」『石橋湛山全集　第11巻』

[27] 臼井（2000年）pp.102-110.

[28] 1940年4月27日講演「時局の推移と経済界の前途」

り、日本の傀儡政権である汪兆銘政権ではなかった[29]。さらに国内で盛んに噂される国民党と共産党の「国共分裂」の可能性を否定し、汪精衛[30]新政権の将来についても懐疑的であった[31]。

1943 年 11 月の大東亜会議に出席していた中華民国（南京）国民政府汪兆銘行政院長、満州国張景恵国務総理大臣、ミャンマーのバー・モーらは、連合国からは「傀儡政権」と評されていた[32]のであり、イギリスの植民地であったマライや、オランダの植民地であったインドネシアは会議当時は日本軍の占領下であったものの、大東亜政略指導大綱において帝国領とすることとされ、独立検討の対象ですらなかった。

日本の諜報機関である南機関によって軍事訓練を受けたアウンサンが「ビルマの独立はまやかしだ」とし、1945 年 3 月、連合国側につき、反ファシスト人民自由連盟（AFPFL）として日本軍に対して戦った。長女のアウンサン・スーチーは、オックスフォード大学で 2 年間かけて日本語を習得し、国際交流基金の研究フェローとして京都大学東南アジア研究センターで南機関の研究をしていた。ミャンマーの民主化後、アウンサン・スーチーが、日本からの経済ミッションに極力会おうとしないことからも、戦前からの日本に対する不信感が窺える。

「日本は侵略戦争をしたのではなく、アジアを欧米から解放した」という“濡れ衣”論は、いかに事実に反し、共通の歴史認識の形成を妨げてきたことが理解されなければ、アジア諸国の信頼を得ることはできない。

（2）　石橋湛山が主張した靖国神社の廃止

1945 年 10 月 13 日号「社論」で石橋は、「靖国神社の主なる祭神は明治維新以来の戦没者にて、殊にその大多数は日清、日露両戦役および今回の大東亜戦争の従軍者である。しかるに今、その大東亜戦争は万代に拭う能わざる汚辱の戦争として、国家をほとんど亡国の危機に導き……それらの戦争に身命を捧げた人々に

---

29 1939 年 10 月 28 日号講演「欧州動乱と我が経済の前途」『石橋湛山全集第 11 巻』

30 汪兆銘（1883 年 - 1944 年）は中華民国の文人政治家。辛亥革命の父孫文の側近として活躍して党の要職を占めた。字は季新。号は精衛（中華圏では「汪精衛」と呼ぶのが一般的である）。1940 年 3 月、南京に新国民政府を樹立し、同年 11 月には主席となった。中国では「漢奸」、すなわち売国奴として唾棄されてきた。

31 1938 年 10 月 7 日号時評「汪精衛氏の要求」『石橋湛山全集第 11 巻』

32 森（1992 年）　pp. 250-251.

対しても、これを祭ってはもはや「靖国」とは称し難きに至った……ただ屈辱と怨恨との記念として永く陰惨の跡を留むるのではないか……戦没者の遺族の心情を察し、あるいは戦没者自身の立場において考えても、かかる怨みを増する神として祭られることは決して望む所ではないと判断する」と、靖国神社の廃止を主張した[33]。

さらには、「この戦争は国民全体の責任である。しかしまた世に既に論議の存する如く、国民等しく罪ありとするも、その中には自ずから軽重の差がなければならぬ。少なくとも満州事変以来軍官民の指導的責任の位地に居った者は、その内心はどうあったにしても重罪人たることを免れない。しかるにそれらの者が、依然政府の重要な位地を占めあるいは官民中に指導者顔して平然たる如き事は、仮令連合国の干渉なきも、許し難い。靖国神社の廃止は決して単に神社の廃止に終わるべきことではない」[34]と論じていた。石橋が懸念していたように、今日まで靖国神社が維持され、満州事変以来の戦争責任を不問にしようとしているのである。

靖国神社についてブルマは、「展示品に添えられた文章が戦争の背景を説明するのだが、内容は戦時中のプロパガンダそのままである」[35]と指摘している。さらに、「特別攻撃隊顕彰会」が設置したブロンズ板に、一見宗教的な形で賛美しているのは自己犠牲であることについて、「特攻攻撃はまったくの命のムダ遣いであり、戦争を長引かせる役にしか立たなかった、という事実が一顧だにされていない。ここでは、何千人もの特攻兵の死に、偽りの意義が吹き込まれている」[36]と指摘している。

---

33 石橋（1990年）pp. 391-392.

34 同上。p. 392.

35 ブルマ前掲書。神社の裏手にドイツの親衛隊にあたる「憲兵隊」の隊員を追悼する慰霊碑があり……遊就館という名の展示館の前には、沖縄戦で玉砕した独立重砲兵百大隊所有の89式重砲、戦艦大和の4センチ主砲々弾、人間魚雷の胴体、泰緬鉄道の開通式に走った蒸気機関車などが陳列してある。神社のパンフレットはこの場所を「聖域」と呼ぶ。陳列してある兵器は「御祭神方」が「愛撫駆使された」ものである……1931年の満州併合は、ソ連の共産主義と中国の貪欲さからアジアを守るための、やむをえない措置だった。英米が中国の反乱分子をあおって反日行動に走らせていたから、中国で戦争が始まるのは不可避だった。pp. 273-277.なお、戦後のBC級戦犯裁判で有罪となり処刑された者は1,000名に上るが、その3割を憲兵が占めた。

36 同上。pp. 278-282.

ヴィッテンベルクの教会の「ユーデン・ザウ」(左) レリーフの下の床に埋め込まれた記念額 (右)
https://www.welt.de/img/kultur/mobile194390061/8571353667-ci16x9-w1200/Antijuedisches-Relief-an-Luthers-Kirche.jpg

ブルマは、ナチス・ドイツが犯した犯罪を美化・正当化することがないように、ドイツ各地には何千という警告の碑が作られているのと対照的であることを指摘している。かつてルターが説教をしたウィッテンベルクのマリエン教会の壁に、「ユーデン・ザウ」[37]、つまり「ユダヤ人の豚」の彫刻がある。1988 年に「ユーデン・ザウ」の真下の床に、警告の碑が作られ、その奥の壁に「かつてユダヤ人がキリスト教徒の前では神聖にすぎて口にすることさえできなかった神の御名が、虐待を正当化するものとして使われ、十字架の御印のもと、600 万人のユダヤ人が死んだ」[38]と書かれている。

2004 年 4 月、中国や韓国が靖国参拝に反発していることに関して小泉首相は、「日本人が靖国神社に参拝してどうしていけないのか。分からない。(反発は)不思議で仕方がない」と発言し、首相在任中の 6 年間靖国神社を参拝し、内外から批判を受けた。中国や韓国だけではなく、シンガポールも厳しい目を向けていた。2006 年 2 月にシンガポールで開かれたアジア太平洋円卓会議の基調講演で、ゴー・チョクトン上級相 (前首相) は、「日本の指導者たちは参拝を断念し、戦犯

[37] 3 匹の仔豚が雌豚の下で乳を飲んでいて、 雌豚の後ろでラビが雌豚の上で、右脚を持ち上げ、尻尾を高く保持し、尻尾の下で彼女のタルムードを見詰めている。13 世紀にドイツや他のヨーロッパ諸国で登場した。ナチス・ドイツでは、ドイツの学童のクラスがドイツの教会でユーデン・ザウを見学に行かされた。この用語は、ネオナチによる侮辱として現存している。

[38] ブルマ前掲書。pp. 252-253. ヘブライ語のテキストは、旧約聖書 130.1 (「私は奥から呼びます、主よ、あなたに」) とベルリンの作家ユルゲン・レナートによって「ユダヤ人がキリスト教徒にとって神聖であるとほとんど言わなかった神の本当の名前であるセム・ハ・ムフォラスは、600 万人のユダヤ人の十字架の下で死んだ」と書かれている。Steinwachs, Rhein, und Pietsch (2000) S. 7.

以外の戦死者を悼む別の方法を考えるべきだ」[39]と述べた。同年6月にシンガポールで開催されたアジア安全保障会議でも、リー・シェンロン[40]首相が、「過去の戦争の問題に取り組めば、相互依存がうまくできる。そのとき、より強固な協力と地域への融合へ進むことができる」[41]と日本の姿勢を批判した。

安倍首相も、「英霊に尊崇の念を表するのは当たり前のことだ」とし、2013年12月26日に靖国神社を参拝した。

より強固な協力と地域への融合への障害となっているのが、侵略戦争と植民地支配をした日本の戦争責任についての一貫しない姿勢にあるという批判を謙虚に受け入れない限り、日本はアジアで孤立していくことになる[42]。

（3）石橋湛山の国連中心主義

アメリカの歴史的・伝統的精神に基づいたアメリカの憲法と国連憲章に基づき、日本の軍国主義を制度的に支えていた軍、天皇制、財閥、地主制を解体するべくマッカーサーをはじめとするGHQが乗り込んできた。

マッカーサーは、「大日本帝国憲法第11条 天皇は陸海軍を統帥す」とあり、戦争の最高責任者として日本の軍国主義の支柱であった天皇および天皇制を廃止し、貴族や高級軍人の子弟の教育機関であった宮内省直轄の学習院も解体する予定であった。しかし、1945年9月27日に、昭和天皇を当時宿舎としていた駐日アメリカ大使館公邸に招いて会談を行った際に、天皇制を日本統治に利用した方がよいと考え直し、天皇を戦犯から除外するという重大決定を行った。天皇を象徴として残すことにしたため、学習院も私立として存続させることになったのである。こうして、「天皇陛下万歳」と叫んで侵略戦争に多くの国民が動員され、内外で多大な犠牲をもたらした天皇の戦争責任自体はマッカーサーの指示で不問に付され、極東裁判でも取り上げないこととされた[43]。

したがって天皇の戦犯問題は、ソ連、オーストラリア、ニュージーランド、フィリピンなど戦犯を主張する国々が参加する極東裁判が活動を始める前に、処理

---

39 林前掲書。p. 11.
40 リー・クアンユー元首相の息子
41 林前掲書。同上。
42 森（2011年）p. 30.
43 同上。pp. 35-36.

しておく必要があった[44]。

1946年2月3日、マッカーサーはホイットニーに対し、「マッカーサー3原則」として知られる憲法改正の必須条件を以下のように示した。

１．天皇は、国の最高位の地位にある。皇位は世襲される。天皇の職務および権能は、憲法に基づき行使され、憲法に示された国民の基本的意思に応えるものとする。

２．国権の発動たる戦争は、廃止する。日本は、紛争解決のための手段としての戦争、さらに自己の安全を保持するための手段としての戦争をも放棄する。日本は、その防衛と保護を、今や世界を動かしつつある崇高な理想（国連による集団安全保障体制）に委ねる。日本が陸海空軍をもつ権能は、将来も与えられることなく、交戦権が日本軍に与えられることもない。

３．日本の封建制度は廃止される。

貴族の権利は、皇族を除き、現在生存する者一代以上には及ばない。華族の地位は、今後はどのような国民的または市民的な政治権力も伴うものではない。予算の型は、イギリスの制度にならうこと[45]。

しかしながら、冷戦が始まると、日本やドイツを再軍備させ日米安保条約やNATOという軍事同盟を結び、朝鮮戦争やヴェトナム戦争への出撃基地・補給基地として占領政策を切り替えるというご都合主義であることを露呈した。

1956年12月、石橋は、自由民主党の総裁選挙で総裁に選出され、首班指名された。1957年、首相に就任した年の新春特大号の『東洋経済』「石橋湛山大いに語る」では、「国連に対して義務を負うということは、軍備ということも考えられる」とし、同時期の「プレスクラブ演説草稿」では「世界の実情から判断して、国の独立安全を保つのに必要な最小限の防衛力はこれを備える国際義務を日本国民は負うものであると信じます」としている。ただし同稿の中で「人類を救わんとするならば、われわれは軍備拡充競争を停止し、戦争を絶滅しなければなりません」と、冷戦の平和解決と軍縮を主張した。これは、全面講和論の急先鋒と

---

[44] 古関（2017年）p. 118.
[45] 高柳（1972年）p. 99.

なる南原繁が、「国際正義に基づいた平和」の確立こそが重要で、「単に功利主義的な、便宜主義的な安全第一主義というものの平和主義であってはならぬ」[46]とし、将来、国連に加盟した際に、軍事的制裁に貢献する権利と義務を放棄したのでは、「人類の自由と正義を擁護するが為に、互に血と汗の犠牲を払うことに依って相共に携えて世界恒久平和を確立するという積極的思想は、却って其の意義を失われるのではないか」[47]と論じていたことと符合する。

石橋は、米ソ日中平和同盟を提唱し、平和憲法の意義を強調（「池田外交路線へ望む」）しながら、各国の軍備でなく国際警察軍によって平和を守る「世界連邦」実現への努力を説いた。また、「全国民を包括する総合的な医療保障」を演説した鳩山一郎の路線を継承して、1957 年 1 月に国民皆保険を目指すことを閣議決定[48]するなど福祉国家建設、さらに対米自主外交では日中貿易を促進する世界平和の確立などを基本とし、経済政策では池田勇人を大蔵大臣に抜擢して「1000 億円施策、1000 億円減税」として積極財政を行い、全国 10 ヵ所を 9 日間でまわるという遊説行脚を敢行、自らの信念を語るとともに有権者の意見を積極的に聞いてまわった。

しかし、同年 1 月 25 日、帰京した直後に倒れた。報道には「遊説中にひいた風邪をこじらせて肺炎を起こした上に、脳梗塞の兆候もある」と発表した。副総理格の外相として閣内に迎えられていた岸信介が総理臨時代理となったが、2 ヵ月の絶対安静が必要との医師の診断を受けて、石橋は「私の政治的良心に従う」[49]と潔く退陣した。

フランスのミッテラン大統領は、1981 年から 1995 年まで 2 期 14 年を務め、翌年亡くなったが、任期の大部分を前立腺癌の治療を続けながら大統領職を務めた[50]。

ニュージーランドのジャシンダ・アーダーン首相は、事実婚関係で、正式な結

---

46 清水編（1976 年）p. 22.

47 同上。p. 20.

48 https://www.med.or.jp/jma/about/50th/pdf/50th132.pdf

49 石橋は昭和初期に『東洋経済新報』で、暴漢に狙撃され帝国議会への出席ができなくなった当時の濱口雄幸首相に対して退陣を勧告する社説を書いたことがあり、国会に出ることができない自分が首相を続投すれば、当時の社説を読んだ読者を欺く事態になると考えた。

50 Gubler, Gonod (2005)

婚はしていないが、2018年1月に妊娠を発表。6月に出産し、産後6週間は産休を取得し、その間はウインストン・ピータースが首相代行を務め、世界で初めて首相在任中に産休を取得した政治家となっていた[51]。

2ヵ月間の病欠の間、内閣総理大臣臨時代理の岸信介が代行するだけでよかったはずであるにもかかわらず、石橋が岸に総理大臣を譲ったことは、ヒンデンブルグ大統領がブリューニング首相を解任しヒトラーを後任に任命したことに匹敵するほど、今日まで甚大な影響を与えた「戦後日本の悲劇」といわざるをえない[52]。

（4）岸政権による国連中心主義の放棄

旧日米安保条約もその第4条で、「この条約は、国際連合またはその他による日本区域における国際の平和と安全の維持のため充分な定をする国際連合の措置」（国連憲章第 51 条）が講ぜられるまでは存在理由があることを明記している。このような発想は日米安保条約のみならず北大西洋条約その他戦後の多数の同盟条約の中に明文化されていた。

しかし、1960年に岸政権によって改定された日米安保条約の第4条は、「（イ）日米安保条約の実施に関して必要ある場合及び（ロ）我が国の安全又は極東の平和及び安全に対する脅威が生じた場合には、日米双方が随時協議する旨を定める。この協議の場として設定される安全保障協議委員会[53]の他、通常の外交ルートも用いて、随時協議される」とされ、国際連合の措置が講ぜられるまでという限定が外されている[54]。これによって日本の安全は、国連の集団安全保障体制で保障するのではなく、日米の個別の軍事同盟によって保障するということを明確にし

---

[51] 1990年にパキスタンのベナジル・ブット首相が在任中に出産したときは、ブット首相の反対勢力がその妊娠を理由に首相の解任を要求していたため、ブット首相は産後も休暇を取ることなく、すぐに復帰していた。https://www.businessinsider.com/jacinda-arden-prime-minister-new-zealands-first-world-leader-maternity-leave-2018-6　2019年7月9日閲覧

[52] マイネッケは、ヒトラーとナチス政権を許した根源的な原因の分析を行い、『ドイツの悲劇』にまとめた。プロイセン軍国主義のうちに生き残っていた封建制の子である騎士道、「ヒトラー運動の国民的価値についての幻想が、すでに当時具眼の士ならだれでも気づかぬはずのなかった、ヒトラー運動のなかの犯罪的要素にたいする不明が、存している……ドイツを深淵への道に押しやった一般的な諸原因のまっただなかに、ブリューニング首相を罷免し、ヒトラーを任命したヒンデンブルグという偶然が存在した」と論じている。マイネッケ（1974年）pp.115-117.

[53] 日本側の外務大臣と防衛庁長官、米国側の国務長官と国防長官により構成される会合。いわゆる「2プラス2」。

[54] 坂本（1990年）p. 35.

たのであり、日本の外交政策の基本の一つである国連中心主義[55]と矛盾することになった[56]。

公選で選出された政策と正反対の岸が安保条約改定を強行することは民主主義の否定であり、石橋が体現していた自由主義でもない体制が作られ、戦後処理の失敗として以下に列挙されるような今日まで続く諸問題の起源となっているのである。

石橋は、日米安全保障条約改定の強行採決に反対し、岸信介首相に退陣を勧告した。1968 年に石橋は、次のように国連警察軍による世界の安全を保障するしかないことをのべている。

> 実際問題として、いかなる場合でも負けない強大な軍隊を持つ事は、日本にとって大変な負担である。おそらく、日本の国力のほとんど全部傾けつくしてみても、及ばない。そんな考え方で国の防衛を考えるのは間違いだ……世界に対しては、国連を強化し、国際警察軍の創設によって世界の平和を守るという世界連邦の思想を大いに宣伝し、みんながそれに向かって足並みをそろえるよう努力する……国際警察軍の創設によって各国の独立と安全を守るという考え方については、単なる空想にすぎぬという向きもあるかもしれぬ。けれども、それ以外にどういう方法があるだろうか。私には考えられない……我が国の独立と安全を守るために、軍備の拡張という国力を消耗するような考えでいったら、国防を全うすることができないばかりでなく、国を滅ぼす。したがって、そういう考えを持った政治家に政治を託すわけにはいかない[57]。

遠藤誠治と遠藤乾が編集した『シリーズ　日本の安全保障　全 8 巻』の基本的な問題意識として、「「積極平和主義」という言葉は、その内実が富国強兵と、相手国を包囲する勢力均衡策でしかなく、安倍内閣が抱える歴史修正主義ともあい

---

[55] 国の安全保障などの政策を国際連合との整合性を中心にして組み立てていくこと。
[56] 森（2019 年）p. 155.
[57] 石橋前掲書。pp. 444-446.

まって、隣国の警戒心をかき立てるものになっていることである。付け加えれば、この歴史修正主義は、軽武装経済成長路線を追求してきた戦後自民党の「保守」とも齟齬をきたし、アメリカからみると戦後体制の合意事項への見直し願望が見え隠れする分、「衣の袖から鎧が見える」状態ともなっている」[58]ことが指摘されている。自衛隊を国軍として強化しようとすることによって、「安全保障のディレンマの教科書的事例を生み出して」[59]いるのである。

安倍政権は、北朝鮮危機や台頭してきた中国脅威論を煽りつつ、軍事同盟強化一本やりで、米国のドナルド・トランプ政権との間で日米連携の強化を図ってきた。岸政権が選択した日米軍事同盟路線を、「不当におとしめられ続けた祖父[60]の再評価」として位置づけ、「憲法改正」にまで、踏み出そうとしている[61]。

３．植民地で効率的に収奪を行うためにインフラ整備

日華平和条約議定書：中国（中華民国）は日本国民に対する寛厚と善意の表徴として、サン・フランシスコ条約第十四条（ａ）１に基き日本国が提供すべき役務の利益（放棄賠償金請求権）を自発的に放棄しているが、在外資産による賠償は受けている（表２参照）。

ヴェルサイユ条約でドイツに課せられた膨大な賠償金がドイツを再び戦争へと向かわせたことへの反省から、できる限り在外資産を没収する形での賠償をさせようという方針がとられた。したがって、戦争中や植民地支配での残虐行為に

---

[58] 遠藤・遠藤（2014 年）p. 22.
[59] 遠藤（2014 年）p. 297.
[60] 安倍晋三の祖父である岸信介は、弐キ参スケ（東條英機、離満前役職：関東軍参謀長、星野直樹、離満前役職：国務院総務長官、鮎川義介、満業：満州重工業開発株式会社社長（日産コンツェルンの総帥）、岸信介、離満前役職：総務庁次長、松岡洋右、離満前役職：満鉄総裁）と言われ、満州国に強い影響力を有した軍・財・官の５人の実力者の１人で、東條内閣での岸信介商工大臣であり、極東国際軍事裁判ではＡ級戦犯被疑者として３年半拘留された。しかし、中国共産党による中華人民共和国の成立・台頭、1950 年６月 25 日の朝鮮戦争の勃発と北朝鮮優位の攻勢により、連合国軍最高司令官のダグラス・マッカーサーを含めてアメリカの対日政策が大きく転換されることになり（逆コース）、岸信介はじめ公職追放されていた旧体制側の人物たちが 1952 年４月 28 日のサン・フランシスコ講和条約発効を機に公職追放を解除され復権し、1960 年には日米安保改定を強行した。
ポツダム宣言６条に基づき、極東国際軍事裁判所条例第５条（イ）項により定義された戦争犯罪に関し、a.平和に対する罪、b.（通例の）戦争犯罪、c.人道に対する罪の３つの罪が記載されたが、項目ａの平和に対する罪で訴追された者をＡ級戦犯、項目ｂ、項目ｃで訴追されたものをそれぞれＢ級戦犯、Ｃ級戦犯と呼ぶが、そのほとんどがＢ級戦犯（通例の戦争犯罪）であった。
[61] https://toyokeizai.net/articles/-/196553?page=6　2019 年６月 19 日閲覧

よる賠償が十全な形で行われてきたとは言えない。

表2　1945年8月5日現在の在外資産の総額

		金額（円）
朝鮮		702億5,600万円
台湾(中華民国)		425億4,200万円
中国	東北	1,465億3,200万円
	華北	554億3,700万円
	華中・華南	367億1,800万円
その他の地域（樺太、南洋、その他南方地域、欧米諸国等）		280億1,400万円
合計		3,794億9,900万円

出所：国会図書館外交防衛課、『調査と情報 第228号 戦後補償問題－総論（1）』p.7.

ポーランドのモラウィエツキ首相は2019年8月、「今日までドイツから大戦中の残虐行為への適切な賠償を受けていない」と独紙のインタビューで断言した。正式な請求はしていないが、議会の委員会が8500億ドル（約90兆円）との試算が出る可能性もある。ポーランドは第二次大戦で総人口の約2割に当たる約600万人が犠牲になるという甚大な被害を出したが、社会主義体制下の1953年に賠償請求権を放棄。さらに旧東西ドイツが90年の統一直前に米英仏ソと戦後処理に関する「ドイツ最終規定条約」を結んだことで、独政府は賠償が「政治的、法的に解決済み」と主張。2015年にポーランドで政権を取ったEU懐疑派の右派政党「法と正義」は「53年の放棄はソ連の圧力」との主張を展開。司法の独立制限などの政策でEUやドイツとの摩擦も増え始め、賠償問題が浮上した[62]。

1893年に九份（きゅうふん）で金鉱が発見され、1894年には金瓜石（きんかせき）でも金鉱が発見された。1895年、台湾の統治者となった日本政府は、翌1896年に鉱業管理規則を発布し、基隆山山頂を境として東西に分けられ、東の金瓜石は田中長兵衛の田中組に、西の瑞芳は藤田伝三郎の藤田組にそれぞれ採掘権が与えられた。

1933年、日本鉱業（久原鉱業：日産自動車・日立製作所などの日産財閥の源

---

[62] https://www.jiji.com/jc/article?k=2019083100378&g=int

流）は、金瓜石鉱山を買収。1935年には1年に粗鉱量100万tを処理する東洋一を誇る大鉱山であった。

金瓜石は、1936年の採掘量は金5t、銀15t、銅11,000t。1938年頃の産金量は7万両を突破し、1939年の従業員数は9,448人（日本人747人、台湾人6,298人、大陸の温州、福州などから来た出稼ぎ労働者2,443人）に膨れ上がった。

1942年にはシンガポールで捕虜になった英国兵800余人を収容して坑内の採掘作業に従事させた。日本兵たちの暴力支配の下、言語に絶する苛酷な強制労働や飢えで、次々と仲間が死んでいく様子、米軍が上陸してくれば皆殺しにされる計画も察知され、必死の対抗策がひそかに練られ、元捕虜の深い怒りと怨念の声が残されている[63]。

中華民国政府は金瓜石を没収したが、1985年に廃業。およそ90年間に亘って掘られた坑道の総延長は600km以上に及ぶ。金瓜石鉱山90年間の総生産量は、粗礦量約2,500万t、純金120t、純銀250t、銅25万tに上ると推定される。現在は、日本の植民地支配の負の遺産が時間が止まったようなノスタルジックな風景となり、台北からのオプション・ツアーで台湾を代表する観光地となっている。

嫌韓論者の黄文雄は、「日本の植民地経営が中国と異なる点は、……インフラ整備をはじめとする殖産興業を行った……中国のように中央が地方から収奪するとのとは逆に、日本は逆に中央から地方に対して財政支援と産業投資を行っていた」[64]と論じている。たしかに、日月潭ダム、高雄自由港、台湾電力を設立し水力発電事業を推進、鉄道貨物輸送の停滞を消解するため新たな海岸線を敷設、台湾人にも帝国大学進学への道を開き、華南銀行を設立した第7代総督の明石元二郎、道路と鉄道を開いた民政長官の後藤新平、総督府の技師八田與一が嘉南平原の旱魃・洪水対策のために計画した嘉南大圳の建設を承認し、当時東洋一といわれた巨大ダム「烏山頭（オスアタウ）」を建設し、水路も嘉南平野一帯に16,000kmにわたって細かくはりめぐらし15万ヘクタールの美田を潤した[65]。

台湾ではコメの二期作が可能であったにもかかわらず、農業用水が整備されて

---

63 エドワーズ（1992年）参照。
64 黄（2004年）p. 171.
65 同上。pp. 158-193.

いなかった。人口増と食糧不足を補い効率的に収奪を行うために、ダムを建設し農業用水路を整備し、作物や鉱物資源を運ぶ鉄道や港を整備したのであり、黄が「台湾が親日の理由は、収奪よりも社会・経済基盤の整備に力を入れた」というのは、史実を歪めている。

初期の台湾統治は、現地居住民の抵抗運動を抑圧する必要性から、軍事力を前面に打ち出した強硬な姿勢で行われた。この頃の総督には行政権と司法権、そして台湾駐屯の陸海軍の指揮権はもとより、六三法によって特別立法権までもが付与されており、この統治四権を一手に握る総督の権限は絶大なものだった。こうした事情から、総督に任命された樺山資紀・桂太郎・乃木希典・児玉源太郎・佐久間左馬太・安東貞美・明石元二郎の７名はいずれも現役の大将または中将であった[66]。統治に対する叛逆者には取り締まりをするという「飴と鞭」の政策が台湾でも取られていたのであり、現地居住民の抵抗運動を抑圧してきた史実を歪めることは許されない。

拙著で論じたように、台湾が親日になったのは、中国に対抗する必要からでしかなく、侵略戦争をし植民地支配した歴史を修正・美化することは許されない[67]。同様にヴェトナム戦争が終結後、米国から何ら謝罪や賠償も行われてきていないにもかかわらず、ヴェトナムが親米国家になっているのは、中国に対抗する必要があるからで、米国政府がヴェトナム戦争を正当化することは許されない。

大英帝国の植民地主義者で南アフリカの鉱物採掘で巨富を得て植民地首相となり、占領地に自分の名（ローデシア）を冠したセシル・ローズ[68]は、ケープタウンとカイロを鉄道と電信で結ぶ計画を推進し、効率的に収奪を行うために社会・経済基盤の整備に力を入れた。台湾における日本の植民地支配は、大英帝国の植民地支配と何ら異ならない。

---

[66] 王（2005年）pp.223-278.

[67] 森（2019年）p. 11. 国立台湾大学EUセンター長の蘇宏達教授は、「EUの経験に照らしたアジア統合の競合モデル」と題するカナダでの講演の中で、「ナショナリズムは一つの民族、一つの言語、一つの文化、そして隣人を嫌悪することである……ソルボンヌに留学していた時に、日本からのゼミ生が「日本は侵略戦争をしたのではなく、アジアを欧米から解放した」と主張して我々をぞっとさせた（terrified）が、それは真実ではない……隣人との和解を実現することは難しく、いわんや隣国との和解を実現することはさらに困難なことである。アジアにはヨーロッパのような和解や統合が存在していない」と論じている。https://www.youtube.com/watch?v=gRonPhp7x8A

[68] Cecil John Rhodes（1853年 - 1902年）

ローズは人種差別主義者であり、アフリカにおけるアパルトヘイトの象徴として非難されてきている。アフリカ諸国が独立していく中で、1965年に南ローデシアで当時610万人の人口の内、27万人と圧倒的少数の白人が一方的に独立を宣言して白人支配を維持し、ガルトゥングが構造的暴力として批判した[69]ものである。

朝鮮総督府の初期の政策は、武力を背景にして行われる政治手法の「武断政治」[70]と呼ばれ、総督府による統治に反対する（非協力的朝鮮人による）政治活動や独立運動は禁止され、軍政のもと植民地統治の基礎が作られた。1919年に3.1独立運動が起こると、融和的な政治に転換されたが、皇民化教育が行われ、参政権も与えられなかった。

在日韓国人・朝鮮人人数の長期推移

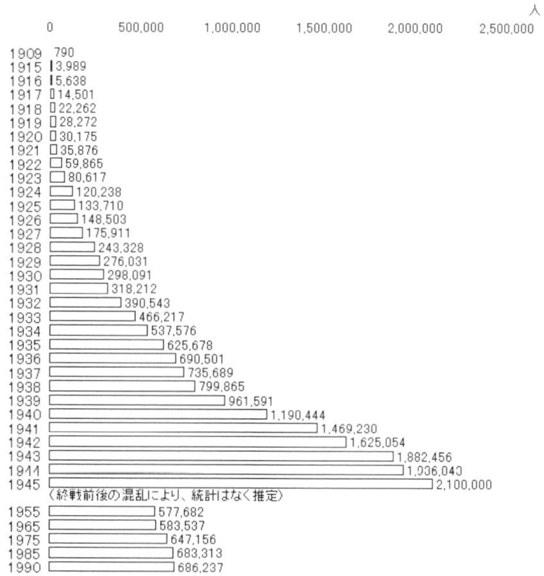

（注）1909日本帝国年鑑、1915～1944内務省警保局統計、1955～梶村秀樹「朝鮮史」
（資料）アジア文化社「アジアウェーブ」第29号（1995年6月）

1910年韓国「併合」以降、朝鮮半島からの移入数は増加の一途をたどり、在日朝鮮人人数は1924年に10万人を越え、1928年には20万人を越えた。背景としては、日米向け輸出を目指した産米増殖計画における構造変化の中で土地を失ったり、数年おきに起こる干害によって没落した農民が、農村を離れ、その一部が日本や満州へ流出したことがあげられる

[69] ガルトゥング（2017年）pp. 133-134.
[70] 江戸時代初期の、初代将軍徳川家康から3代将軍徳川家光までが行った政治姿勢のことを指し、家光の時代には、取り潰される藩も多く、浪人が増えて社会問題化した。慶安の変（1651年）や承応の変（1652年）を機に、4代将軍徳川家綱が、文治政治への転換を進めた。

[71]。

満州開拓の勢いは大きく、朝鮮人の日本への厳しい渡航規制もあって、1930年代には満州在住の朝鮮人の方が日本在住朝鮮人より多かった（表3参照）。

1937年の日中戦争開始以降、戦争の長期化にともなって日本国内の労働力が不足し、朝鮮国内及び日本への強制的な労働力動員体制が作られていった。日本へ連行された労働者は土木工事、炭鉱、鉱山に配置され、過酷な労働を強制された。

姜在彦は、宇垣総督時代にその秘書役をしていた鎌田沢一郎が強制連行のやり方について、その著書『朝鮮新話』のなかで書かれていることを紹介している。「納得の上で応募させていたのでは、その予定数に仲々達しない。そこで群とか面（村：引用者註）とかの労務係が深夜や早暁、突然男子のある家の寝込みをおそい、或いは田畑で働いている最中に、トラックを廻して何気なくそれに乗せ、かくてそれらで集団を編成して、北海道や九州の炭鉱へ送り込みその責を果たすという乱暴なことをした」[72]。逃亡者に対して見せしめのリンチが加えられた[73]。

表3　戦前期における朝鮮人の移住・連行等

朝鮮から日本への労働力強制連行	100万人以上（1939～45年） （485万人－朝鮮国内への動員）	
軍属としての徴用	155,000人（中国、東南アジア、南洋諸島への動員、1941年～）	
	朝鮮への徴兵制は43年改正兵役法公布で1944年最初の徴兵検査 206,057人	
軍需工場等への勤労動員	数十万人（12～40歳女性、1944年～）	
「軍慰安婦」として連行	数万人（日本、中国、東南アジア、太平洋諸島へ）	
満州への労働力移住・動員	開拓移民17万人（朝鮮農民、1937～42年）	
	満州在住朝鮮人人口	1930年　600,000人
		1936年　915,930人
		1943年 1,540,584人

出所：武田（2000年）

71 武田（2000年）参照。
72 姜（1992年）p. 232.
73 同上。p. 233.

それまでの100万人に1939年～45年にさらに100万人が加えられて、終戦時には約210万人が日本に在住したと推定されている。終戦後は約130万人が半島へ引き揚げた。

嫌韓論者によって「朝鮮でも日本がやってきた行為がすべて悪であるかの様に言うのは間違っている。上下水道、電気、ガス、道路、鉄道網、電話など、インフラ整備のように良いことも沢山してきた」という言説がなされている。ソウルの城壁を壊そうが、景福宮[74]の建物を壊し、光化門を移設して、そこに新しい朝鮮総督府の建物を建築しようが、慶州の古墳の一部を削って、道路を通そうと、お構いなしで、慶熙宮[75]のように完全に破却された宮殿もあった[76]。インフラを整備したのは、わずか35年間ではなく、永久的に大日本帝国が支配するために、必要であったからである。

朝鮮における経済開発は主として日本内地の工業化と食糧不足を補完する目的で行われた。水田は「併合」前の84万町歩[77]が1920年は155万町歩になり、1928年には162万町歩となり、1942年には177万町歩となるとともに、面積あたりの収穫量も1910年の1反あたり0.796石から1937年には1.635石へと倍増した。このように農地が新たに開墾され、水利事業によって生産能率が向上したことにより、食糧生産は年々増加し、「併合」前の1909年には746万石であった収穫高は、1918年には1529万石と2倍以上に、更に1942年には2489万石になった。米の多くが日本に輸出されたため、朝鮮人1人当たりの米の消費量は1919年～1921年の平均0.68石（米1石は約150kg）に対して、1932年から1936年にかけては0.40石まで減少した[78]。この状況を指して、姜は「飢餓輸

---

[74] 李成桂により1395年に置かれた朝鮮王朝（李氏朝鮮）の王宮。近代では、大日本帝国に「併合」された後に朝鮮総督府の庁舎が置かれた。韓国建国後は、敷地の一部に大統領官邸（青瓦台）が置かれている。

[75] 現在の大韓民国ソウル特別市にある李氏朝鮮時代の宮殿で、1616年に建立された。100以上の建物があったが、日本占領時代にほぼ完全に破壊され、日本人学校の京城中学校が建てられ、解放後にソウル高等学校となり、1980年に慶熙宮が復元された。

[76] 田中（2005年）pp.207-214

[77] 長さの単位の町との区別のために町歩と呼ぶこともある。メートル条約加入後の1891年に、度量衡法により300,000アールを3,025町と定めた。1町は99.17355アール（0.99174ヘクタール、9,917.35537平方メートル）。

[78] 朝鮮總督府農林局（1935年）『米穀關係法規；朝鮮米穀要覧』pp. 2-3, http://dl.ndl.go.jp/info:ndljp/pid/1337186.

出」と呼んでいる[79]。

日本窒素肥料（日窒・現在のチッソ：事業会社としてはJNC）を中心とする15大財閥の1つは、朝鮮半島北部の豊富な水資源、特に鴨緑江に注目して朝鮮へ進出することで、装置産業としての効率を上げることができ、第一次世界大戦の勃発により火薬の原料となる硫安、チリ硝石の需要急増で大きな利益を得ることができた。また当時朝鮮総督の宇垣一成や軍関係者は朝鮮半島の軍事工業基地化を目指しており、日窒には好意的であり、様々な融資を引き出すことができた。更に水豊ダム建設などの巨大プロジェクトにおいては、満州国政府、朝鮮総督府との国策的な共同事業として事業資金についても便宜が図られるなどしたのである[80]。

おわりに

第二次世界大戦後、言語や文化が異なる諸民族を隷従化させ収奪する植民地支配自体が認められないという国際的な規範が形成され、アジア・アフリカ諸国が植民地支配から独立したのである。歴史修正主義者の「台湾、朝鮮、満州は合法的に併合した」という主張は、帝国主義列強諸国間での植民地分割戦争の戦勝国同士が植民地を支配することを「合法的に」取り決めたものにすぎず、そのこと自体を過ちとして認識し、謝罪・補償しない限り、植民地支配されてきた人々や国際社会は納得できないであろう。

また、国連中心主義に立ち戻り自衛隊を国連予備軍として転換し、アジアや世界の中で貢献していくことによって、アジア諸国との信頼関係が構築され、アジア諸国との統合の促進や和解が実現されていくのであり、憲法に自衛隊を国軍として明記し国軍を強化していくことは“教科書的なセキュリティ・ディレンマ”に陥るだけで、過ちを繰り返すことになることが理解される必要がある。

---

79 姜前掲書 p. 111.
80 姜（1985年）参照。

第4章　戦争犯罪

台湾台北市の国軍歴史文物館の展示。
田伯烈の "What's War Means" の中文版『外人目睹中之日軍暴行』及軍事委員會政治部『日寇暴行実録』に掲載された写真の左右反転画像のパネルに、九十八式軍刀 (昭和十三年制式) がはめ込まれて展示されている（「九八式鐵殼軍刀（南京大屠殺残殺我同胞 107 人之軍刀：魏炳文将軍公子魏亮先生捐贈」）

1．ナチスの犯罪

西ドイツのワイツゼッカー大統領は、「荒れ野の 40 年」と題する 1985 年 5 月 8 日の連邦議会における有名な演説で、「罪のある者もない者も、老若男女いずれを問わず、われわれすべてが過去に責任を負っている」と発言し、内外から高く評価されている。しかし、ワイツゼッカー大統領の演説は、「罪」と「責任」を厳密に区別していて、「罪のある者もない者も」という部分は、ナチスの犯罪はヒトラー個人の罪で、ドイツ民族の罪ではない、という主張につながる。ヒトラーは暴力で政権を奪取したのではなく、1937 年の国会選挙で 37.4%の得票率で第一党となり、世論の支持のもとに合法的に権力に就いたのであり、また、戦後作られたナチ協力者のリストは 1200 万人にものぼったのであり、ナチスの犯罪を積極的に支持した人々も消極的に黙認した人々も罪と責任を負うべきである。

2．徴用工などの個人請求権

サンフランシスコ平和条約第 4 条に基づき、朝鮮との請求権問題を解決するため 1965 年 6 月 22 日に日韓請求権協定が結ばれた。日本国と大韓民国との間の基本関係に関する条約と同時に締結された財産及び請求権に関する問題の解決並びに経済協力に関する日本国と大韓民国との間の協定において大韓民国に 1080 億円の経済援助金が提供された。

朝鮮は戦勝連合国ではないので、戦後処理の一環（終戦と共に終了した植民地支配に関する補償）ではあっても厳密な意味での「戦争賠償」とは見なされない。

韓国政府は日本との交渉で補償金を受けとった後に韓国政府が個別支給するとしていたが、韓国のインフラ整備や企業投資の元手として使った。韓国政府は 1971 年の対日民間請求権申告に関する法律及び 1972 年の対日民間請求権補償に関する法律（1982 年廃止）によって、軍人・軍属・労務者として召集・徴集された者の遺族に個人補償金に充てた。しかし戦時徴兵補償金は死亡者一人あたりわずか 30 万ウォン（約 2.24 万円）であった[1]。

個人補償の総額も約 91 億 8000 万ウォン（当時約 58 億円）と、無償協力金 3

[1] 文（2005 年）p.111

億ドル（当時約1080億円）の5.4%に過ぎなかった。韓国政府は上記以外の資金の大部分は道路やダム・工場の建設などインフラの整備や企業への投資に使用し、そのため「漢江の奇跡」と呼ばれる経済発展をおこせた[2]。

徴用工問題については、1965年の日韓請求権協定で完全かつ最終的に解決しているとしてきたが、2018年10月、韓国の最高裁にあたる大法院が個人の請求権は消滅していないとした。このため、日本政府は日韓関係の「法的基盤を根本から覆すもの」と強く反発している。

第二次世界大戦中、日本の統治下にあった朝鮮および中国において、日本企業の募集や徴用により労働した元労働者が、奴隷のように扱われたとし、現地の複数の日本企業を相手に多くの人が訴訟を起こしている。韓国で同様の訴訟が進行中の日本の企業は、三菱重工業、不二越、IHIなど70社を超える。

マス・メディアを通じて「韓国は国際協定を守る規律が緩い」という嫌韓論が叫ばれているが、量的にも質的にも圧倒的にトランプ大統領の方が国際協定を守る規律は緩い。国際社会が反発する中、トランプ大統領が過去の政権が締結した環太平洋経済連携協定（TPP）、地球温暖化に関するパリ協定、NAFTA、イラン核合意、NATO、日米安全保障条約からの離脱や見直しを主張し離脱してきたように、国際的あるいは国内で締結・採択されてきた協定、条約や法律は、必要があれば、破棄、離脱、改正を希望することを妨げるものではない。問題は国際社会が受け入れざるをえない理由が提示されているかどうかである。

韓国大法院は「1965年に締結された日韓請求権協定は日本の植民地支配の賠償を請求するための交渉ではないため、日帝が犯した反人道的不法行為に対する個人の損害賠償請求権は依然として有効」とし、「消滅時効が過ぎて賠償責任はないという被告の主張は信義誠実の原則に反して認められない」と主張した。また、元徴用工が日本で起こした同趣の訴訟で敗訴確定判決が出たことに対しても、「日本の裁判所の判決は植民地支配が合法的だという認識を前提としたもので、強制動員自体を不法と見なす大韓民国憲法の核心的価値と正面から衝突するため、その効力を承認することはできない」[3]と主張した。

---

[2] http://www.donga.com/jp/List/article/all/20050119/285108/1/
[3] https://japanese.joins.com/JArticle/152640

日本維新の会共同代表の橋下徹大阪市長（当時）は、徴用工問題では以下のように、日本企業に加害の事実があったならば、最悪の態度振る舞いであるとして、日本政府の対応を批判している。

> 徴用工問題の本質は、自国民をきちんと保護しなかった労働問題である。日韓関係における国と国、政府と政府の関係は、1965 年の日韓請求権協定で解決した。本件はそれとは別に、日本企業の責任問題である。日本企業はどのような形で、労働者を働かせていたのか。2007 年の日本の最高裁判決も、その他日本企業の責任を認めた下級審の裁判例も、この労働環境の酷さを指摘し、そして被害者である労働者に寄り添うような判決となっている。もちろん最終的には 1965 年日韓請求権協定のような平和条約（和解条約）が存在することから、被害労働者の賠償請求は排斥されたが、しかし被害労働者が被った苦痛に対しては、同情の念、いたわりの念を強く表出している……ここは当時、どのような悲惨な労働環境だったのかが問われる問題である。そして日本企業が違法な労働環境で労働者を働かせていたのであれば、企業として責任を負わなければならないことは当然のことである。当時は戦争状態だったから、というのは言い訳にはならない……僕は、弁護士としてこれまで無数の和解契約を締結してきた。和解契約後、被害者側が何らかの追加請求をする場合もある。和解によって消滅していない権利は請求できるという法理論がしっかりあるし、錯誤和解という理屈もある。ゆえに、その請求が最終的に認められるかどうかはともかく、加害者側が「和解契約があるんだから、グダグダ言うな！」と言ってきたら、「おいおいちょっと待てよ、それが加害者としての態度振る舞いか？」となる[4]。

橋下の議論は、「自国民をきちんと保護しなかった労働問題である」としているため、韓国大法院が「1965 年に締結された日韓請求権協定は日本の植民地支配の賠償を請求するための交渉ではないため、日帝が犯した反人道的不法行為に

---

[4] https://president.jp/articles/-/26910?page=3

対する個人の損害賠償請求権は依然として有効」とする韓国大法院の判決と噛み合っているわけではない。朴正熙大統領が1965年に日本政府と締結した日韓請求権協定は、行政が締結した協定であり、韓国の司法が異なった判断を示すことはありえることである。国家権力を、立法・行政・司法のそれぞれ独立した機関に担当させ、相互に抑制・均衡をはかることによって、権力の乱用を防ぎ、国民の権利・自由を確保しようとする三権分離の原理があり、個人の人権を侵害し補償してこなかった朴軍事独裁政権の行政と司法は別である。したがって、日本政府が韓国の司法判断に異議を唱え変えさせようとするのは権力の乱用となる。

3．花岡銅山に強制連行された中国人徴用工虐殺

ブルマは、秋田県の同和鉱業の花岡銅山に強制連行された中国人徴用工虐殺について現地調査を行った。ブルマは、「戦時中の日本における強制労働の歴史の大半とともに、闇に葬られずにすんだのは—同和鉱業の下請けの鹿島組の従業員が中国人を虐待した証拠を隠滅するために、集団墓地を掘り返しているところを、アメリカの占領当局に見つかったからだった」[5]ことを指摘している。その結果、日本で唯一の民間企業を被告とする戦争犯罪裁判が開かれることになった。連合軍法廷は1948年に横浜で開かれ、鹿島組の現地従業員8人が絞首刑を含む有罪判決を受けた。8人はいずれも小者で、全員が1956年に釈放されている。その数年前には、職掌上、戦時中の強制労働の最高責任者だった岸信介[6]も釈放されている。

1945年6月30日に秋田県花岡銅山で、強制連行されていた中国人労働者800人以上が山に逃げ込んだが、竹槍や棍棒で武装した農民や商店主が中心になった警防団が警察と協力して山狩りをした。「捕まった中国人たちは、町の集会所前の庭まで行進させられ、半裸で後ろ手に縛られ、正座させられて、3日3晩食も水も与えられなかった……50人前後が集会所内で拷問されて死んだ。両手の親指だけで天井から吊り下げられたままムチ打たれた人もいた。無理矢理、水を注

---

5 ブルマ（1994年）p. 346.
6 東條内閣での岸信介商工大臣であり、極東国際軍事裁判ではA級戦犯被疑者として3年半拘留されていた。

がれたあげく、腹を踏まれた人もいた。教師たちは生徒にチャンコロに唾を吐け、と命じた。これで叩いてやれと、と棒を配った……青年団の10代の少年たちが中国人数人を殴り殺している」[7]という人種差別に囚われ残酷に虐殺したのである。

中国人たちが秋田県花岡に強制連行されてきたのは1944年のことだった。帝国陸軍は、捕虜や強制連行した民間人を日本の企業に労働力として提供して、金銭的見返りを得ていた。「真冬というのに、川に堰を作って流れを変える工事に駆り出されたこともあった。秋田県が深い雪に埋もれる冬のあいだも、着る物は薄いボロだけだった。食事は水のような粥が1日1椀と、腐ったリンゴの皮……農民と捕虜を中心とする中国人986人のうち、568人が戦後まで生き延びた」[8]と、シベリア抑留さながらの扱いであった。

ブルマは、「戦時中に日本に強制連行された人は約4万人。約7千人が死亡した……当時の日本には朝鮮人も約200万人住んでいたが、朝鮮は日本の属国とみなされていたから、中国人より待遇がいいとまでは言えないまでも、立場は違っていた。在日朝鮮人の半数近くは、戦時中に意志に反して徴用された労働者で、酷使される例も多かった」[9]と論じている。花岡事件はまったくの偶然によって、詳細が知られる唯一の事例となったが、残酷な虐待事件は無数にあったと思われる。

花岡事件の中国人生存者のうち数人は、戦後も日本に残った。その1人は1972年に自殺した。ブルマは、「日本は戦時中に起きたことに責任はなく、従って中国人犠牲者に金銭的補償をする義務もない、という日本政府との合意に周恩来が署名をした時のことだった。しかも中国政府は数年前まで、中国人生存者がこの件で騒ぎを起こすのを事実上禁止してきた。中国は日本からの低利融資を必要としていたのだ」[10]と、中国政府によって強制連行された徴用工の日本からの補償の望みが絶たれたことを批判している。

---

[7] ブルマ前掲書。pp. 345-346.
[8] 同上。p. 346.
[9] 同上。
[10] 同上。pp. 347-348.

不幸中の幸いとして、情報は残った。この事件も隠蔽されてしまっていたら、日本人が朝鮮人や中国人を人間以下の存在として扱ったこと、日本政府や中国政府が植民地支配による犠牲者の補償に取り組んでこなかったこと、真実を認め犠牲者の尊厳を回復することを疎かにしてきたことも闇に葬り去られ、再び同じ過ちを繰り返すことになるのである。

4．従軍慰安婦の強制性

慰安婦問題は、韓国挺身隊問題対策協議会などが主張する慰安婦が強制連行されたという主張について、韓国政府が日本政府に真相の究明を求めた。1993 年の宮沢喜一内閣の河野洋平官房長官が、慰安婦関係調査結果発表に関する河野内閣官房長官談話として「慰安所は、当時の軍当局の要請により設営されたものであり、慰安所の設置、管理及び慰安婦の移送については、旧日本軍が直接あるいは間接にこれに関与した。慰安婦の募集については、軍の要請を受けた業者が主としてこれに当たったが、その場合も、甘言、強圧による等、本人たちの意思に反して集められた事例が数多くあり、更に、官憲等が直接これに加担したこともあったことが明らかになった」[11]ことを発表した。

日本政府は、いわゆる従軍慰安婦問題についての本格的調査を行い、1992 年 7 月 6 日、1993 年 8 月 4 日にそれぞれ調査結果を発表した。調査対象は国外に広げられた。その後の発見を含め、各省庁や米国国立公文書館などから 260 件をこえる資料が発見され、この問題を歴史の教訓として長く記憶にとどめるため、公表されたこれらの資料の復刻版を編集し、『政府調査「従軍慰安婦」関係資料集成』（全 5 巻、龍溪書舎出版）として刊行した。

慰安所はアジア全域に広がり、1942 年 9 月 3 日の陸軍省恩賞課長の報告では、「将校以下の慰安施設を次の通り作りたり。北支 100 ヶ、中支 140、南支 40、南方 100、南海 10、樺太 10、計 400 ヶ所」[12]とある。吉見義明によれば、慰安婦数は 20 万人であった[13]。

---

11 https://www.mofa.go.jp/mofaj/area/taisen/kono.html
12 http://awf.or.jp/1/facts-07.html
13 吉見（1995 年）参照。

支那派遣軍総司令官に就任した岡村寧次大将自ら、以下のように、軍当局の要請により設営された経緯について河野談話を裏付ける資料を残している。

> 昔の戦役時代には慰安婦などは無かったものである。斯く申す私は恥かしながら慰安婦案の創設者である。昭和七年の上海事変のとき二、三の強姦罪が発生したので、派遣軍参謀副長であった私は、同地海軍に倣い、長崎県知事に要請して慰安婦団を招き、その後全く強姦罪が止んだので喜んだものである。現在の各兵団は、殆んどみな慰安婦団を随行し、兵站の一分隊となっている有様である。第六師団の如きは慰安婦団を同行しながら、強姦罪は跡を絶たない有様である[14]。

日中戦争開始の 1937 年 7 月から 1939 年末までの間に、軍法会議で強姦致死罪の有罪判決を受けた日本軍将兵の数が 732 人に上り[15]、占領地で頻発した中国人女性に対する日本軍将兵によるレイプによって、中国人の反日感情がさらに強まることを恐れて、防止策をとらねばならなかったことを物語っている。

朝鮮でも、業者らが甘言を弄し、あるいは畏怖させるなど、本人の意向に反して集めるケースがあったことも確認されている。さらに、官憲等が直接これに加担するケースも見られた。朝鮮からは、内地では禁じられていた 21 歳以下の女性が多く連れて行かれたことが知られています。中には 16、7 歳の少女も含まれていた[16]（慰安婦の年齢を示す資料参照）。

1941 年 12 月 8 日、太平洋戦争がはじまると、日本軍はシンガポール、フィリピン、ビルマ、インドネシアに侵攻した。南方に占領地が拡大していくとともに、そこにも軍慰安所が設置された。この新しい局面での南方占領地の慰安所への女性の確保については、決定的な転換が起こった。1942 年 1 月 14 日付けの外務大臣の回答によると、「此ノ種渡航者ニ対シテハ｛旅券ヲ発給スルコトハ面白カラ

---

14 稲葉編（1970 年）pp. 302-303.
15 （財）女性のためのアジア平和国民基金編（1997 年 b）p. 49, 50, 53.
16 （財）女性のためのアジア平和国民基金編（1997 年 c）p. 58, 59.

慰安婦の年齢を示す資料：イロイロ兵站支部医務室「検ばい成績ニ関スル件」1942 年 6 月 23 日

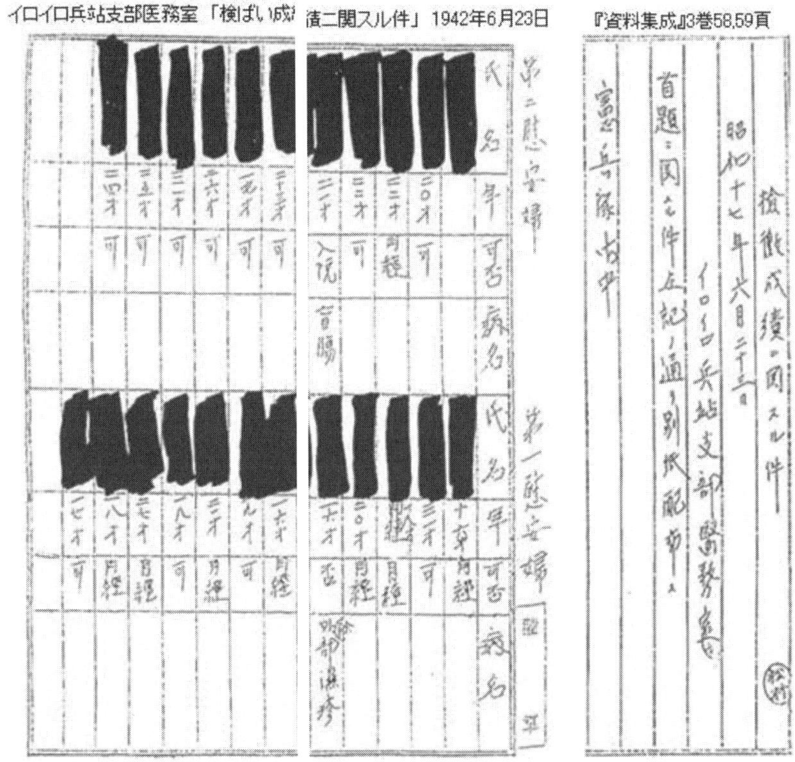

出所：(財) 女性のためのアジア平和国民基金編（1997 年 c）p. 58, 59.

ザルニ付｝軍ノ証明書ニ依リ｛軍用船ニテ｝渡航セシメラレ度シ」[17]とある。外務省も、内務省と警察も関わらないところで、南方占領地への慰安婦の派遣は完全に軍が直接掌握することになったのである。

米戦時情報局心理作戦班報告書 49 号によれば、1942 年 5 月にビルマにおける「慰安サーヴィス」のための女性を募集するために、京城（現在のソウル、以

[17]　(財) 女性のためのアジア平和国民基金編（1997 年 b）pp. 203, 204.

下同じ）の陸軍司令部が業者を選定して打診し業者が応じている。最終的にこのとき朝鮮から出発した朝鮮人女性は 703 名であった。朝鮮軍は業者を選定し、募集を行わせた。京城で料理店を経営していた朝鮮人夫婦が憲兵司令部の打診に応じて、この仕事を引き受け、20 人の朝鮮人女性を勧誘した事例が知られている。彼らは両親に「300 円から 1000 円を払って、買い取った」、娘達は彼らの「単独の財産」になったと言っているが、これは前渡し金で縛ったということである。女性たちの述べたところでは、募集時の年齢は 17 歳 1 名、18 歳 3 名、19 歳 7 名、20 歳が 1 名、23 歳以上が 8 名、つまり 20 人中の 12 名が 21 歳未満である。1938 年に日本国内での募集に際して警保局がつけた条件が守られていないことは明らかであった。

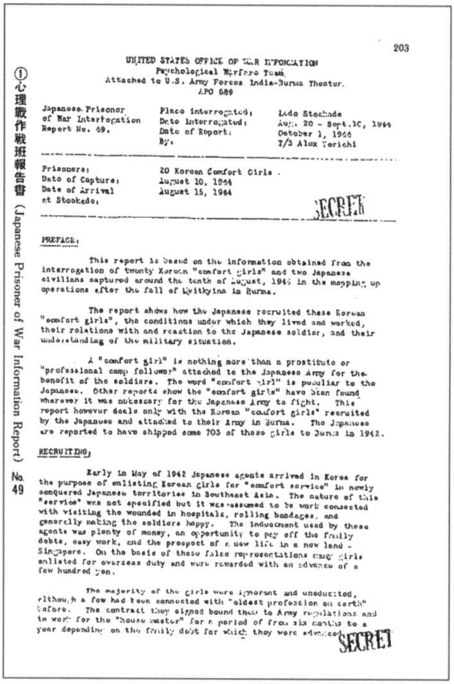
①心理戦作戦班報告書（Japanese Prisoner of War Information Report）No. 49

203

UNITED STATES OFFICE OF WAR INFORMATION
Psychological Warfare Team
Attached to U.S. Army Forces India-Burma Theater.
APO 689

Japanese Prisoner of War Interrogation Report No. 49.

Place interrogated: Ledo Stockade
Date interrogated: Aug. 20 - Sept.10, 1944
Date of Report: October 1, 1944
By: T/3 Alex Yorichi

Prisoners: 20 Korean Comfort Girls
Date of Capture: August 10, 1944
Date of Arrival at Stockade: August 15, 1944

SECRET

PREFACE:

This report is based on the information obtained from the interrogation of twenty Korean "comfort girls" and two Japanese civilians captured around the tenth of August, 1944 in the mopping up operations after the fall of Myitkyina in Burma.

The report shows how the Japanese recruited these Korean "comfort girls", the conditions under which they lived and worked, their relations with and reaction to the Japanese soldier, and their understanding of the military situation.

A "comfort girl" is nothing more than a prostitute or "professional camp follower" attached to the Japanese Army for the benefit of the soldiers. The word "comfort girl" is peculiar to the Japanese. Other reports show the "comfort girls" have been found wherever it was necessary for the Japanese Army to fight. This report however deals only with the Korean "comfort girls" recruited by the Japanese and attached to their Army in Burma. The Japanese are reported to have shipped some 703 of these girls to Burma in 1942.

RECRUITING:

Early in May of 1942 Japanese agents arrived in Korea for the purpose of enlisting Korean girls for "comfort service" in newly conquered Japanese territories in Southeast Asia. The nature of this "service" was not specified but it was assumed to be work connected with visiting the wounded in hospitals, rolling bandages, and generally making the soldiers happy. The inducement used by these agents was plenty of money, an opportunity to pay off the family debts, easy work, and the prospect of a new life in a new land - Singapore. On the basis of these false representations many girls enlisted for overseas duty and were rewarded with an advance of a few hundred yen.

The majority of the girls were ignorant and uneducated, although a few had been connected with "oldest profession on earth" before. The contract they signed bound them to Army regulations and to work for the "house master" for a period of from six months to a year depending on the family debt for which they were advanced.

SECRET

米戦時情報局心理作戦班報告書 49 号。
出所：（財）女性のためのアジア平和国民基金編（1997 年 b）p. 203.

この『役務』の性格は明示されなかったが、病院に傷病兵を見舞い、包帯をまいてやり、一般に兵士たちを幸福にしてやることにかかわる仕事だとうけとられた。これらの業者たちがもちいた勧誘の説明は多くの金銭が手に入り、家族の負債を返済する好機だとか、楽な仕事だし、新しい土地シンガポールで新しい生活の見込みがあるなどであった。このような偽りの説明に基づいて、多くの娘たちが海外の仕事に応募し、数百円の前渡し金を受け取った」[18]。これは業者に欺かれたものであり、本人の意志に反して集められた事例にあたる。

[18]（財）女性のためのアジア平和国民基金編（1997 年 b）p. 203.

極東国際軍事裁判（いわゆる東京裁判）の判決は、「桂林を占領している間、日本軍は強姦と掠奪のようなあらゆる種類の残虐行為を犯した。工場を設立するという口実で、かれらは女工を募集した。こうして募集された婦女子に、日本軍隊のために醜業を強制した」[19]と認定している。

収容所のオランダ人を強制的に慰安所に連行していった日本軍将校たちはBC級戦犯裁判で裁かれた。1948年2月14日バタビヤ臨時軍法会議はスマラン慰安婦事件の被告13人のうち、岡田陸軍少佐に対して死刑、11人に最高20年、最低2年の禁固刑を言い渡した[20]。

オランダ政府は1993年に「日本占領下オランダ領東インドにおけるオランダ人女性に対する強制売春に関するオランダ政府所蔵文書調査報告」を出している。それによると、「日本軍の慰安所で働いていたオランダ人女性は200人から300人に上るが、うち65人は売春を確実に強制された」[21]。

1990年代の終わりに「女性のためのアジア平和国民基金」によって日本軍強制売春の被害者でなお存命のオランダ人女性たちを対象にして、金銭的補償を受けられるように始められた「生活改善事業」のオランダ代表であったマルゲリート・ハーマーは、強制的に慰安婦にさせられたオランダ人女性たちの声を伝えている。

インドネシアでは、収容所に入れられていたオランダ人女性を連れ出して慰安所に送りこむことが行われた。「これから煙草製造会社で働くんだ……日本兵たちは少女たちを力づくで引っぱっていった。人だかりができると、彼らは銃で威嚇しはじめた。少女たちはトラックでスマランへ連れていかれた……日本人の将校が彼女たちになにかの書類に署名させようとしたが、全部日本語で書いてあり、彼女たちには読めなかった。署名を拒もうとすると力づくでさせられた……その書類には「自由意思でやります」ということが書いてあったらしいとあとでわかった」[22]と強制的に連行されていた。スマランでのケースは戦犯裁判で裁かれ、1人の日本人将校が処刑されている。

---

19 極東国際軍事裁判所編（1968年）
20 http://awf.or.jp/1/netherlands.html
21 van Poelgeest, Bart (1994) p. 2.
22 ハーマー（2013年）pp. 34-39.

法的補償を求めて日本の裁判所で起こした訴訟の敗訴理由は、サンフランシスコ講和条約とその後に結ばれた「オランダ国民のある種の私的請求権に関する問題の解決に関する日蘭議定書」で決着済みであるとされていた。ハーマーは、「1993 年になるまで、日本政府は日本軍による強制売春が実際にあったことを認めようとしませんでした。しかしその後の調査の結果、売春が強制されていたことが明らかになりました。だとすればなぜ、それまで一貫して否定されつづけてきたことがサンフランシスコ講和条約やその二国間協定によってすでに決着済みと言えるのか、私には不思議でなりません。日本政府が日本軍強制売春の歴史性をたびたび否定するので、この女性たちは深く傷つきました」[23]と批判している。

さらにフィリピンとインドネシアなどでは、地元の女性も慰安婦とされた。インドネシアでは、推定で 3 万人の現地人女性が日本軍売春宿で強制的に使役された[24]。都市部や軍の駐屯地につくられた業者が経営する慰安所に送り込まれ、慰安婦とされた人々のほかに、東南アジアでも、前線の部隊が、農村部の女性たちをレイプして、部隊の宿舎に連行し、屋内に一定期間監禁して、レイプをつづけるケースがあったことが確認されている。もっともはげしい暴力にさらされたこの被害者たちも慰安婦被害者と考えることができる。フィリピンではとくにこの形態がひろくみられた[25]。

オランダ政府の報告書によれば、インドネシアのスマランおよびブロラでの軍による略取（監禁・レイプ）によりオランダ人女性を慰安所に入れたほか、1944 年 1 月のマゲラン事件、同年 4 月のスマラン・フロレス事件、1943 年 8 月のシトボンド事件など 8 件の軍・官憲による略取（未遂を含む）が挙げられている[26]。1992 年に、当時日本軍に暴行されたと名乗り出たオランダ人女性ジャン・ラフ・オハーンは「慰安婦」という言葉は侮蔑であり、自身を「戦時強姦の被害者であ

---

[23] 同上。p. 5.

[24] 同上。p. 19.

[25] http://awf.or.jp/1/facts-06.html

[26] 「日本占領下オランダ領東印度におけるオランダ人女性に対する強制売春に関するオランダ政府所蔵文書調査報告」1994 年 1 月、梶村太一郎ほか編『「慰安婦」強制連行』（金曜日、2008 年）に収録

り、日本帝国軍の奴隷として強制徴集（conscripted）された」と訴えた[27]。

また、白人女性ではなく、インドネシア人女性の軍・官憲による略取については、アンボン島で、海軍が「慰安婦狩り」を行ったという元主計将校、坂部康正さんの証言、サパロワ島で民政警察が強制的に連行したという禾晴道さんの証言、モア島で地元の女性を強制的に慰安所に入れたという、極東国際軍事裁判の証拠記録（オハラ・セイダイ陸軍中尉の証言）などがある[28]。

吉見義明は「強制性」について、「1910年に日本が締結していた『婦女売買に関する国際条約』の第2条の「詐欺・暴行・脅迫・権力乱用などにその他一切の強制手段」および、戦前の刑法第33章『略取及び誘拐の罪』の第226条の「国外移送目的略奪罪」「国外移送目的誘拐罪」「国外移送目的人身売買罪」「国外移送罪」4 つの犯罪に違反する行為」[29]と定義しており、具体例として「騙されて連れていかれ、暴行と強姦を受けた」は詐欺による強制であり、「その後も拘束され自由を奪われるならそれも強制である」[30]と述べている。さらに、自由意志で慰安婦となった女性についても、職業選択の自由があれば慰安婦となる者はいないとし、貧困や失業、植民地支配といった強制の結果だと主張をしている[31]。

吉見は、東京高裁判決も追認しているとして『慰安婦は、居住の自由、外出の自由、廃業の自由（自由廃業）、拒否する自由がない性奴隷制である』[32]と定義している。

国連人権委員会の特別報告者であるラディカ・クマラスワミによる「人権委員会決議1994／45にもとづく『女性への暴力に関する特別報告者』による戦時の軍事的性奴隷制問題に関する報告書」（1996年、以下「クマラスワミ報告書」という）は、慰安婦の存在は「軍性奴隷制」の事例であるという認定の下、日本政府が国際人道法の違反につき法的責任を負っていると主張した。もっとも、日本政府が道義的な責任を認めたことを「歓迎すべき端緒」とし、女性のためのアジ

---

27 Chunghee (2009) pp71-72
28 海軍経理学校補修学生第 10 期文集刊行委員会編（1983年）『滄溟』、禾晴道『海軍特別警察隊』（1975年）、内海愛子ほか編（2011年）『東京裁判――性暴力関係資料』
29 吉見（2010年）pp.11-14.
30 俵（1997年）p365.
31 吉見（1995年）p.103
32 http://www.ajwrc.org/doc/yoshimi-situmonjoh.pdf

ア平和国民基金[33]を設置したことを「日本政府の道義的配慮の表現」だと評価している。しかし、これによって政府は「国際公法下で行われる『慰安婦』の法的請求を免れるものではない」とも強調している。日本政府は法的責任を認め、補償を行い、資料を公開し、謝罪し、歴史教育を考え、責任者を可能な限り処罰すべきだというのが同報告書の勧告であった[34]。

また、国連人権委員会の差別防止・少数者保護小委員会の特別報告者であるゲイ・J・マクドゥーガルによる最終報告書「武力紛争時における組織的強姦、性奴隷及び奴隷類似慣行」(1998年、以下「マクドゥーガル報告書」という)も旧日本軍の慰安所の強制的売春を強姦と、従軍慰安婦を事実上の奴隷であると論じている[35]。

1995年の村山富市首相による閣議決定を経た村山談話で、「国策を誤り、戦争への道を歩んで国民を存亡の危機に陥れ、植民地支配と侵略によって、多くの国々、とりわけアジア諸国の人々に対して多大の損害と苦痛を与えました……痛切な反省の意を表し、心からのおわびの気持ちを表明いたします」[36]と初めて日本政府の公式見解が述べられた。

戦後60年が経った2005年には、小泉純一郎首相により、村山談話に基づき、それを継承・発展させた小泉談話が発表された。

安倍は2007年3月5日の参議院予算委員会で、小川敏夫から河野談話についてどう考えるかとの質問に「基本的に継承していく」としつつ、「狭義の意味においての強制性について言えば、これはそれを裏付ける証言はなかった」、「官憲が家に押し入っていって人を人さらいのごとく連れて行くという、そういう強制性はなかった」[37]とした。

日本維新の会の橋下徹は、「慰安婦が軍に暴行、脅迫を受けて連れてこられた

---

33 元「慰安婦」に対する補償(償い事業)、および女性の名誉と尊厳に関わる今日的な問題の解決を目的として1995年7月に設立された財団法人。『「慰安婦」問題調査報告・1999』や、慰安婦関係政府公文書を集積した資料集を出版。また、大韓民国・台湾・フィリピン等の元慰安婦だという女性に、日本国民から集めた「償い金」をこの時の総理小泉純一郎の手紙と共に届けた。

34 Coomaraswamy (1996)

35 McDougall (1998)

36 https://www.mofa.go.jp/mofaj/press/danwa/07/dmu_0815.html

37 http://kokkai.ndl.go.jp/SENTAKU/sangiin/166/0014/16603050014003.pdf

証拠はない」[38]、「欧米諸国が自由恋愛の名の下に、現地の女性を使っていたのも事実だ。日本だけを不当に侮辱している」[39]と述べた。自民党の野田聖子総務会長は、橋下の発言について記者会見で「論外だ。男性の矜持（きょうじ）はどこに行ったのか。コメントしようがない発言だ」[40]とあきれた。

2014 年 9 月、自民党の国際情報検討委員会は「いわゆる慰安婦の『強制連行』は否定され、性的虐待も否定された」とする決議を採択した[41]。

米議会調査局のスタッフとして下院決議に関与した東アジア専門家のラリー・ニクシュ（韓米研究所（ICAS）上級研究員）は、吉田証言[42]を虚偽と認めつつも「吉田証言が慰安婦問題の国際世論に影響を与えた決定的な要素だったという主張は、ほとんど正当化されない。歴史修正主義者は、河野談話を攻撃し、慰安婦の強制的な募集がなかったと主張するために、吉田証言のウソを利用している。国際世論には、吉田証言をはるかにしのぐ複合的な証拠が影響している」と発言している[43]。

今田真人は、国会図書館で吉田証言を裏付ける極秘資料を発見し公表した。また、済州島での慰安婦強制連行を目撃したという証人も現れたとしている。今田は新発見の極秘史料の写真とともに『「吉田証言」は本当だった 公文書の発見と目撃証人の登場』を執筆し公表した[44]。

上述したように、女性のためのアジア平和国民基金編の『政府調査「従軍慰安婦」関係資料集成①－⑤』によっても、強制性は立証されている。しかし、これらの資料は、特高警察の焼却廃棄を免れたほんの一部の資料である。特高は日本版ゲシュタポと言われていたが、鹿児島県の特高課長などを務めた奥野誠亮[45]は、

---

38 https://web.archive.org/web/20141026072906/http://www.47news.jp/CN/201209/CN2012092501000403.html

39 https://web.archive.org/web/20130716041753/http://www.47news.jp/CN/201305/CN2013051501001369.html

40 https://www.sankei.com/politics/news/130514/plt1305140015-n1.html

41 https://web.archive.org/web/20140926012859/https://www.tbsradio.jp/ss954/20140919ketsugi.pdf

42 1982 年以降、吉田清治は戦時中に済州島などで若い朝鮮人女性を軍令で捕獲・拉致し、強制連行したと著書や新聞などで語っていたが、「回想には日時や場所を変えた場合もある」と発言し、虚偽と判断された。

43 毎日新聞（2014 年 10 月 11 日）. 2015 年 2 月 28 日閲覧。

44 前田(編)（2016 年）、今田（2018 年）参照。

45 （1913 年 - 2016 年）国土庁長官、法務大臣、文部大臣。みんなで靖国神社に参拝する国会議員

長崎への原爆投下がされた翌朝に、内務省が各省庁の官房長を集めて会議を開いたが、当時、同省地方局戦時業務課の事務官をしており、ポツダム宣言に「戦争犯罪人は処罰する」（第 10 条）と書かれていたため、戦犯を出さないように公文書の焼却（＝証拠隠滅）を提案した[46]。女性のためのアジア平和国民基金（アジア女性基金）の初代理事長を務めた原文兵衛[47]も、鹿児島県の特高課長で奥野の先輩にあたる[48]。

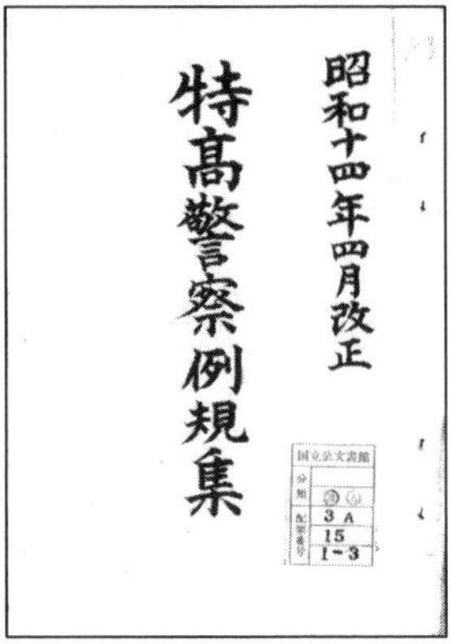

1939 年 4 月当時の「特高警察例規集」という文書がある。国立公文書館所蔵で、戦後、米国から返還された。特高警察の資料は、日本の敗戦直前、奥野や原など、内務省幹部らによって焼却を指示されたが、それでも米軍が占領時に押収した一部が残っている。この「特高警察例規集」に「特別高等警察執務心得」がある。全部で 102 条のうち、第 70 条から 85 条が朝鮮人に関するものである。第 70 条「在住朝鮮人ニ付テハ其ノ居住地所轄ノ庁府県ニ於テ成ルベク名簿ヲ作成」云々。特高はすべての在日朝鮮人を監視していた。「特別高等警察執務心得」の第 77 条はいう。「外地若ハ海外ト内地トノ間ヲ往来スル朝鮮人（台湾人）ニ対シテハ特ニ注意ヲ払イ・・・、厳密ナル検索ヲ励行」云々。「特別高等警察執務心得」の第 81 条には「海外其ノ他ヨリ・・・内地に潜入スル（朝鮮人ノ）・・・接客業者等ニ対スル臨検ノ執行等・・・厳重ナル査察警戒ヲ行フ」とある。「発見逮捕」はするが、「慰安婦」徴集のためなら釈放したことは、政府公表資料でよく知られている。「特別高等警察執務心得」第 86 条以降は、各県の特高が内務省本省に上げる報告の書式だ。そのうち、第 7 号様式「内地出入朝鮮人職業別調」の一番左の欄に「接客業者」がある。「接客業者」には別の書式に男女の区別があり、「慰安婦」用の女性も含まれていただろう。「特別高等警察執務心得」に掲載さ

の会初代会長。

[46] 戦後 70 年　あの夏　占領前文書焼却を指示…元法相　奥野誠亮さん、読売新聞 2015 年 8 月 10 日

[47] （1913 年- 1999 年）内務官僚、参議院議長、環境庁長官。

[48] 1941 年 7 月 15 日当時の「鹿児島県職員録」、国会図書館所蔵

れた第 18 号様式「朝鮮人（台湾人）職業別調」（半年毎の報告)。2 枚目に「接客業者」があり、男女それぞれの人数を書き込むようになっている。先の第 7 号様式と合わせ考えれば、「接客業者」に女性も入っていたことになる。朝鮮人男女の出入国統計を定期報告できたのは「特別高等警察執務心得」第 70 条に定められた名簿があったからだ。「慰安婦」名簿の焼却を命じた奥野、原などの内務官僚の罪は大きい[49]。

日本政府ではなくアジア女性基金を通じて慰安婦に補償金を支払う方式については、各国で対応が分かれた。1992 年、台湾の立法院（国会に相当)、外交部、内政部、中央研究院、台北市婦女救援福利事業基金会（略称 :「婦援会」）は「『慰安婦』問題対処委員会」を発足させ、この問題の調査を開始した。同委員会の委託によりこの「婦援会」は、1)慰安婦の認定作業、2)個人情報の管理、3)当局からの生活支援金の給付代行など、台湾の慰安婦問題対応の核となる作業を一手に担うこととなった。これが他の国とは大きく異なっていた点で、「婦援会」は日本の国家賠償を求め、アジア女性基金に対し強い反対の立場をとっていたため、被害者の方々にあたえる影響もまた、少なからぬものがあった[50]。

強制連行され慰安婦にされたフィリピンの女性たちは、「フィリピンで日本軍の指揮官が部下の兵士たちとトラックでやってきて、夫と 2 人の子供と暮らしていた当時 23 才の女性に、「自分（日本軍の指揮官）の慰安婦になれ」と無理やり連行され、抵抗すると革張りの鉄製の杖で右足を殴られ自由に歩けなくなった……慰安婦にされた時はまだ 14 歳だった……補償金は日本政府からではなく、日本の市民からのものと聞いているが、日本政府に過ちを認めてほしい」[51]訴えている。

2015 年 12 月の日韓外相会談で日韓間の慰安婦問題の最終的かつ不可逆的な解決を確認したと安倍政権と朴槿恵政権との間で合意がなされたが、2018 年 11 月、文在寅政権は「和解・癒やし財団」の解散を発表した。

---

49 今田（2018 年）pp. 40-50.
50 http://www.awf.or.jp/3/taiwan.html
51 慰安婦問題とアジア女性基金のホームページからダウンロードして女性のためのアジア平和国民基金が作成されたビデオで強制連行され慰安婦にされたフィリピンの女性たちの証言を観ることができる。http://awf.or.jp/6/15-1.html

元「慰安婦」に対する補償問題において、「女性のためのアジア平和国民基金」による事業が、日本政府の責任を隠蔽するものであるとして、かえって韓国側の強い反発を招く結果となったことは、その一例である。これに対して、韓国の激烈な「反日」民族主義に当惑する日本国内ではメディアによって「嫌韓論」が煽られている。

5．欧米諸国の捕虜に対する日本軍の虐待・残虐行為

欧米諸国の捕虜に対する日本軍の虐待・残虐行為としては、イギリス軍およびオーストラリア軍のBC級戦犯裁判に付されたが、和解が実現されてきているとはいえない。

泰緬鉄道建設のための強制労働[52]で、戦後、捕虜虐待の責任と、軍作戦のための鉄道建設に捕虜を使用したという戦争法規違反により、日本軍の泰緬鉄道および泰俘虜収容所の関係者多数が起訴され、イギリス軍およびオーストラリア軍のBC級戦犯裁判に付された。険しい山岳地帯でありコレラなど伝染病の多発地帯でもあるタイ・ビルマ国境で、日本軍は、アジア人労働者が約20万人～30万人、連合軍の捕虜約6万2千人～6万5千人を動員し、約1万6千人の連合軍の捕虜が、飢餓と疾病と虐待のために死亡した。アジア人労働者の死亡数は、裁判で争われていないため明確ではないが、約4万人～7万人と推定されている。

ドイツ軍の捕虜となった英米軍将兵の死亡率が4%であるのに対して、日本軍の捕虜となった英米軍捕虜の死亡率は27%[53]にも達しており、この数字はシベリア抑留の犠牲者に関するソ連側の公式発表（死亡率8.4%）をはるかに上回る。

田中利幸は、捕虜虐待に始まり、虐殺、強姦、そしてついに人肉食に至る日本軍の狂気について、オーストラリア国立公文書館・戦争博物館での封印を解かれた史料に拠って事実を掘り起こし、集団狂気の日常化を生んだ原因を追究している。ボルネオ島サンダカン捕虜収容所に収容されたオーストラリア軍、イギリス

---

[52] 1942年から1943年にかけて、タイ（泰）のノーンプラードゥックから ビルマ（緬甸）のタムビザヤ間約415kmで、日本軍は、ビルマに対する陸上補給路を確保して泰緬両国間の交易交通路を開拓し、ビルマ経由の援蒋ルートを遮断し、インパール作戦を成功させるため、軍用鉄道を建設した。出所：東京裁判ハンドブック編集委員会編（1989年） p. 117.

[53] 吉田（1997年）pp. 98-99.

軍将兵は、1943 年 9 月の時点で約 2500 名いた捕虜のうち、戦後まで生き延びたのがわずか 6 名（生存率 0.24%）で、これは「絶滅収容所」と言わざるをえない。

極東裁判の被告選定過程で、オーストラリアだけが正式に天皇を被告とするよう提案したが、日本の戦犯裁判で、終始最も厳しい態度をとり続けたオーストラリアには、このような戦時体験があったのである。

サンダカン収容所では、ジャングルに逃げ込んで運良く連合国軍に救助された 6 名だけが生き延びることができた。6 名の生存者の 1 人は、台湾から徴用された軍属だった監視員の 1 人が英語がかなり堪能で、「捕虜全員処分の計画があるためできるだけ早く逃亡するように」と忠告し、逃亡を実行している。責任を負うべきは地理や風土についてのろくな情報もないまま作戦を立て、部隊をジャングルに置き去りにした軍中央であろう。なにしろ東部ニューギニア作戦に投入された日本軍 15 万以上の敗戦時の生存者はわずか 6%にすぎなかった[54]。

2014 年 10 月 29 日に皇居で開かれた宮中晩餐会では、オランダのアレクサンダー国王が大戦中に日本軍がオランダ植民地のインドネシアに侵攻し、自国の兵士らが抑留された過去に言及した。「先祖が残した誇らしい歴史もつらい歴史も全て継承すべきだ。第二次世界大戦当時、オランダの民間人と兵士が体験したことを忘れずにいる。忘れることもできない」、「戦争の傷跡は今も多くの人々の人生に影を落としており、犠牲者の悲しみは今も続いている。捕虜として労働を強制され、プライドを傷つけられた記憶が多くの人の生活に傷として残っている」と訴えた[55]。

6．シンガポール華僑虐殺

1942 年 2 月 15 日、イギリス軍が日本軍の第 25 軍に降伏し、日本軍はシンガポールを占領した。「昭南港ノ華僑ハ、今ニ至ル迄重慶政権ノ宣伝ニ誤ラレ、英国ト協力シ重慶政権ニ対シ政治経済上ノ援助ヲ続ケ来レリ。即チ或ハ義勇軍ヲ編

---

54 田中（1993 年）参照。

55 https://www.royal-house.nl/documents/speeches/2014/10/29/speech-by-his-majesty-the-king-at-the-state-banquet-on-the-occasion-of-the-state-visit-to-their-majestie

成シテ英軍ニ参加シ……此等反逆ノ華僑ヲ掃蕩シ治安ヲ確立シ、以テ民衆ノ安泰ヲ図ルハ、現下最モ喫緊ノコトナリ……」[56]。この声明に表れているように、華人の大粛正の目的は、重慶政権への援助の阻止であった。つまり、長期化・泥沼化している中国との戦争に苛立った大本営が、シンガポール占領を機に「援蒋禁絶」「抗戦力の減殺」の方針のもとに、計画的に行った占領政策であった。現地司令官の山下奉文も、この大本営の命令を遂行したに過ぎないのである。

「アヘン麻薬貿易組織」「抗日分子」の選別は、事前に取り決めた名簿に照合する方法で厳密に行われていたわけではなく、辻参謀が現場を訪れて「シンガポールの人口を半分にするつもりでやれ」と指示を飛ばすなど、粛清する人数そのものが目的化されていたため、外見や人相からそれらしい人物を適当に選び出していた[57]。このため、多数の無関係のシンガポール華僑が殺害された[58]。

シンガポール裁判に提出された証拠書類の中で、同盟通信の記者で第25軍のマレー作戦に従軍していた菱刈隆文は、1942年2月16日にシンガポール入りしてから2、3日後に、杉田参謀が、第25軍参謀作戦部（辻中佐、林少佐）の計画で抗日分子の容疑で5万人の中国人が殺されることになっていると話し、後に5万人を殺害することは不可能だと分かったが約半数は処刑したと話したこと、その約1ヵ月後に林参謀からも5万人を殺害する計画だったが約半数を殺害したときに作戦停止命令が出されたとの話を聞いたことを陳述している[59]。

タナメラ海岸（現在は海岸の拡張でチャンギ国際空港の下になる）に、ある政府官吏の1人は120人の人々と一緒に連行された。また、別の官吏は、トラック20台ぐらいでまとまって連行された。この彼らはいずれも波打ち際で機関銃で撃たれ、倒れた者は銃剣でトドメをさされた。ここでは、およそ千人が殺されたという。セントーサ島北端のコンノート要塞（現ゴルフ場下）では、ここを警備していた義勇軍兵士が、沖合から機関銃の音がするのを聞いた。それによると、ランチの上から水中に向かい機関銃が撃たれ、銃声は毎日2回～4回、これが2

---

56 『昭南日報』1942年2月22日付、昭南警備司令官声明
57 林(1998) pp.218-219.
58 リー（2000年a）p. 39.
59 林前掲書。p. 222.

～3 日も続いていたという。この他では、ブキ・ティマ・ロード沿い、ベドック海岸、ボンゴール海岸など、島内の 15 カ所で大虐殺が行われたのだ[60]。

シンガポール初代首相リー・クアンユー[61]は、マレー半島作戦を計画した辻政信大佐による反逆者一掃作戦から、運転手の機転でかろうじて難を逃れたのである。リー・クアンユーは、日本の戦後のあり方をも痛烈に批判している。「日本人は我々に対しても征服者として君臨し、英国よりも残忍で常軌を逸し、悪意に満ちていることを示した。日本の占領の三年半、私は日本兵が人々を苦しめたり殴ったりするたびに、シンガポールが英国の保護下にあればよかったと思ったものである。同じアジア人として我々は日本人に幻滅した・・・日本人は、日本人より文明が低く民族的に劣ると見なしているアジア人と一緒に思われることを嫌っていたのである。日本人は天照大神の子孫で、選ばれた民族であり遅れた中国人やインド人、マレー人と自分は違うと考えていたのである」[62]。

「戦争が終わって 50 年もたつのに、歴代の自民党政権政府は、そして主要政党の主だった指導者、学界、そして大半のメディアはこの悪魔の行いについては語ろうとしない。ドイツと違い、彼らは世代が過ぎていくことでこのような行いが忘れられ、彼らの行為の記述が埃をかぶった記録の中に埋もれさられてしまうことを願っている。もし、これらの過去を隣人に対して認めないならば、人々はこうした恐怖が繰り返されることもありえると恐れるかもしれない」[63]と日本政府の姿勢を厳しく批判している。

池田勇人首相との会談でリー・クアンユーが取り上げたのは“血の負債”すなわち戦時中の日本軍によるシンガポール人虐殺に対する償いの要求だった。池田はシンガポールで起こったことに対して「心からの遺憾の意」を表明したが、謝罪はなかった。首相は日本国民が「故人の精神に対してなされた不当な行為」を償いたいと述べ、過去の行為が両国の友好関係の発展を阻害しないことを願うといった。だが、補償問題の結論は保留となった。首相も側近たちも実に丁寧で、な

---

60 林（2007 年）

61 （1923 年- 2015 年）初代首相就任以降、長期にわたり権威主義的政治体制の「開発独裁」を体現し、独裁政権下ながらシンガポールの経済的繁栄を実現した。

62 リー前掲書 pp. 35-39.

63 同上。p. 60.

んとかこの問題を解決しようとしていたが、被害を受けた他国から補償要求が殺到することを恐れ先例を作るのをためらっているように見えた。両国がこの問題を解決したのはシンガポール独立後の66年10月で、5000万ドルの補償金は円借款と無償供与が半々だった[64]。

リー・クアンユーは、「日本は経済大国として先進国首脳会議の正式メンバーとなり、世界の主要国として果たすべき役割を模索し続けてきた。とりわけ深刻なのは指導者たちの過去の戦争に対する残虐行為に対する姿勢だった。西ドイツの政治指導者は明確に戦争犯罪を認めて謝罪し、犠牲者に賠償を支払い、若い世代に戦争犯罪の歴史を教えて再発を防ぐ努力を行ったが、日本の指導者はどうだろう？　多くはいまだ曖昧な態度で言を左右にしている。天皇への配慮に加えて、国民を困惑させたくない気持ちや先祖を侮辱したくない思いがあるのだろう。理由のいかんを問わず、歴代の自民党政権は日本の過去と向き合うことはなかった」[65]と指摘している。

この事件を知らないシンガポール人はいない。何故日本では（この事件に限らず）知らないのか、教えないのか。歴史認識とは、知っているか知らないかであり、解釈の問題ではない。

2015年に安倍首相は、戦後70年談話として安倍談話を発表し、村山談話にある「心からのお詫びの気持ち」・「痛切な反省」の文言について、歴代内閣の立場を継承するという間接的な表現で盛り込み、『侵略』・『植民地支配』の文言については、日本の行為としてではなく、これらの行為について「用いない」・「永遠に訣別する」という一般論として村山談話とは異なる文脈で盛り込んだ。談話を発表した記者会見では、過去の日本の行為が「侵略」に当たるかどうかは明言しなかった。

河野太郎外相が2019年7月19日、元徴用工問題を巡り、韓国の南官杓駐日大使を外務省に呼んだ際、韓国側の発言を遮って「極めて無礼」と怒りをあらわにする一幕があった[66]。「極めて無礼」という発言は、「国策を誤り、戦争への道

---

64 リー（2000年b）
65 同上。
66 https://mainichi.jp/articles/20190719/k00/00m/030/167000c

を歩んで国民を存亡の危機に陥れ、植民地支配と侵略によって、多くの国々、とりわけアジア諸国の人々に対して多大の損害と苦痛を与えました。私は、未来に誤ち無からしめんとするが故に、疑うべくもないこの歴史の事実を謙虚に受け止め、ここにあらためて痛切な反省の意を表し、心からのおわびの気持ちを表明した」という村山談話・河野談話・小泉談話がもはや継承されていないことを示している。河野太郎外相の父である河野洋平官房長官は、「本人の意思に反して集められたことを強制性と定義すれば、強制性のケースが数多くあったことは明らかだった」[67]、また「紙の証拠がないからといって今も苦しむ女性や戦争中の悲劇までなかったといわんばかりの主張には、悲しみさえ覚えます」と述べていた[68]。

7．南京大虐殺を含む日中歴史共同研究

2005 年の日中外相会談に際し、小泉政権の町村信孝外務大臣が、事態打開を図るために日中歴史共同研究を提案し、2006 年から 2009 年にかけて、日本と中華人民共和国が共同で行い、研究結果である論文は、日中双方の執筆者の個人の認識に基づき執筆された。

日中歴史共同研究で日本側の研究成果として小島毅は、「英霊」や「国体」は「決して日本古来の教えではなく、17 世紀以降、朱子学・陽明学の流入にともなって生み出された教説に基づいていた」[69]と指摘した。さらに、19 世紀なかばに「陽明学的な精神主義が武士階層に浸透し、これに水戸学の主張が融合することによって、吉田松陰（1830～1859）や西郷隆盛（1827～1877）をはじめとする、尊王攘夷運動の思想的原動力となった。西郷は「征韓論」を唱えたし、朝鮮政策の推進者であった伊藤博文（1841～1909）・山県有朋（1838～1922）は松陰の門

---

67 “従軍慰安婦　消せない事実　政府や軍の深い関与、明白”. 朝日新聞.（1997 年 3 月 31 日）
68 “時代の証言者”. 読売新聞.（2012 年 10 月 8 日）
69 水戸光圀が開始した『大日本史』編纂事業は、朱子学の日本的形態の一つの流派として連綿と受け継がれ、その思想的影響のもとに明治時代の忠君愛国教育が行われた。日本国は天照大神の仰せ（神勅）に基づく天壌無窮の「国体」を持ち、幕府の将軍といえども天皇の臣下にすぎないという論理がこれによって形成された。さらに、忠臣と逆臣とを峻別して前者のみを顕彰し、神（英霊）として祭るという論理もこうして用意された。小島（2010 年）通しの p. 77.当該章では p. 19.

下生である」[70]と指摘した。

日中歴史共同研究 中国側の研究成果として栄維木は、極東国際軍事裁判所での判決書の認定によれば、「占領されてからの最初の 1 カ月に、南京城内では 2 万件余りの強姦事案が発生した」、「日本の軍隊に占領されてからの最初の 6 週間で、南京城内と附近の地域で虐殺された民間人と捕虜の数は 20 万人を超える」[71]。南京国防部軍事裁判所は、南京大虐殺において集団で虐殺された人数は 19 万人以上にも上り、他に個別に虐殺された者が 15 万人以上おり、被害者総数は 30 余万人であると認定した[72]。

計画通り撤退できた部隊はわずかで、揚子江によって退路が塞がれ、中国軍は混乱状態となり、多数の敗残兵が便衣に着替えて「難民区」に逃れた[73]。

中支那方面軍は、上海戦以来の不軍紀行為の頻発から、南京陥落後における城内進入部隊を想定して、「軍紀風紀を特に厳粛にし」という厳格な規制策(「南京攻略要領」)を通達していた。しかし、日本軍による捕虜、敗残兵、便衣兵、及び一部の市民に対して集団的、個別的な虐殺事件が発生し、強姦、略奪や放火も頻発した。日本軍による虐殺行為の犠牲者数は、極東国際軍事裁判における判決では 20 万人以上（松井司令官に対する判決文では 10 万人以上）、1947 年の南京戦犯裁判軍事法廷では 30 万人以上とされ、中国の見解は後者の判決に依拠している。一方、日本側の研究では 20 万人を上限として、4 万人、2 万人など様々な推計がなされている[74]。このように犠牲者数に諸説がある背景には、「虐殺」（不法殺害）の定義、対象とする地域・期間、埋葬記録、人口統計など資料に対する検証の相違が存在している[75]。

---

70 同上。
71 「遠東国際軍事法廷判決書」、張憲文主編『南京大屠殺史料集』(7)。楊夏鳴編（2005 年）pp. 607-608.
72 栄（2010 年）通しの p. 317.当該章では pp. 7-8.「軍事法廷対戦犯谷寿夫的判決書及附件」（1947 年 3 月 10 日）国民政府軍令部戦史会档案、中国第二档案館所蔵五九三/870。胡菊栄編（2006 年）p. 389.
73 臼井（2000 年）pp. 83-85.
74 秦（2007 年）pp. 317-319.
75 波多野・庄司（2010 年）通しの pp. 270-271.当該章では pp. 6-7.日本で刊行された最も包括的な資料集は、南京戦史編集委員会編『南京戦史資料集 I 、II』（増補改訂版、偕行社、1993 年）であり、第 16 師団長・中村今朝吾の日記、上海派遣軍参謀長・飯沼守の日記、歩兵第 30 旅団長・佐々木到一の手記、中支那方面軍司令官・松井石根の陣中日記などを収めている。

6～7 週間の恐怖支配が存在し、そしてそれがいくつかの段階（組織的な大量処刑（計画的虐殺）から、個人規模の突発的暴行に至るまで）に分けられるのであり、計画的な大量処刑という第一段階は数日間続いて、個人規模の暴行は数週間続いた、と。事実、このような解釈は中国語文献では珍しくないのである。中国人の大量処刑が行われたことは今日では確定的で、議論の余地のない史実とされている。従って議論の焦点はこの処刑が合法であったか否か、つまり「虐殺」になりうるのか否かという点にある。北村は中国人の処刑は非合法であったろうと結論づけている[76]。

南京事件について菅義偉官房長官は、2014 年 2 月、「旧日本軍の南京入城後、非戦闘員の殺害、略奪行為があったことは否定できない」と明言し、被害者の具体的な人数について政府は「諸説ある」との立場で、慰安婦についても、その存在を認めた河野談話の継承を表明していた。

2015 年 10 月、世界記憶遺産登録をめぐる中国の動きへの対策を検討する自民党の国際情報検討委員会の合同会議委員長を務める原田義昭・元文部科学副大臣が、「南京大虐殺や慰安婦の存在自体を、我が国はいまや否定しようとしている時にもかかわらず、申請しようとするのは承服できない」と語った[77]。強制連行されたのではなく公娼であったにすぎないとか、南京大虐殺はなかったとかその規模を過小評価する人がいまだ絶えないが、日本の政治家による歴史修正主義は繰り返し自らを貶める行為でしかない。

8．歴史修正主義

大阪市と府が出資する大阪国際平和センター「ピースおおさか」の加害展示について、2013 年に当時の松井一郎大阪府知事（大阪維新の会）が「自虐的」として改装させたことを巡り、戦争展示の変更点について市が事前に情報開示しなかったのは、大阪高裁の控訴審判決で 2017 年 9 月、請求を棄却した 1 審・大阪地裁判決を取り消し違法とされた[78]。

---

76 アスキュー（2008 年）p. 59.

77 https://web.archive.org/web/20160112094123/http://www.asahi.com/articles/ASHB263MVHB2UTFK00K.html

78 https://mainichi.jp/articles/20170902/ddn/041/040/021000c

ピースおおさかは、大阪大空襲などの日本の被害を展示するだけでなく、朝鮮人強制動員、南京大虐殺、重慶爆撃などの、日本の加害をも展示する、いわゆる両面展示をグランドコンセプトとしてきた。その理由は、一方的な戦争の見方を排し、被害と加害がない交ぜになっている戦争の本質を展示するためには不可欠な方法論であったからだ。例えば、ピースおおさかが大阪空襲だけを展示する博物館であったなら、日本の子どもたちからは「大阪を焼け野原にするなんて、アメリカは何て悪い国だろう」という感想を持たれ、アメリカ人の来訪者からは「この悲惨な空襲は日本が始めた戦争の帰結じゃないか」という類の感想が残されてしまう可能性は否めないからであった[79]。

2019 年 8 月に公式の運営会議で採択され運営されてきた愛知県美術館（名古屋市東区）などで開催中の国際芸術祭である「表現の不自由展、中止　あいちトリエンナーレ 2019」で、旧日本軍の慰安婦を象徴する少女像などの展示に日本維新の会の松井代表は「民間ならよいが、税金でやるべきではない」、日本維新の会の河村名古屋市長は「日本の軍だけが慰安婦制度をやっていたわけではなく、戦時下の女性の人権侵害だという思いを持っている。われわれの先祖が、けだもの的に取り扱われるような展示物を国民の税で展示されるのは違う」[80]などという批判が出て中止となった。

あいちトリエンナーレ実行委員会運営会議は、愛知県知事、名古屋商工会議所専務理事、中日新聞社代表取締役社長、日本放送協会名古屋放送局局長、愛知県立芸術大学学長、独立行政法人国際交流基金理事、名古屋市観光文化交流局長らによって構成され[81]、愛知県と名古屋市の予算および事業収入で賄う事業として、正式に採択され運営されてきている。

名古屋大の栗田秀法教授（美術史、博物館学）は、「表現の不自由展・その後」は、多様な議論のきっかけとなる場として開かれたはず。税金が投入されているとの理由で公権力の側が問題視するのは、図書館の蔵書への検閲行為と等しい。今後の美術館の活動が著しく阻害されないか危惧する。また公立私立を問わず税

---

79 http://jcfaosaka.org/down-shiryou/20160329jiji7-tunemoto-paper.pdf
80 https://www.chunichi.co.jp/s/article/2019080390090017.html
81 https://www.pref.aichi.jp/uploaded/life/190223_445551_misc.pdf

金が投入されている大学にも、自由な議論をしにくい風潮が波及しないか心配だ」[82]述べている。

強制連行されたのではなく公娼であったにすぎないとか、南京大虐殺はでっち上げという主張をしてきた河村市長らの言行によって、ジョージ・オーウェルが描いた「2＋2＝5」であると信じ込まされるディストピアの監視社会[83]になろうとしている。

ユダヤ人を絶滅させようとしたナチス・ドイツと日本の軍国主義を同列に扱うべきではないという議論がある。ナチス・ドイツはユダヤ人だけではなく、スラブ民族、ラテン民族、黄色人種、黒人、ロマ、障害者などを劣等人種として位置づけ、ナチス・ドイツが生存圏を確保するために、スラブ民族を追放しドイツ人を入植させ、抵抗するこれらの劣等人種も強制収容所に送っていたのである。ユダヤ人だけで 600 万人、ソ連の犠牲者数はおおよそ 2000 万～3000 万人であった。

これは満蒙領有計画（後の大東亜共栄圏）に基づき満州事変を引き起こし、ハルビンにおける 731 部隊の人体実験、日中戦争における国民党政府が置かれていた南京占領および虐殺、南京のみならず上海、漢口、重慶など諸都市に対する無差別爆撃などで、朝鮮人や中国人を劣等民族として見下し追放し、日本人を入植させ、大量の抵抗する者を効率的に殺戮できるようチフス菌などの生物兵器や化学兵器を開発し、人体実験をしていたのである。満州事変以降の中国側の犠牲者数は 1321 万人（その内市民死者数 971 万人）から 3500 万人（？）で正確な犠牲者数は不明。

日独伊防共協定を結んだナチス・ドイツ、軍国主義の日本、ファシズムのイタリアは、「遅れてきた国」であるために、植民地が少なく、欧米列強諸国がすでに植民地分割を終えた後に富国強兵策で割って入ろうとしたために、他民族を見下し支配する、虐殺する、自民族の犠牲も厭わないという非合理的な集団狂気の日常化において共通している。軍国主義の日本だけ罪を軽くしようとしても、犠牲者となった人々によって事実を歪めていると指弾され、自らを辱めることにしか

---

82 https://www.chunichi.co.jp/s/article/2019080390090017.html
83 森（2017 年）pp. 204- 205.

ならない。

「我が国は他国との比較で言えば極めて穏健な植民地統治をしたのである」、「多くのアジア諸国が大東亜戦争を肯定的に評価している」、「南京大虐殺はなかった」とか、「中国が主張している30万人という犠牲者数は過大だ」、「慰安婦が軍に暴行、脅迫を受けて連れてこられた証拠はない。欧米諸国が自由恋愛の名の下に、現地の女性を使っていたのも事実だ。日本だけを不当に侮辱している」、「ユダヤ人を絶滅させようとしたナチス・ドイツと日本の軍国主義を同列に扱うべきではない」というような理屈で日本の軍国主義を正当化しようという試みは、繰り返し自らを辱める行為でしかない。加害者と被害者がいる以上、一方が独善的に事実を歪めて主張すれば、アジア諸国や連合国との信頼を再び失うことにしかならない。

日本の政治家による歴史修正主義は、戦時中のプロパガンダそのままである靖国神社に参拝し続け、廃止しようとしないことに示されているように、戦前の価値観や体制に過ちはなく、復活させ、国連中心主義に回帰するのではなく、自衛隊を国軍として憲法に明記することによって軍事力を増強するためには不可欠であると考えているからに他ならない。

おわりに

過ちの原因を明確にしなければ、再び過ちが繰り返されることになるというのは、リスク・マネージメントの基本である。歴史の見直しによって日本軍ばかりではなく国民全体の名誉が回復できることはなく、それどころか、過去の過ちが正当化され、再び過ちを繰り返すことになってしまうのである。石橋の「小日本主義」に立ち戻らない限り、日本の侵略および植民地支配の戦争責任・犯罪が明確にならず、いつまでも戦後処理は終わらない。

第5章　グローバル・リスク

政権側に空爆されたシリア・イドリブの町（Abaca/ アフロ）
Source: https://wedge.ismedia.jp/articles/-/16913

はじめに

グローバル・リスク社会の専門家であるベックは、「リスクは国家間の権力関係の裏をかいくぐって発生」[1]し、「グローバル化時代のリスクの分布は国境と一致せず、そうして越境したリスクの共有関係は、政治的にも組織的にもどこにも属さず、時には認識すらされず、漂うことになる」[2]と論じている。

ソ連では、米国との軍拡競争で財政赤字が拡大し、闇経済が蔓延し、官僚の特権階級化など体制の腐敗が進み、食料や燃料、生活必需品の配給が滞るようになり、国民の多くは耐乏生活を強いられるようになっていた。このため、1985 年3 月に誕生したゴルバチョフ政権は社会主義体制の改革・刷新を掲げ、ペレストロイカ（改革）とグラスノスチ（情報公開）を推し進めた。しかし、改革の範囲やスピードを巡ってソ連共産党内の保守派と急進改革派との内部抗争を激化させ、民族問題の先鋭化と各共和国の主権拡大を要求する動きを生み出した。1988 年からはナゴルノ・カラバフ自治州の帰属をめぐってアルメニア共和国とアゼルバイジャン共和国との間に大規模な紛争が発生、グルジア共和国やモルドヴァ共和国内でも民族間の衝突が起き、エストニア、ラトビア、リトアニアのバルト三国の分離独立運動が起こった。ロシア共和国をはじめとした 12 共和国によってソ連に代わる新しい枠組みとして独立国家共同体（CIS）が創設されたことで、ソ連は崩壊した[3]。

ペレストロイカに影響を受けた東欧諸国では、民主化運動とともにユーゴスラビアのクロアチア人、セルビア人、ムスリムの民族対立、コソヴォ自治州におけるアルバニア系住民とセルビア人との民族対立、ルーマニアのトランシルバニア地方のハンガリー人とルーマニア人との民族対立、チェコスロヴァキアにおけるスロヴァキア人の分離独立運動が起こった。

---

1 ベック（1998 年）p. 29.
2 同上。pp. 72-73.
3 旧ソ連諸国では、ショック療法（ビッグバン）的に一気に市場経済化を行うとともに政治の民主化を行い、1995～96 年には 1989 年時点に比較して、ロシアが約 50%、ウクライナが約 40%、民族紛争があったグルジアやモルドヴァでは約 30%まで GDP が収縮し、経済が壊滅的な状態になり、民族紛争が続いた。バルト三国やキルギスなどは 2008 年からの世界金融危機によって経済破綻に追い詰められてきている。東欧諸国でも、ショック療法（ビッグバン）的に一気に市場経済化を行うとともに政治の民主化を行い、1995～96 年には 1989 年時点に比較して、70～80%に GDP が収縮し、民族紛争に拍車をかけた。今井・和田・森（2003 年）、今井・和田・大田・森（2008 年）参照。

中国では改革・開放で段階的な経済改革が行われ、政治の民主化運動も起こっていたが、東欧や旧ソ連諸国と違って、1989年6月に北京の天安門広場で民主化運動を武力弾圧して封じ込み、東欧や旧ソ連諸国とは対照的に、中国はグラジュアリズム（漸進主義）で1990年代以降、年率10%前後の経済成長を持続してきている[4]。しかしながら、中国では経済格差が拡大したこともあり、チベットと新疆ウイグル自治区で紛争が激化している。

『文明の衝突』の著者である サミュエル・P・ハンティントンは、冷戦以後の新たな脅威を探し、文明にアイデンティティを求める諸国家の対立としてコソヴォ紛争やトルコのEU加盟などさまざまな国際的な事例を引きつつ、文明同士のブロック化が進み、宗教対立、文明の衝突という脅威を提起した[5]。ハンティントンは経済格差や経済の後進性に起因する地域紛争を宗教対立や文明の衝突としてのみ論じ、脅威を「探し出し」「煽る」傾向にあることを指摘しなければならない。

本章では特にグローバル・リスクとしての地域紛争を、第1節で大国の思惑や介入による紛争とカテゴライズしたパレスチナ紛争、湾岸戦争、「9.11」とアフガニスタン戦争、イラク戦争、シリア内戦、第2節で経済格差などの経済問題や一党独裁制などの政治問題などを民族問題にすり替え人為的にナショナリズムを煽った紛争として、ソ連の崩壊と民族紛争、ユーゴスラビア紛争、中国における地域紛争、植民地主義の負の遺産によるアフリカの紛争としてルワンダ内戦とダルフール紛争を考察する。

第1節　大国の思惑や介入による紛争

冷戦終結後、1990 年代からグローバリゼーションが進んだが、地域紛争が多発してきている。1993 年にパレスチナ紛争を打開するため「オスロ合意」が成立したものの、和平反対派が「オスロ合意」を崩壊させ、米国主導で1990年の湾岸戦争、2001年のアフガニスタン戦争、2003年のイラク戦争が起こった。

---

[4] 2008年末には、中国はドイツを追い抜き世界第3位になり、2010年には日本を追い抜き、2040年までには米国を追い抜くと予想されるほど、経済的には着実に成果を上げてきている。
[5] See Huntington (1996)

1．パレスチナ紛争

（1）パレスチナ問題の発端

エルサレムは、ユダヤ教・キリスト教・イスラム教の聖地である。ユダヤ人のパレスチナ追放（＝A.D.70）を中心とするユダヤの反ローマ独立戦争とその敗北によってユダヤ人はパレスチナを離れたが、セファルディムと呼ばれる残留ユダヤ人も多く、全人口の5～10％をユダヤ人が占め、第一次大戦までアラブ人とユダヤ人はパレスチナで平和共存していた。

ヨーロッパ・ロシアでは、ユダヤ人は混血と改宗の歴史をたどるが、ドイツに居住しているユダヤ人はドイツ語を話しプロテスタントになり、ポーランドに居住しているユダヤ人はポーランド語を話しカトリックになるといった具合に、現地に同化していた。しかし、19 世紀末以降のヨーロッパでは反ユダヤ主義が台頭した。ドイツでは反ユダヤ主義を掲げる政党のキリスト教社会労働党が結成され、フランスではドレフュス事件[6]が起き、ロシアや東欧ではアシュケナジムと呼ばれるロシアや東欧に居住しているユダヤ人に対するポグロム（ユダヤ人居住区に対する群集による襲撃事件）が頻発した。ロシアではユダヤ人が世界征服を企んでいるとする『シオン賢者の議定書（プロトコル）』が、ロシア民衆が持っていた不満をロシア皇帝からユダヤ人にそらす意図で 1902 年に作成され[7]、これを読んだ民衆が内容を信じ込み、ポグロムがより激化した。第一次世界大戦前後のユダヤ人の差別・迫害は、ナチスのユダヤ人絶滅政策につながっていった。

このような反ユダヤ主義が台頭したため、エルサレムにあるシオンの丘に帰ろう、パレスチナにユダヤ人の国を建設しようという運動であるシオニズムが始められた。1897 年にバーゼルで第 1 回シオニスト会議が開催され、バーゼル綱領にパレスチナに「ユダヤ人のための郷土」(a home for the Jewish people)を建設することと明記された。

---

6 1894 年にフランスで起きた、当時フランス陸軍参謀本部勤務のユダヤ人大尉であったアルフレッド・ドレフュスをドイツのスパイとした冤罪事件。

7 作成者は、ロシア秘密警察とほぼ推定されている。ロシア民衆が持っていた不満を国外にそらすためには、負けることがないと思われた日本と日露戦争を起こしたが、思わぬ敗戦で裏目に出た。

イギリスはオスマン帝国の領土分割のために、フサイン・マクマホン書簡[8]、サイクス・ピコ協定[9]、バルフォア宣言[10]という相互に矛盾する「三枚舌外交」といわれる秘密外交[11]を展開し、後のパレスチナ問題の発端が引き起こされた。

第一次世界大戦後、「抑圧された民族の解放」という表向きの目的と、オスマン帝国の領土分割という実態との矛盾を取繕うとともに、対外的に3つの矛盾する約束のつじつまを合わせるために、イギリスによるパレスチナ委任統治が始まった。1920年のサン・レモ会議で、今日の「パレスチナ」領土を決定した後、ユダヤ人移民が急増した。1920年頃までは、ロシア・東欧からの社会主義者・理想主義者、1924〜26年にはポーランド出身の中産階級、1933〜39年にはドイツのナチス政権により国を追われたユダヤ人がパレスチナに移民した。

ユダヤ人のパレスチナにおける人口は、パレスチナ人口の3分の1で、ユダヤ人の土地の所有はわずか7%に過ぎなかったが、1947年11月29日の国連総会では、パレスチナの56.5%の土地をユダヤ国家、43.5%の土地をアラブ国家とし、エルサレムを国際管理とする「パレスチナ分割決議案」(国連総会決議181号)が決議された。

（2）中東戦争

イギリスはパレスチナ分割案決議を受け、パレスチナから引き上げ、1948年5月14日にシオニストは武力で突入し、イスラエル国家の独立宣言が行われた。これを認めないアラブ連盟5カ国（エジプト・トランスヨルダン・シリア・レバノン・イラク）の大部隊が独立阻止を目指してパレスチナに軍事侵攻し、第一次

[8] メッカの太守であるフサイン・イブン・アリーとイギリスの駐エジプト高等弁務官ヘンリー・マクマホンとの間でやりとりされた書簡（フサイン・マクマホン書簡1915〜1916年）の中で、イギリスは対トルコ戦協力（アラブ反乱）を条件にアラブ人居住地の独立支持を約束した。映画『アラビアのロレンス』に登場するイギリス人のロレンス大尉は、オスマン帝国の領土獲得の尖兵としてではなく、オスマン・トルコからアラブを解放するヒーローとしてのみ描かれている。

[9] 1916年には、イギリスの中東専門家マーク・サイクス（Mark Sykes）とフランスの外交官フランソワ・ジョルジュ＝ピコ（François Georges-Picot）によって原案が作成された秘密協定であるサイクス・ピコ協定で、英仏がオスマン帝国の遺産を分け合い、トランスヨルダン、シリア・パレスチナを勝手に分割し、シリアとレバノンを仏領、ヨルダンとパレスチナを（実質）英領、エルサレムを中心とするパレスチナだけは国際管理するということが取り決められた。

[10] 1917年11月には、イギリスの外務大臣アーサー・ジェームズ・バルフォアが、イギリスのユダヤ人コミュニティーのリーダーであるライオネル・ウォルター・ロスチャイルドに対して書簡を送り、第一次世界大戦の戦費に困っていたイギリス政府に対する財政支援と引き換えに、イギリス政府がパレスチナの地でユダヤ人の民族郷土建設を認め、援助することを明言した。

[11] ロシア革命が起こり、レーニンらによってこれらの外交秘密文書が公表され明らかになったもの。

中東戦争が勃発した。後にイスラエル首相となるベギン率いる対アラブ強硬派武装組織であるイルグンとシュテルンの混成軍が、デイル・ヤシン村の大虐殺を行い、退去しないとシオニストによるパレスチナ人の虐殺が無限に繰り返される事を示したため、85万人のパレスチナ難民が発生した。1949年にアラブ諸国との休戦協定が結ばれ、イスラエルがパレスチナの80%を占領し、残り20%はトランスヨルダンが占領し、エルサレムの旧市街はヨルダンに新市街はイスラエルに占領され、エジプト領となったガザ地区にパレスチナ難民が押し寄せた。

1956年7月エジプトがスエズ運河国有化を宣言し、それを阻止するために10月にイスラエル・イギリス・フランスがエジプトに侵攻し、第二次中東戦争（スエズ戦争）が起こった。

「帰還が統一への道だ」をスローガンに、パレスチナ国家の実現、他国からの干渉の排除を目指し、1959年にファタハ（パレスチナ民族解放運動）が結成され、1964年末に武力闘争を開始した[12]。1964年1月に第1回アラブ首脳会議が開催され、パレスチナ解放機構（PLO）の樹立とパレスチナ国民評議会の設置が決定された。1967年6月には、PLOに参加する一組織で「共産主義革命によるパレスチナ解放」を目標とする「パレスチナ急進派」のパレスチナ解放人民戦線（PFLP）が結成された。

1967年、第三次中東戦争で、イスラエルは奇襲攻撃により6日間でエルサレム、ガザ地区、シナイ半島、ヨルダン川西岸、ゴラン高原を占領し、イスラエルの軍事大国化を示した。国連は、国連安保理決議242号で、占領した領土からイスラエル軍の引き上げ、この地域全ての国の領土と独立の保障、難民問題の公正な解決を決議した。

1973年10月にエジプトとシリアがイスラエルを奇襲し、第四次中東戦争が起こった。アラブ石油輸出国機構10ヵ国は、イスラエルを占領地から撤退させるまで石油生産の5%以上を毎月削減するとの決議を可決し、石油危機が起こった。国連安保理は停戦決議を可決した。

---

[12] 1969年にPLOの最大派閥であるファタハは行動綱領を定め、「ユダヤ人・シオニスト国家、人種主義的、拡張主義的国家に終止符を打つことだが、その人民を滅ぼす事ではない。われわれは民主的パレスチナ国家を望んでいる。キリスト教徒、イスラム教徒、ユダヤ教徒の区別は何ら問題ではない」と打ち出した。

1978年9月に、米国のカーター大統領が、エジプトのサダト大統領、イスラエルのベギン首相を大統領山荘（キャンプ・デービッド）に招待する形で三者会談が行われ、中東和平に向けてキャンプ・デービッド協定に署名し、1979年3月にエジプトとイスラエルの間で平和条約が締結され、シナイ半島はエジプトに返還された。しかしパレスチナの自治については協議が決裂した。サダトはベギンとともに1978年ノーベル平和賞を受賞したが、このイスラエル＝エジプト単独和平は「パレスチナのアラブ人同胞に対する裏切り」と受け取られ、アラブ諸国とイスラム教徒の民衆の反感を招いた[13]。

（3）オスロ合意の崩壊

1992年からノルウェーのオスロで秘密会合が開始され、本格的な交渉に発展し、1993年にワシントンで「オスロ合意」が成立し、イスラエル政府とPLOの相互承認とガザ地区・西岸地区におけるパレスチナ人の5年間の暫定自治が定められた[14]。

ラビン首相は、1995年11月にテルアビブで催された平和集会に出席中に、和平反対派のユダヤ人青年によって暗殺された。パレスチナ内部では、「和平粉砕」を掲げるハマス[15]が1993年から自爆テロを開始した。1996年、ネオコン[16]のリチャード・パールらが、イスラエルの首相候補に立候補していたネタニヤフ宛てに「真新しい分岐点－国を守るための新たな戦略」と題する和平プロセスに代わる戦略の大綱を示した。占領地の返還と引き換えにイスラエルを国家として認知

---

13 1981年10月6日、サダトは第四次中東戦争の戦勝記念日のパレードを観閲中に、イスラム復興主義過激派のジハード団に所属する兵士により暗殺された。

14 ここでは、難民、ユダヤ人入植地、エルサレムの帰属問題は放置されたままであった。

15 パレスチナ解放運動の諸派のうち、いわゆるイスラム原理主義の代表的な組織、政党で、正式名称はイスラム抵抗運動。ハマスは自爆テロばかりやる過激派という印象が広まっているが、パレスチナ住民にとっては、機能不全に陥っている自治政府にかわって、貧困層のために病院、孤児院、学校などの経営を行うといった自助組織の意味合いが強い。

16 ネオコン（新保守主義、Neoconservatism、日本語においては、レーガン、サッチャー、中曽根の政権の経済政策における自由主義、社会政策における保守主義を指す）は、元々は革新、左翼出身であったが、米国の消極的な対外政策に失望した集団である。ユダヤ系が多いのも特徴で、これは米国の消極的、つまりイスラエルに不利な中東政策に革新派のユダヤ人の多くが失望し、民主主義、ひいては自由主義の覇権を唱え、独裁国家の陥落を外交政策の目的に置くという思想および外交政策を標榜する。彼らは第1期レーガン政権で台頭し、主に外交や軍事の分野で強い影響力を持ち、レーガン大統領はネオコンのジーン・カークパトリックを外交顧問に指名し、ソ連を「悪の帝国」と呼び、ネオコンの師であるアルバート・ウォルステッターの限定核戦争を採用し、スターウォーズ計画など軍備増強を推し進めた。

するというオスロ・プロセスは幻想にすぎず、「イスラエルはトルコおよびヨルダンと協力することによって、シリアを弱体化し……サダム・フセインをイラクの権力の座から引き下ろすこと……先制攻撃の原則を取り戻す」[17]としており、ネオコンがオスロ合意を崩壊させるために大きな役割を果たしたといえる。

2000年には､イスラエルのシャロン国防相がアクサー･モスク訪問[18]を強行し、パレスチナ人を挑発したため、第二次インティファーダが起こった。2001 年には和平反対派のシャロンが首相に就任し、パレスチナ自治区にイスラエル軍が侵攻し、PLO との関係を断絶したため、オスロ合意が崩壊した。

２．湾岸戦争

イランでは 1979 年にシーア派[19]によるイスラム革命があり、親米のパーレビ一朝が倒れ、ホメイニの指導下、周辺のアラブ諸国とは異なる政治体制「イスラム共和制」を敷いた。スンニ派で君主制が中心の周辺アラブ諸国は警戒感を強め、サダム・フセイン大統領のイラクが、周辺アラブ諸国の支援を基に 1980 年にイラン・イラク戦争を始め、1988 年まで続いた。戦争中に米国、ソ連などや、ペルシア湾岸のアラブ諸国に援助されたイラクの軍事力は、イスラエルをのぞいた中東では最大となったが､イラクは 600 億ドルもの膨大な戦時債務を抱えることとなり、戦災によって経済の回復も遅れていた。イラクが外貨を獲得する手段は石油輸出しかなかったが、当時の原油価格は 1 バーレル 15 から 16 ドルの安値を推移し、イラク経済は行き詰っていた。

---

17 ケペル（2005 年）pp. 89-90.

18 かつてエルサレム神殿であった岩のドームがある丘（イスラム教の聖地）の上には「遠隔の礼拝堂」を記念するアル＝アクサー・モスク（銀のドーム）が建設され、聖地のひとつと見なされている。シャロンはそのイスラム教の聖地を訪問し、「エルサレムは全てイスラエルのものだ」と宣言し、パレスチナ人を挑発した。

19 シーアは、アラビア語で「党派」を意味する普通名詞で、初期のシーア派の人々が、「アリー派」と呼ばれたことに由来している。「預言者ムハンマドの時代から積み重ねられた『慣行』（スンナ）および『（イスラム）共同体』（ジャマーア）に従う人々」という意味で、アラビア語で「スンナに従う人」を意味する「スンニー」の語からスンニ派とも呼ばれ、イスラムの各宗派間では、最大の勢力、多数派を形成する。シーア派信徒は世界中に分布するが、イラン、イラク（国内のムスリムは全人口の 95%、全人口の 3 分の 2 がシーア派）、レバノン（政治的理由から公式資料はないが、人口の半数以上を超えているといわれる）、アゼルバイジャン（85%）では特にシーア派住民が多く、パキスタン（20%）、サウジアラビアの東部（10%）、バーレーン（70%）、オマーン、アフガニスタン（ハザラ人など）にも比較的大きな信徒集団が存在する。これらの諸国では、一般に支配者階級がスンニ派で、被支配者階級がシーア派である。

1990年7月25日にイラクがクウェートの併合を示唆した際、米国の駐イラク大使エイプリル・グラスピーは「国境問題に介入するつもりはない」と言質を与え、イラクをクウェートに侵攻させた。イラクが米国に「はめられ」、1990年8月2日にクウェートに侵攻したのを機に、米国が中心となり、国連が多国籍軍(連合軍)の派遣を決定し、1991年1月17日にイラクを空爆し、湾岸戦争となった。レーガン政権で長期間、国防長官を務めたワインバーガー[20]は、国防総省（ペンタゴン）の膨大なデータを基に「ネクスト・ウォー：五つのシナリオ」のシミュレーションを公表していたが、1990年の湾岸戦争でのトマホーク・ミサイルによるピンポイント攻撃やユーゴスラビアの民族紛争における NATO 軍の軍事作戦は、ペンタゴンのシミュレーション通りに行われたことを示している[21]。

3．「9.11」とアフガニスタン戦争

ブッシュ大統領はネオコンのウォルフォウィッツ[22]を国防副長官に指名し、「対テロ戦争」を開始した。2001年9月11日の米国「同時多発テロ」事件を計画・実行したと米国に名指しされた国際テロ組織アルカイダの指導者ウサマ・ビンラディンを保護するアフガニスタンのタリバン[23]政権を駆逐するため、米国とイギリスを始めとした連合軍が10月7日から空爆を開始した。

チョムスキー[24]は、アメリカが過去にフセインを支援したこと、ソ連を「アフ

---

[20] Caspar Willard Weinberger, (1917年 - 2006年) レーガン政権で国防長官を1981年1月から1987年11月まで務め、冷戦期の米国国防政策、戦略を指導し、戦略防衛構想（SDI）の推進や、イランへの武器売却代金をニカラグアの反共ゲリラ「コントラ」の援助に流用していたイラン・コントラ疑惑では訴追された。

[21] ワインバーガー・シュワイツァー（1997年）参照。

[22] Paul Dundes Wolfowitz (1943年 -) 米国のユダヤ系政治家。ユダヤ系のポーランド移民の2世。代表的なネオコンの論客の一人であり、米国で最も強硬なタカ派政治家。親イスラエル派で親台湾派、イラク戦争の立案者的存在、中東民主化構想の発案者。第10代世界銀行総裁 (2005年 - 2007年)。

[23] 1978年の共産政権の成立にともない、全土でムジャーヒディーンと呼ばれる武装勢力が蜂起したため、1979年にソビエト連邦が軍事介入を行ったが、パキスタンや米国の軍事支援を受けたムジャーヒディーンを駆逐することはできず、1989年にソ連軍は撤退した。その後、ムジャーヒディーン同士が内戦を起こし、軍閥を形成して戦闘が続き、1994年頃からパキスタン軍の支援を受けたパシュトゥーン人の武装勢力であるタリバンが勢力を拡張し、国土の大半を制圧した。タリバンという語はアラビア語で「学生」を意味する「ターリブ」のパシュトー語における複数形であり、イスラム神学校（マドラサ）で軍事的あるいは神学的に教育・訓練された生徒から構成される。

[24] Avram Noam Chomsky (1928年 -) 米国の言語学者、思想家。マサチューセッツ工科大学教授。思想的にはスペイン内戦時のカタルーニャ地方バルセロナにおける極度に民主的な労働者自治によるアナキスト革命から強い影響を受け、権威主義的な国家を批判する自由至上社会主義(アナキズム)に関わった。

ガンの罠」に誘い込みイスラム狂信者によるテロリスト軍隊を組織したこと、オサマ・ビンラディンともつながりがあったこと、ソ連撤退後のアフガニスタンを見捨てたこと、イスラム原理主義者のサウジアラビアを「顧客」にしてきたことなどをあげて、「アメリカに報復する資格はない……アメリカこそがテロ国家の親玉だ」として、テロに対する戦争そのものに異議を唱えた[25]。

2002年6月に、カブールにおいて緊急ロヤ・ジルガが開催され、会議の結果、暫定行政機構に代わりカルザイを大統領とするアフガニスタン・イスラム移行政府が成立した。国連アフガニスタン支援ミッションによってアフガニスタン復興と治安維持が行われているが、南部を中心としてタリバン派の勢力が攻撃を行っており、アフガニスタンの治安は現在も安定していない。

4．イラク戦争

1997年6月にネオコンは「アメリカ新世紀プロジェクト（PNAC)」というシンクタンクを設立し、クリントン大統領や有力政治家に次々に意見書を送りつけた。意見書に連署しているのは、ブッシュ（息子）政権の副大統領となった一国支配主義の主唱者のリチャード・チェイニー、国防長官になるドナルド・ラムズフェルド、国防副長官になるポール・ウォルフォウィッツ、ジョン・ボルトン米国国連大使、国防政策諮問委員会委員長になるリチャード・パール、駐アフガニスタン大使になるザルメイ・ハリルザード、国家安全委員会の中東問題担当になるエリオット・エイブラムスなどである[26]。

ネオコンは、イラクを親米化することによって、イラン、シリア、その他反米の中東諸国に民主化のドミノ倒しを起こさせる「ドミノ理論」を唱えていた[27]。また、PNACは2000年9月に米国防衛再建計画を公表し、「米国の防衛体制は新しい真珠湾攻撃のような破滅的な出来事抜きには、その再建のプロセスは長期

---

25 チョムスキー（2001年）参照。

26 *The Ecologist*, September 2005, p. 9.

27 ネオコンのウィリアム・クリストルとロバート・ケーガンが『ニューヨーク・タイムズ』誌に投稿し、「もしクリントン氏に米国の同盟国や米国自身をイラクの生物化学兵器から真剣に守る気持ちがあるならば、彼は地上軍を湾岸地域に派遣するはずである。4個師団の機甲部隊と2個師団の空挺部隊の展開が可能である」と主張しており、イラク戦争が「9.11」前にネオコンによって準備されていたことを物語っている。*New York Times*, 1998, 1.30.

間を要するものになるであろう」[28]と述べており、PNACが米国「同時多発テロ」事件に関与していた可能性がある。

ブッシュ大統領は、ネオコンの人々を政権の主要ポストに任命し、2002 年初頭の一般教書演説において悪の枢軸発言を行って、イラク、イラン、朝鮮民主主義人民共和国は大量破壊兵器を保有するテロ国家であると名指しで非難した。

ブッシュ大統領は、2003 年 3 月のイラクに対する開戦前後の演説において、戦争理由として、①生物・化学兵器等、大量破壊兵器を保有し続け、その事実を否定し、国連の武器査察団に全面的な協力を行わない（部分的な協力に止まっている）ことに対する武力制裁のため、②イラクの一般市民をサダム・フセイン大統領の圧政から解放するため、③テロリストに対する支援国であるイラクを「民主的な国」に変えるため、を挙げ、同年 3 月 19 日より米国が主体となり、イギリス、オーストラリアに、工兵部隊を派遣したポーランドなどが加わりイラクに進攻した。

イラク攻撃には、これまでの湾岸戦争やアフガニスタン戦争とは違って、フランス、ドイツ、ロシア、中華人民共和国などが強硬に反対した。日本の小泉純一郎首相（当時）は記者会見で、「米国の武力行使を理解し、支持いたします」[29]と、単なる対米従属ではなく、積極的に支持することを表明した。

2004 年 10 月、米国の調査団が「イラクに大量破壊兵器は存在せず、具体的開発計画もなかった」との最終報告を提出した。化学兵器などの大量破壊兵器は「湾岸戦争後の国連の査察ですべて廃棄させられたため最初から無かった」。2008 年 3 月、国防総省は「フセインとアルカイダの関係を示す決定的証拠はない、認められるのはパレスチナ武装勢力との関係のみ」とする報告書をまとめた。

反米武装勢力による攻撃は激化し、戦闘終結宣言後の米兵の犠牲者は 4,000 人を突破し、この他、軍に従事する民間軍事会社の契約要員が、これまでに 1,000 人以上が死亡し、米国内でイラクからの撤退を要求する世論が高まった。

日本のイラク復興支援の先頭に立って活動していた奥克彦在英大使館参事官と井ノ上正盛在イラク大使館三等書記官が、2003 年 11 月 29 日、北部イラク支

---

28 The Project for the New American Century (2000) p. 51.
29 http://www.kantei.go.jp/jp/koizumispeech/2003/03/20kaiken.html

援会議に出席するため、ティクリート（イラク北部）に向かう途上を銃撃され殺害された。小泉首相は二人の葬儀で「あなたがたの遺志を受け継ぎ、国際社会と協力してイラクの復興に取り組む」と述べ、2 人の遺志が政治利用され、3 日後には人道援助を行う自衛隊イラク派遣基本計画が閣議で決まった。

軍隊組織が紛争地帯に入って有効な役割を果たせるのは、イスラエルとパレスチナの間に緩衝地帯を作った PKO のように、紛争当事者の間に割って入る兵力の切り離しと、マケドニアにおける NATO 軍のように、民族紛争が起きる恐れがある地域の予防的展開が挙げられる。しかし、自衛隊が行ったような道路や橋の修復や病院や水道施設の建設というような人道支援は、地元の建設業者や NGO に任せた方がスムーズにはるかに少ない費用でできるものである[30]。

2009 年 1 月に就任したオバマ大統領は、イラク戦争は誤りであったとし、2010 年 8 月までに米国軍の戦闘部隊 9 万人を撤退させ、イラク軍の育成のために残留する 5 万人は 2011 年 12 月までに全軍撤退を完了させると表明した。他方で、アフガニスタン戦争の誤りはいまだ表明されていない。

サウジアラビアに次ぐ世界第 2 位の埋蔵量を持つと言われるイラクの石油利権の確保、ネオコンの「ドミノ理論」、定期的に戦争をすることを必要とする軍産複合体の要求などが本当のイラク開戦の理由と考えられる。嘘によって戦争を行い、一国支配主義によって国連による集団的安全保障を不可能にするような米国に対して、リスクがリスクを呼び込む連動リスク時代となり、すでにアフガニスタン戦争は 20 年近く続いている。

5．シリア内戦

イスラム国は 2006 年の段階で出現したが、もともとイラク戦争の戦後復興のやり方に反対する反政府勢力、米軍の駐留政策や新政府の政策に不満を持つスン

---

[30] イラクでの支援活動をしてきた NGO であるピース・ウィング・ジャパンの大西健丞は、「NGO は現地スタッフを何十人も雇うから、事業のコストを抑えられるし、彼らのネットワークを活かして、危険を未然に防ぐために重要な一次情報を得ることができる。現地の人にとって雇用機会というメリットがある。一方、軍隊組織はスパイやテロを警戒して、人も物資も輸送手段もすべて自己完結させようとする。自衛隊員の人件費や食糧調達費だけでも莫大……奥さん、井ノ上さんの遺志を継ぎたいと本当に思うなら、私は文民による復興支援にこそ力を注ぐべきだと思う。彼らは 10 近い県を回って住民と対話を重ね、小規模だが民生の向上につながる復興プロジェクトを草の根無償資金協力という援助枠を使って形にしようと奔走していた」と述べている。大西（2006 年）pp.200-201.

ニ派の住民や、戦後にパージされた旧体制派の人々の不満を吸収する形で、イラクのファルージャを中心に「イラクイスラム国（ISIL）」ができた。そのうち外国人の義勇兵なども参加し、彼らのいる地域はイラク国内の無法地帯のようになって、拡大して行った。イラクから追い出された人々は、2011 年から始まった「アラブの春」の潮流の中で、隣国のシリアが政府軍と反政府軍との泥沼の内戦状態に陥ったことをきっかけに、無法地帯となったシリアを拠点にして勢力を増し、再びイラクに舞い戻ってきた。

アサド政権派のシリア軍と反政権派勢力の民兵との衝突、サラフィー・ジハード主義勢力のアル＝ヌスラ戦線とシリア北部のクルド人勢力の間での衝突、さらに混乱に乗じて過激派組織 ISIL、アサド政権の打倒および ISIL 掃討のためにアメリカ・フランスをはじめとした多国籍軍、逆にアサド政権を支援するロシア・イランもシリア領内に空爆などの軍事介入を行い、内戦は泥沼化した。また、トルコやサウジアラビア、カタールもアサド政権打倒や自国の安全・権益確保のために反政府武装勢力への資金援助、武器付与等の軍事支援を行った。

2015 年にヨーロッパ諸国に前年の 2 倍以上の 100 万人を超す難民・移民[31]が殺到し、国際連合難民高等弁務官事務所（UNHCR）によれば、2015 年 9 月時点で地中海経由の難民の内訳はシリア（54%）、アフガニスタン（13%）、エリトリア（7%）である[32]。UNHCR の推計によると、シリア内線で 2017 年までに元の居住地を離れて約 630 万人が国内で避難生活を送り、500 万人以上が国外に逃れた。こうした難民の主な行き先としてはトルコ（320 万人）、レバノン（100 万人）、ヨルダン（65 万人）、イラク（24 万人）、エジプト（12 万人）で、トルコなどを経由してヨーロッパなどに渡った人々も多い[33]。

第2節　人為的にナショナリズムを煽った紛争

民族を構成する確固とした要素はないが、血統、宗教、地域などの要素が考えられてきた。血統については、民族は「共通の祖先」を持っているという信仰があるが、血統の純粋性を証明することは不可能である。たとえば、ナチスのユダ

---

31 http://www.unhcr.org/55df0e556.html
32 http://www.refworld.org/publisher,UNHCR,,ESP,561377284,0.html
33 https://www.nikkei.com/article/DGKKZO22650350241020I7FF1000/

ヤ人に対するホロコーストは、2 世代前にさかのぼってユダヤ人であったことを迫害の理由とした。ヒトラーはアーリア人種をもっとも優れた人種としたが、ヒトラー自身はユダヤ人のクオーターであったという説が有力である[34]。また、日本列島の先住民である縄文人と、朝鮮半島から渡ってきた弥生人とが混血を繰り返して現在の日本人になったとする「混血説」を裏付ける遺伝子解析の結果が、総合研究大学院大（神奈川県）などによって示されている。朝鮮半島を通じて、民族、言語、宗教などが伝播してきたのであり、日本は万世一系[35]の単一民族国家などではなく、多民族国家であり、少数民族を支配してきた歴史も持っている[36]。

宗教については、宗教が民族の相違を作るというのも限定的である。たとえば、ユダヤ教を放棄した者もユダヤ人と呼ばれることがある。イスラム教は一面ではアラブ人を団結させるが、諸分派がアラブ人を分裂させる。地域については、国家間の争いが領土をめぐるものであるように、民族にとって地域は自分たちの「なわばり」で、それを守るのに情熱を注ぐが、固定的なものではない。

エリック・ホブズボーム[37]やアーネスト・ゲルナー[38]は、ネーションという観

---

[34] ヒトラーは自分の祖父がユダヤ人ではないかと案じたせいか、1930 年にヒトラーの顧問弁護士であったハンス・フランク（後のポーランド総督）に調査を命じたが、フランクの調査によると、ヒトラーの父親、アロイス・ヒトラー（シックルグルーバー）は 1837 年 6 月 7 日に、彼の母親（ヒトラーの父方の祖母）マリア・アンナ・シックルグルーバーの私生児として生まれ、奉公先のフランケンベルガーまたはフランケンライターという裕福なユダヤ人の家庭で彼女が召使をしていた。このためアロイスの父親が雇い主のユダヤ人、レオポルト・フランケンベルガーであったのではないかという推測がなされている。手塚治虫の『アドルフに告ぐ』もヒトラーの出自に触れている。

[35] 『古事記』や『日本書紀』の日本神話に登場する天照大神から初代の天皇・神武天皇から現在まで、天皇の王朝が断絶せずに皇室が日本を一貫して統治してきたとする史観を形成した。

[36] 中世以降、日本人はアイヌを蝦夷、北海道を蝦夷地と称してきた。北方の民族からはクギなどと呼ばれてきた。朝廷の「蝦夷征伐」などを経、明治政府は、1457 年のコシャマインの戦い以来日本の統治下にあるアイヌを正式に平民として日本人（大日本帝国臣民）に組み入れ、北海道という土地を明確に自国領として取り扱い、戊辰戦争で賊軍になった諸藩に開拓団を出させ、内地（本州）で起きていた人口流動の最も重要なはけ口となった。また、1872 年（明治 5)、琉球王国を強制廃止して琉球藩を設置し、1879 年（明治 12)、明治政府は軍隊と警官を派遣して琉球藩の廃止を宣言し、鹿児島県に編入したが、同年中に沖縄県を設置し、王族士族の抵抗（サンシー事件など）を退け、中央集権的近代日本国家に組み入れられていき、琉球王国は消滅した。

[37] Eric John Ernest Hobsbawm （1917 年 - ）イギリスの歴史家。ポーランド系ユダヤ人を父に、エジプト・アレキサンドリアに生まれる。オーストリアおよびドイツで幼年期を過ごし、1933 年に渡英。ロンドン大学教授。

[38] Ernest Gellner （1925 年-1995 年）歴史学者、哲学者、社会人類学者。パリでユダヤ人の家族に生まれ、すぐにプラハに移るが、1939 年、家族とともにイギリスに亡命。エディンバラ大学、ロンドン・スクール・オブ・エコノミクス、ケンブリッジ大学で教授、プラハにある中央ヨーロッパ大学ナショナリズム研究センター所長。

念はフランス革命以降の近代になってから、ネーションという意識を基礎に人為的に形成されたとし、国民（ネーション）およびナショナリズムを近代特有の産物とみる[39]。フランス革命以前、フランスは一つの政治的単位であったが、第一身分と第二身分はラテン語を話し、第三身分は地方ごとに方言を話していた。その領域に住んでいる人々が自分はフランス人だという意識を持つに至ったのは、フランス革命によって第三身分が権力を掌握し、外国からの反革命に対する愛国的感情が形成されたことによる。

ドイツ、イタリアや日本は、政治的に国家の統一が遅れ、国家権力が上から民衆を統合して富国強兵策をとり、国家主義で自国のために他国を犠牲にしてよいというナショナリズムが形成された。ドイツ国歌 Deutschland über Alles（世界に冠たるドイツ）の１番の歌詞に書かれている「マース川からメーメル川までエチュ川からベルト海峡まで」という地名は、ドイツ統一時のもので、現在ではドイツの領土ではなく不適当とされている[40]。

民族自決権は、既にレーニンが唱えていたが、アメリカ大統領ウィルソンが「14ヵ条の平和原則」で提唱し、ヴェルサイユ条約での原則となり、国連憲章第１条2で明記され、民族独立の指導原理になった。民族自決権は、各民族集団が自らの意志に基づいて、その帰属や政治組織、政治的運命を決定し、他民族や他国家の干渉を認めないとする集団的権利であるが、民族としての基準をどこに置くか不明確である。イギリス、フランス、ドイツ、イタリア、日本では、言語、文化、宗教、民族性などの同化が進んだが、東欧諸国では諸民族がモザイク状態で居住し、外国人の都市も発達し、どのように国境線を引いても国内に少数民族を抱え、国境の外に自民族を残さざるをえなかった。また、ドイツにいたユダヤ人はドイツ語を話しプロテスタント、ポーランドにいたユダヤ人はポーランド語を話しカトリックというように、各地に散らばっていたユダヤ人は各地で同化し、第二次世界大戦後イスラエルが建国されるまでは宗教を除けば共通性はなかった。

---

39 これに対して、アントニー・D・スミスは、それ以前から存在する文化的共同体（エトニ、エスニーとも訳される）との連続性を重視する立場をとる。Anthony D. Smith （1933年‐）イギリスの社会学者。ロンドン・スクール・オブ・エコノミクス教授。

40 第二次世界大戦後は、『ドイツの歌』（Deutschlandlied）または『ドイツ人の歌』(Das Lied der Deutschen)と呼んでいる。現在のドイツでは、この１番を高らかに人前で歌ったり、ラジカセ等で流したりするだけでネオナチ疑惑がかけられる。

アジア・アフリカのナショナリズムは、植民地化・半植民地化された状況に抵抗して形成され、反帝国主義という共通性を持っている。アジア諸国は、ヨーロッパ列強の侵略以前に諸王朝の支配が達成されており、統一国家が存在していたため、抵抗運動は国権回復の色彩があった。他方、アフリカでは、言語を異にする諸部族が分立し、抵抗運動を固有の言語で表現できず、アフリカ諸国の国境は英仏などが引いた分割線である。

1．ソ連の崩壊と民族紛争

（1）ナゴルノ・カラバフ戦争

ソ連が崩壊する前に最初に紛争が起こったのは、ナゴルノ・カラバフであった。歴史的な起源は、1917 年のロシア革命に際して、南カフカースのアルメニア民主共和国とアゼルバイジャン民主共和国がそれぞれ独立したが、アゼルバイジャン内に飛び地として存在し、当時の人口の 94%がアルメニア人であったナゴルノ・カラバフの帰属を巡り 1918 年に両国間で起こった戦争に遡る[41]。アゼルバイジャンはトルコと友好関係にあるイスラム教徒（シーア派）が多く住む国であるが、アルメニアはキリスト教国（正教）でロシアと強固な関係をもっている。1988 年に、ナゴルノ・カラバフ自治州に住むアルメニア人が、アルメニアへの帰属をアゼルバイジャンに要求すると、アゼルバイジャンは自治州を廃止、共和国が直轄統治するという措置を取ったため、1989 年 12 月、アルメニア最高会議において、ナゴルノ・カラバフ自治州のアルメニア併合に関する決議が採択され、同年中に、アルメニアから 17 万人のアゼルバイジャン人が、アゼルバイジャンから 35 万人のアルメニア人が追放された。ソ連の崩壊に際し、両国は共に 1991 年に独立したが、1992 年に、ナゴルノ・カラバフ側が一方的に「ナゴルノ・カラバフ共和国」として独立を宣言し、紛争が勃発し、ナゴルノ・カラバフ側にはアルメニアが加担し戦争に発展した。1994 年にロシアとフランスが仲介し停戦

[41] ソビエト軍が南カフカースを制圧し、両国をソ連構成共和国であるザカフカース・ソビエト連邦社会主義共和国に編入し、ボリシェヴィキの民族問題担当人民委員ヨシフ・スターリンの下にカフカース委員会が設置され、委員会は 4 対 3 でナゴルノ・カラバフをアルメニアに帰属させることを決定した。しかし、その後アルメニアで反ソビエト反乱が起り、アゼルバイジャン側による強い抗議もあったため、ナゴルノ・カラバフを自治州としてアゼルバイジャンの下に置くと決定を覆したという経緯がある。

が成立した。この紛争により、25,000 人の死者が発生し、100 万人以上の難民が発生した[42]。現在はアルメニアがナゴルノ・カラバフを占拠したままで、ナゴルノ・カラバフの帰属問題は未だに解決の目処は立っていない。

NGO の Human Rights Watch は、「帝政ロシアの植民地統治者とソビエトの後継者たちは、カフカースにおいて中央政府の支配を強化するために人々を操作してきた。ペレストロイカとソ連崩壊後のアルメニアとアゼルバイジャンの当局は、この有毒な遺産を受け継ぎ、同時にそのマスターと囚人になった。彼らは、パルチザンで暴力的な政策を国内のそれぞれのアルメニア人とアゼルバイジャン人の少数民族に対して追求し、両方の民族を相互に仲たがいさせ、中央すなわちモスクワに依存させた」と批判している[43]。

（2）グルジア紛争

ソ連後期からはナショナリズムが台頭し、グルジア[44]は 1991 年 4 月 9 日に独立宣言を行い、5月にはズヴィアド・ガムサフルディアが大統領に選出されたが、政局不安は改善されず治安も悪化し内戦状態に至った。北部のアブハジア[45]やオセチア[46]ではグルジアからの分離独立運動が起き、ガムサフルディアは 1992 年 1 月にクーデターにより追放され、2003 年まで、エドゥアルド・シェワルナゼが

---

42 http://www.hrw.org/legacy/reports/1995/communal/

43 *ibid.*

44 グルジアは、1089 年頃統一され王国となるが、後に東ローマ帝国の属国になり、文化的にもその影響が大きい。やがてセルジューク朝の勢力が及んだが、12 世紀から 13 世紀にかけてセルジューク勢力を駆逐しザカフカース全域に膨張し、最大領域となった。その後、モンゴル帝国、オスマン帝国、サファヴィー朝、ロシア帝国などの支配を受けた。グルジアは、ロシア革命後の 1918 年 5 月 26 日にロシアから独立を宣言するが、赤軍に首都を制圧され崩壊した。ザカフカース・ソビエト連邦社会主義共和国の構成国となり、南オセチアはグルジア社会主義共和国内の自治州となり、北オセチアはロシア・ソビエト社会主義連邦共和国内の自治州となった。アブハジアは、ボリシェヴィキ政権から文化的・政治的な自治を与えられ、1931 年にはスターリンによってグルジア・ソビエト共和国に属する自治共和国とされたが、実際には自治はほとんど機能せず、グルジア化が強く進められた。人口 426 万人（2008 年）の構成は、グルジア人（正教徒、83.8%）、アゼルバイジャン人（イスラム教徒、7%）、アルメニア人（正教徒、6%）、ロシア人（正教徒、2%）、オセチア人、アブハジア人、ギリシャ人などがいる。

45 16 世紀、アブハジアを含む西グルジアはオスマン帝国に征服され、アブハズ人たちは一部イスラムに改宗した。グルジアの西端に位置しているアブハジアは、1829 年から 1842 年の間に、ロシアの保護下に置かれるようになり、1864 年には主権が剥奪された。その過程で、ロシア帝国によるムスリムの迫害を恐れ、多くのアブハズ人がオスマン帝国に逃れた。

46 オセチア人の主な居住地域はカフカース山脈をまたいで南北に広がり、ロシア連邦の北オセチア共和国と、グルジアの南オセチア自治州に分かれている。総人口はおよそ 60 万人。独自の言語としてインド・ヨーロッパ語族のイラン語群に属するオセット語が使用されている。70%以上が正教徒であるが、イスラム教を信仰する者も 15%ほどいる。ロシア出身の力士であった露鵬と白露山は、北オセチア共和国出身のオセット人である。

最高権力者であった。

アブハジア自治政府は、1992 年 7 月 23 日に独立を宣言したが、グルジア政府は 3000 人の部隊をアブハジアに送り、1 週間の戦闘の末、グルジア政府はアブハジア自治政府を廃した。アブハジア側の敗北の後、北カフカース地方の諸共和国から義勇軍がアブハジアの分離主義グループに合流し、1993 年 9 月にスフミはアブハジア軍の手に落ちた。シェワルナゼ大統領は、ロシア海軍に助けられてスフミから脱出し、1993 年 10 月、国連安保理はアブハジアの軍事行動、民族浄化を非難した。非アブハズ人の住民が陸路や海路で脱出し、23 万人から 25 万人ほどの難民が発生した[47]。

南オセチア議会も 1989 年に独立を宣言した。グルジアはそれに異議を唱えて 1991 年 1 月に南オセチアに軍を送って戦争となった。この戦争での死者は 2,000 人以上と見られている。戦争中は両軍によって数々の残虐行為が行われ、グルジアあるいは南オセチア内の住居を追われたオセット人は 10 万人に達し、一方で 23,000 人のグルジア人が南オセチアに留まった[48]。その結果、戦後の南オセチア人口は 7 万人に減り、グルジア人の割合は 5 分の 1 に上がった。

2003 年 11 月の議会選挙の開票には不正の疑惑が指摘され、25,000 人の反対派市民が集結し議場に乱入した。シェワルナゼ大統領は議会から逃亡し大統領を辞任し、野党「ブルジャナゼ・民主主義者」の党首であるニノ・ブルジャナゼが暫定大統領に就任した。2004 年 1 月に行われた大統領選挙では、ミヘイル・サアカシュヴィリが圧勝したが、2007 年 11 月に与党サアカシュヴィリ政権に対する野党デモの鎮圧を期にグルジア全土で非常事態宣言が発令されるなど政情不安が続いた。

2008 年 8 月 7 日、グルジア軍は南オセチア地区の首都ツヒンヴァリに大規模な軍事攻撃を行った。ロシアはグルジア軍の動きを受けて、グルジア領内への爆撃を開始した[49]。グルジア軍は南オセチア及びアブハジアから撤退し、当時 EU 理事会議長国であったフランスの仲介で 8 月 12 日に休戦提案が行われ、署名された。8 月 26 日、ロシアは国際的にはグルジア領とされている南オセチアとア

---

47 Human Rights Watch (1995a) pp. 22-43.

48 http://www.hrw.org/legacy/reports/1996/Russia.htm

49 http://www.spiegel.de/international/world/0,1518,578273-2,00.html

ブハジアの独立を承認した。ロシア軍は国際合意を受けてグルジア領内から撤退したが、軍事的緊張が続いている 。

（3）チェチェン紛争

ソ連崩壊後にチェチェン[50]共和国がイングーシ共和国と分立すると、チェチェン大統領ジョハル・ドゥダエフは 1991 年 11 月にロシアからの「独立」を宣言した。1994 年 12 月にロシアのエリツィン大統領（当時）はチェチェン独立を阻止するため 4 万の軍隊を派遣し、10 万人の死者を出す第一次チェチェン紛争に突入した。1995 年 2 月にロシア軍はチェチェンの首都グロズヌイを制圧し、1996 年 8 月に停戦が合意された。

しかし、カフカース圏における「大イスラム教国建設」を掲げるチェチェン側武装勢力は、1999 年 8 月 7 日、和平協定を破り突如隣国のダゲスタン共和国へ侵攻し、同時期にモスクワではアパート爆破などの大規模なテロが発生した。このため、第二次チェチェン紛争が 1999 年 9 月に始まった。ロシア側は元独立派指導者のアフマド・カディロフをチェチェンの大統領に就け、ロシアへの残留を希望する親露派政権を作らせ、独立派を在野に追ったが、カディロフは、2004 年 5 月、独立派のテロにより暗殺された。ゲリラ化したチェチェン独立派はアルカイダなどの国外のイスラム過激派勢力と結びつき、爆弾事件や占拠事件など[51]を頻発に起こしているといわれている。ロシア軍の攻撃は、およそ 30 万人を数えるだけの隣接するイングーシ共和国へ、地元住民を圧倒する 20 万人以上のチェチェン人の避難を引き起こした[52]。

---

[50] ほとんどのチェチェン人は、16 世紀から 18 世紀に東のダゲスタンから伝わったイスラム教のスンニ派を信仰している。18 世紀にロシア帝国がカフカースへの南下を進めると、チェチェン人は激しく抵抗を繰り広げたが、1859 年にロシア帝国によって周辺地域とともに併合された。ソ連の成立後、チェチェン・イングーシ自治共和国としてロシア・ソビエト社会主義連邦共和国の一部とされたが、第二次世界大戦中の 1944 年に、チェチェン人とイングーシ人約 50 万人はスターリンによって対独協力の疑いをかけられ、カザフスタンやシベリアへ強制移住させられた。彼らは 1957 年に母国への帰還が許され自治共和国が再建された。

[51] 独立派が関与したとされる事件は、犯行声明が出されているものだけでも 2002 年 10 月のモスクワにおけるドゥブロフカ劇場占拠事件、同年 12 月のグロズヌイの行政府ビル爆破事件、2003 年 6 月のモスクワ野外コンサート会場爆破事件、2004 年 5 月のカディロフ大統領暗殺事件、同年 8 月の旅客機同時ハイジャック事件、モスクワ地下鉄駅付近爆破事件、同年 9 月の北オセチア共和国ベスランにおけるベスラン学校占拠事件などがある。

[52] http://www.hrw.org/en/news/2000/02/29/war-crimes-chechnya-and-response-west

2．ユーゴスラビア紛争

（1）南スラブ人

1世紀から9世紀にかけて、サルマタイ人、ゴート族、フン族、アラン人、アヴァール人、ブルガール人およびマジャル人などが黒海の周りに広がるポントス・ステップを越え西方向に移動していった際に、スラブ人も西方向に押し出され、8世紀までには、スラブ人は東ヨーロッパ平原における支配的種族となった。600年までに、スラブ人は言語の面において西スラブ、東スラブ[53]、南スラブの三派に分かれた。南スラブ人のなかで、ブルガリア人、マケドニア人、セルビア人、モンテネグロ人は、正教を受け入れ文字はキリル文字であるが、スロヴェニア人、クロアチア人は、ローマ・カトリックを受け入れ文字はラテン文字である。オスマン・トルコ帝国に支配されていた時代に、イスラム教徒に改宗したセルビア人とクロアチア人がムスリム人で、文字はラテン文字である。セルビア人、クロアチア人、ムスリム人は、歴史的経緯から宗教と使用文字が異なるが、口語では同じセルボ・クロアート語で、もともと同じ南スラブ人であり、同胞同士で戦争をすることは悲劇としかいいようがない。

「多民族国家」のユーゴスラビアは第二次世界大戦ではドイツ、イタリアに支配されていたが、共産主義者のヨシップ・ブロズ・チトーに率いられたパルチザン勢力が、独力でナチス・ドイツを撃退し独立を達成した。このため、ユーゴスラビアは東側陣営に属したが、他の東欧諸国とは違い、ソ連の衛星国ではない独自の自主管理社会主義国家としての地位を保った。1980年にチトーが死去するまで45年間、ユーゴスラビアは東欧諸国の中でもっとも自由な社会主義国であり、セルビア人、クロアチア人、スロヴェニア人、モンテネグロ人、マケドニア人、ムスリム人、ハンガリー人[54]、アルバニア人[55]は、仲良く同じ職場で働き、相互で結婚もしてきた[56]。

---

[53] 西スラブのポーランド人、チェコ人、スロヴァキア人はローマ・カトリック（ただし、チェコ人の60%は宗教的メンタリティを持たない）で、文字はラテン文字である。東スラブのロシア人、ウクライナ人、ベラルーシ人は正教徒で、文字はキリル文字である。

[54] セルビア共和国の北部を占めるヴォイヴォディナ自治州を中心に約28万人のハンガリー人がいる。

[55] インド・ヨーロッパ語族系の古代民族イリュリア人の子孫とされる。

[56] ユーゴスラビア紛争が始まってから、相互で結婚していた人たちが居たたまれなくなって自殺したケースも多く伝えられた。

（2）民族主義キャンペーンの開始

1980年代後半、ソ連国内においてはゴルバチョフの指導による民主化が進み、東欧でも民主化が広がると、ユーゴスラビアにおいても共産党による一党独裁を廃止して自由選挙を行うことを決定した。ユーゴスラビアの各共和国ではセルビア共和国共産主義者同盟幹部会議長のスロボダン・ミロシェヴィッチや、クロアチアの第二次世界大戦中にユーゴスラビア共産主義者同盟に入党しパルチザンに参加していたフラニョ・トゥジマンが1989年に極右・排外主義的なクロアチア民主同盟（HDZ）を創設し、両者ともに民族主義キャンペーンで政権維持を図り始めた。セルビア共和国では大セルビア主義を掲げたミロシェヴィッチが大統領となり、アルバニア系住民の多いコソヴォ自治州で、セルビア人が虐待を受けているとの民族主義キャンペーンを行い、コソヴォ自治州の併合を強行しようとすると、コソヴォのアルバニア系住民は反発して1990年7月に独立を宣言し、これをきっかけに内戦状態となった。クロアチアの大統領になったトゥジマンはセルビア共和国内でクロアチア人が虐待されているという民族主義キャンペーンを行い、クロアチア共和国とセルビア共和国は内戦状態となった。

イグナティエフ[57]は、マックス・ウェーバー[58]のいうところの国家の「正当な物理的暴力」を独占する力が弱くなると、人々は生き残りの不安を感じるようになり、それまであまり意識しなかった他人との違いに敏感になる。たとえば警察官がある人を逮捕する場合も「警察官がクロアチア人でその人がセルビア人だから逮捕するのではないか」というように警察や裁判所は公正ではないと思われるようになる。こうしてセルビア人たちは同じ民族で集って、国家の行使する「不当な」暴力に武装して抵抗するようになり、国外のセルビア人にも助けを求めるようになり、これが1990年にクロアチアで起こったことにほかならないとした[59]。これは国家の崩壊が民族紛争を引き起こしたとする見方であるが、筆者は、

---

[57] Michael Ignatieff（1947年 - ）カナダの政治学者、政治家。カナダ・トロント生まれのロシア系カナダ人。カナダ下院議員。2009年5月2日より自由党党首。

[58] Max Weber（1864年 - 1920年）ドイツの社会学者・経済学者。『プロテスタンティズムの倫理と資本主義の精神』（1904年 - 1905年）は、西洋近代の資本主義を発展させた原動力を、主としてカルヴィニズムにおける宗教倫理から産み出された世俗内禁欲と生活合理化であるとした。この論文は大きな反響と論争を引き起こし、特に当時のマルクス主義における宗教は上部構造であって下部構造である経済に規定されるという唯物論への反証としての意義があった。

[59] イグナティエフ（2003年）参照。

セルビアのミロシェヴィッチやクロアチアのトゥジマンのように民族主義キャンペーンで政権維持を図り、経済格差などの経済問題や一党独裁制などの政治問題などを人為的な民族主義的キャンペーンで民族問題にすり替え、人為的な民族主義キャンペーンが国家を崩壊させたとみている。

ユーゴスラビアは北部のスロヴェニアとクロアチアが経済的に豊かで、南部のコソヴォ自治州やマケドニア共和国が貧しく、北部の税収が南部での支出に使われてきたことをスロヴェニアとクロアチアの民族主義者は快く思わず、EU 加盟基準をクリアするためにも経済的な発展が遅れた南部を切り離し、自共和国だけで加盟しようとするインセンティブが働いていた。EU と米国は、「ユーゴスラビアからの分離独立の動きには制裁を加える」（ベーカー国務長官）との立場であったが、1991 年 6 月、スロヴェニアとクロアチア両共和国はユーゴスラビアからの独立を宣言し、ドイツが単独で独立承認した[60]ため、なし崩し的に EU と米国も独立を支持するに至った。

旧ユーゴスラビア問題担当・国連事務総長特別代表であった明石康氏は「ユーゴスラビアの紛争が長期化した原因は、ドイツによる不適切なクロアチアの独立承認にある」と述べている[61]ように、ユーゴスラビア内戦の責任の一端は、ドイツを始めとする EU 諸国および米国にあるといわざるをえない。

（3）紛争の拡大

1991 年のスロヴェニア紛争（10 日間戦争）に始まり、1991 年～1995 年のクロアチア紛争、1992 年～1995 年のボスニア・ヘルツェゴビナ紛争（ボスニア紛争)、1999 年～2000 年のコソヴォ紛争、2001 年のマケドニア紛争と続いた。

ボスニア紛争では、1993 年春、ムスリム人勢力とクロアチア人勢力の間でも対立が生じ、クロアチア人勢力は同年 8 月にヘルツェグ＝ボスナ・クロアチア人

---

[60] 第二次世界大戦中からドイツとクロアチアは関係が深い。クロアチアのファシズム政党であったウスタシャはアンテ・パベリッチを指導者とし、クロアチア人による独立国民国家の樹立を目指していた。パベリッチはナチス・ドイツとも関係を強化し、1941 年のユーゴスラビアに対するナチス侵攻を契機にクロアチア独立国を設立した。パベリッチは独立と同時に国家元首となり、ヒトラーやムッソリーニを真似て単一政党による独裁国家を樹立する。他の政党はすべて非合法化され、ナチスを真似た親衛隊も創設した。また国内に強制収容所を建設しセルビア人はもとよりユダヤ人やジプシー、同胞のクロアチア人の反対派を大量に逮捕・収監し、ヤセノヴァッツ収容所は「バルカンのアウシュヴィッツ」と呼ばれている。また、ウスタシャの部隊は地方でセルビア市民を虐殺した。以後 1945 年に至るまで、70～100 万人ものセルビア人が殺害されたと言われている。

[61] 千田（1999 年）参照。

共和国の樹立を宣言。クロアチア人勢力はセルビア人勢力と同盟を結び、モスタルなどではムスリム人勢力とクロアチア人勢力の間で激しい戦闘が開始された。1994 年に入ると、米国の圧力によりクロアチア人勢力が再びムスリム人勢力と同盟を結び、同年 3 月にはワシントンで、ムスリム人・クロアチア人の連邦国家が結成されることも決定され、同年 4 月には、NATO によるセルビア人勢力への空爆が実施された。

同年に明石康氏がユーゴスラビィア紛争収拾のため旧ユーゴスラビア問題担当・事務総長特別代表に就任した。明石氏は文官として国連防護軍の最高指揮権を附与されていて、平和的方法で解決すべきとし NATO による空爆に反対したため、米国が「明石降ろし」[62]を画策し、明石氏は辞任せざるをえなくなった。

ボスニア・ヘルツェゴビナでは、独立時の約 430 万人の人口のうち、民族構成の 33%を占めるセルビア人と、17%のクロアチア人・44%のムスリム人が全土で覇権を争って戦闘を繰り広げた結果、死者 20 万人、難民・避難民 200 万人が発生したほか、女性に対するレイプや強制出産などが行われた[63]。

1995 年 12 月に、パリで和平が公式に合意（デイトン合意）・調印され、クロアチア人・ムスリム人がボスニア・ヘルツェゴビナ連邦、セルビア人がスルプスカ共和国というそれぞれ独立性を持つ国家体制を形成し、この二つが国内で並立する国家連合とすることとなった。領土配分は、スルプスカ共和国が約 49%、ボスニア・ヘルツェゴビナ連邦が約 51%とされ、両国はそれぞれが独自の警察や軍を有するなど高度に分権化された[64]。

コソヴォ紛争では、アルバニア人勢力によるコソヴォ解放軍が 1997 年 7 月頃から少数派のセルビア人住民に対して殺害や誘拐などのテロ活動を行うように

---

62 元米国国連大使ジーン・カークパトリックは 2003 年 6 月、大手シンクタンク AEI が主催した講演会で「ヤスシ・アカシという人物は災禍だった。国連の歴史にも特筆される大災禍だった。アカシのためにボスニアでの平和維持活動（PKO）は歴史上でも最も効率の悪い軍事行動となってしまったのだ」と語った。

63 ボスニア政府から依頼を受けた米国の PR 企業が「民族浄化（エスニック・クレンジング）」の言葉を発掘し、虐殺の象徴として外交文書、公式発表などに多用された。NHK「民族浄化：ユーゴ情報戦の内幕」2000 年 10 月 29 日放送。米国は、セルビア人勢力がエスニック・クレンジングを行っているというキャンペーンを行い、ユーゴスラビア紛争においてセルビア人勢力を悪者とし、NATO によるセルビア空爆を行った。しかし、クロアチア人やムスリム人も虐殺、強制連行や女性に対するレイプや強制出産を行っていたという証言が多数あり、セルビア人だけが非人道的行為を行っていたとする誤った事実に基づいたキャンペーンを行いセルビア空爆を行ったことは戦争犯罪といえよう。

64 その後、スルプスカ共和国とボスニア・ヘルツェゴビナ連邦の軍は統合された。

なり、1998 年にはユーゴスラビア連邦政府は反乱を鎮定するために連邦軍（実質セルビア軍）を送り込み、コソヴォ解放軍との間で戦闘となった。1999 年 3 月、コソヴォ問題の和平交渉が行われたが、その最終段階でコソヴォだけではなくユーゴスラビア全域を実質的に占領（NATO 軍のユーゴスラビア内における全面展開と治外法権を要求）するという条項 B を NATO が提出したため、ユーゴスラビア側はこれを拒否した。NATO 軍は、和平案の拒否を口実に翌日、制裁の空爆（同盟の力作戦）を行った[65]。2000 年にセルビア軍はコソヴォから撤退し、和平協定に基づき国連コソヴォ暫定行政ミッション（UNMIK）が設置されたが、アルバニア人住民のセルビア人住民に対する報復による迫害が起こり、セルビア人住民の多くがコソヴォを追い出されて難民となった。

（4）紛争の後始末

これまでの戦争や紛争では、戦争犯罪人が適切に裁かれないケースが圧倒的に多く、裁かれたとしても、第二次世界大戦後の東京裁判やニュルンベルグ裁判のように、勝者が敗者を裁く形がほとんどであった。こうしたなか、国際刑事裁判所を設置して、戦争犯罪を公正かつ適切に裁くべきという要請が高まり、1993 年に安保理の決議で旧ユーゴスラビア国際戦争犯罪法廷（ICTY）が設置され、ミロシェヴィッチの戦争犯罪が裁かれた[66]。

東欧は民族が混住しており、どこで国境線を引いても、国境線の内側に異民族を抱え、国境線の外側に自民族を取り残すことになり、新たに国境線を引くことによってでは問題は解決しえないのであり、国際社会は安易に分離独立を認めるべきではない。経済格差の問題や一党独裁制の問題などを人為的な民族主義的キャンペーンで民族問題にすり替えて政権維持を図り、我先に EU 加盟を実現しようとし、ドイツによるクロアチアとスロヴェニアの不適切な独立承認がユーゴス

---

65 空爆はセルビア全土におよび、セルビア人難民の車列を攻撃し、中国大使館を“誤爆”し、NATO の攻撃に対する批判が高まった。空爆はミロシェヴィッチ大統領が和平案を受け入れる同年 6 月まで継続した。元サッカー日本代表監督であったイビチャ・オシムは、ボスニア出身。父方の祖父母はドイツ系で、母方は祖父がポーランド人、祖母はチェコ人である。少年時代から所属したチームも、ボスニアに住む諸民族が一緒にプレーしている環境であった。オシムはユーゴスラビア分裂後の民族分類では「クロアチア人」であるが、本人はそういう区分を嫌っている。愛称はドイツ人を意味する「シュワーボ」。

66 ICTY の設置には、セルビア系のユーゴスラビア人民軍による拷問・虐殺の証拠を収集した米国ボストンを拠点に活動している NGO の人権のための医師の会（PHR）が大きな役割を果たした。目加田（2004 年）pp.19-20.

ラビアの民族紛争を激化させたのであり、ミロシェヴィッチらセルビア人だけを戦犯として片付けるべきではないであろう。

3．中国における地域紛争

（1）チベット問題

清国の滅亡以来、中華民国歴代政権は独立国として存在していたチベットを「中国の一部分」だとする主張を行っていたが、1949 年に中国共産党が国共内戦に勝利して中華人民共和国を建国し、無宗教の社会主義国家を樹立するとともに、中国歴代政権の主張を踏襲し、1950 年に中国人民解放軍による軍事行動を発動しチベットを軍事制圧した[67]。

チベットでは 1956 年より武装蜂起が開始され、チベット動乱が勃発し、中国人民解放軍は反撃を開始した。1959 年には、ダライ・ラマ 14 世は、ラサを脱出し、「チベット臨時政府」の樹立を宣言し、インドへ亡命した。

中華人民共和国とチベット亡命政府は、1970 年代末以降、接触が再開され、チベット側は「完全なる独立」を取り下げ、「中国主権下の完全な自治」、「チベット全域を単位としたチベット人の自治行政単位の設定」などの主旨で妥協する提案を何度か行っているが、中華人民共和国側はこれを「形を変えた独立の主張」だとして拒否した[68]。

改革開放政策がはじまった 1980 年代初頭、チベットの惨状[69]に驚愕した胡耀邦総書記の指示により本格的な経済支援が開始された[70]。しかし、これは民族問題を封じ込めるための懐柔策だという見方が多い。2002 年の段階でのチベット自治区の人口比はチベット族 91%、漢族 6%であったが、漢人の移民を故意に実行し、現在ではチベットにおける漢人とチベット人の人口比率は逆転している。

---

67 中華人民共和国政府は、同地で展開された「民主改革」について、「封建農奴制」を覆し、「100 万農奴」に「解放」をもたらしたと評価している。

68 http://www.tibet.com/Proposal/talks.html

69 チベットの 1990 年の 1 人当たり GDP は 80 ドル、大人の識字率は 21.7%、平均寿命は 40 才。
http://www.tibet.com/WhitePaper/white6.html

70 この支配を進める一環として、2006 年 7 月 1 日に「青蔵鉄道」（全長 1,956 キロ）が全線開通した。「中華人民共和国チベット自治区」ラサと青海省のゴルムド区間 1142 キロ。鉄道の最高標高は 5,072 メートル、海抜 4,000 メートルを超える区間が 960 キロに達した。亡命政府側は、同化政策の強化と見て批判している。

ダライ・ラマ14世がラサを脱出して30周年にあたる1989年3月には、大規模な抗議運動が暴動にまで発展し、多くの死傷者を出した。2007年8月に四川省のチベット族居住地区で行われた祭りで、民衆と警官隊が衝突した。2008年3月には、デプン寺の僧侶によるデモに始まる抗議運動が、大規模な暴動に発展し、チベット亡命政府は死者数203人、負傷者は1千人以上、5,715人以上が拘束されていると発表し[71]、同年8月の北京五輪を前に、聖火リレーを妨害する行動も世界各地で繰り広げられた。

（2）新疆ウイグル自治区問題

新疆ウイグル自治区[72]設置直後に開始された大躍進政策とその影響による飢饉のため、中国全土で数千万人ともいわれる大規模な死者を生み出した。1962年には、中国共産党による支配に絶望した国境地帯の住民7万人以上がソ連領内に逃亡した。また、1966年には自治区内に文化大革命が波及し、モスクの破壊や紅衛兵同士の武装闘争により、混乱に拍車がかかった。文化大革命が終結し、言論統制の緩和がなされた1980年代には、ウイグル人住民の中で、新疆における民族自治の拡大や中華人民共和国からの独立を唱える動きが見られたが、1989年の天安門事件以降、当局の厳しい監視・取り締まりの対象とされてきた。

新疆における騒乱事件としては、1997年に起きたグルジャ市での大規模な官民衝突、2008年3月のホータン市での抗議デモ、2009年7月のウルムチ市での

---

71 http://s03.megalodon.jp/2009-0510-1843-44/www.asahi.com/special/080315/TKY200804290234.html

72 新疆ウイグル自治区は、中華人民共和国の西端にあるウイグル族の民族自治区である。伝統的には、テュルク系民族が多いことから「テュルク人の土地」を意味するトルキスタンと呼ばれ、中央アジアの文化圏に属してきた。一方で、中国から西域と呼ばれたこの地域は中国との政治的・経済的な繋がりも古くから有しており、漢代と唐代には、中国の直接支配下に置かれた時期もあった。唐代後期、ウイグル帝国の支配下に入り、9世紀、ウイグル帝国が瓦解した後も、ウイグル人の残存勢力による支配が続いた。13世紀、モンゴル帝国の勃興によりその支配下に組み込まれ、16世紀にヤルカンド汗国が地域を統一したが、17世紀末ジュンガルに征服された。18世紀、清のジュンガル征服にともなってその支配下に入るに至り、「ムスリムの土地」を意味する「回疆」、「新しい土地」を意味する「新疆」などと清朝側から呼ばれた。19世紀には各地で反清反乱が相継ぎ清朝の支配は崩れたが、再征服され、1884年に中国内地並の省制がしかれて新疆省となった。辛亥革命の後、中華民国に属しながらも、漢民族の省主席によって半独立的な領域支配が行われ、1933年と1944年の二度にわたって土着のムスリムによって民族国家東トルキスタン共和国の建国がはかられた。国共内戦後の1949年に再び共産党との和平交渉で中国に統一され、1955年に新疆ウイグル自治区が設置された。人口1,963万人の民族構成（2000年）は、ウイグル族45%、漢民族41%、カザフ族7%、回族5%、キルギス族0.9%、モンゴル族（オイラト）0.8%などである。自治区の北部、東部を中心に居住する漢族は、1950年代以降に入植した住民が大半を占め、急速にその数を増やしている。様々な民族が居住する多民族地域であり、自治州、自治県など、様々なレベルの民族自治区画が置かれている。

ウイグル騒乱がある[73]。

ウイグル族にすれば、北京の政権により核実験場[74]にされ、石油資源[75]は持ち去られていると映る。一方の漢族も、胡耀邦総書記時代の少数民族の優先雇用（比率6割）や漢族幹部の任用制限（同1割）を「新疆6ヵ条」として導入されたウイグル族への「優遇策」に対して不平等だと感じる[76]など、双方の民族が不満を抱いている。

第3節　植民地主義の負の遺産によるアフリカの紛争

19 世紀後半には、リベリアとエチオピアを除いてヨーロッパ諸国によるアフリカ分割が行われ、西アフリカの小王国が滅ぼされた。このとき植民地主義のアフリカ分割の産物として国境線が民族や宗教に関係なく勝手に引かれ、1960 年の「ブラック・アフリカ」の独立後、部族紛争の原因ともなった。経済的自立を実現しなければならないが、モノカルチャーなど植民地支配の負の遺産を抱えた独立国の課題は山積し複雑である。列強の「分割して支配せよ」政策による部族的対立の助長などの諸要因によって、アフリカの民族形成は、正常な発展のコースを阻まれて奇形化され、民族は独立闘争の過程、あるいは国家的独立の後に形成されつつある状態である。

---

[73] 2009 年のウイグル騒乱は、同年6月末、広東省韶関市の玩具工場の従業員寮にて、漢族の女性従業員がウイグル人の男性同僚から性的暴行を受けたとの噂がきっかけとなり、漢族、ウイグル人の従業員の間で大規模な乱闘が発生し、2名のウイグル人が死亡し、118 名が負傷した事件が契機になった。事件の公正な解決を求めるウイグル人が、7月5日にウルムチ市内で当局への抗議デモを始め、およそ 3,000 名がデモに参加した。デモを鎮圧しようとした治安部隊との間で衝突が発生し、デモ隊の一部は暴徒となって、車輌破壊、放火、漢族住民の襲撃を行った。7月7日には、棍棒や刀で武装した漢族の集団が数百人規模で示威行動を行い、一部がモスクやウイグル人の住居を破壊した。中国当局の発表では、死者 192 名、負傷者 1,721 名に上る犠牲者を出したとしている。http://www.recordchina.co.jp/group/g33473.html

[74] 新疆ウイグル自治区ではロプノール核実験場の付近を中心に、1964 年から 46 回の中国による核実験が行われており、放射能汚染による地域住民の健康状態や、農作物への被害が指摘されている。高田（2008 年）参照。

[75] 新疆は石油と天然ガスの埋蔵量が豊富で、これまでに 38ヵ所の油田、天然ガス田が発見され、5大精油工場で原油精製も行われている。新疆の石油と天然ガスの埋蔵量は、それぞれ中国全体の埋蔵量の 28%と 33%を占めており、今日では油田開発が新疆の経済発展の中心となっている。資源開発の影響でウルムチは一人当たりの GDP が 43,221 元と GDP が高い。西部大開発政策開始以降は、パイプライン敷設や送電線建設などが活発化している。石油とガス開発以外にも、今日の新疆では鉄鋼、化学、機械、毛織物、皮革工業が発達し、新疆に道路を中心とする交通網が整備され、1990 年にはカザフスタンの鉄道に接続されたことで、中国各省と中央アジアを結ぶ鉄道の大動脈が通っている。

[76] http://sankei.jp.msn.com/world/china/090713/chn0907130032001-n1.htm

表1　主なアフリカにおける内戦・部族紛争

時期	内戦・紛争名
1955年-1972年	第一次スーダン内戦
1960年	チャド内戦
1960年-1966年	コンゴ動乱
1960年-1980年	ローデシア紛争
1967年-1970年	ナイジェリア内戦（ビアフラ戦争含む）
1974年-1991年	エチオピア内戦
1975年-1992年	モザンビーク内戦
1975年-2002年	アンゴラ内戦
1980年-2006年	カザマンス紛争（セネガルのカザマンス）
1981年-1986年	ウガンダ内戦
1983年-2005年	第二次スーダン内戦
1987年-継続	神の抵抗軍の反乱（ウガンダ、スーダン、コンゴ民主共和国、中央アフリカ共和国）
1989年-1996年	第一次リベリア内戦
1990年-1993年	ルワンダ内戦
1991年-継続	ソマリア内戦
1991年-2002年	シエラレオネ内戦
1996年-1997年	第一次コンゴ戦争
1996年-2003年	第二次リベリア内戦
1998年-1999年	ギニアビサウ内戦
1998年-2003年	第二次コンゴ戦争
2002年-2007年	コートジボワール内戦
2003年-継続	ダルフール紛争（スーダン）
2004年-2007年	中央アフリカ共和国内戦

これらの植民地支配の負の遺産を克服することができず、独立以降に部族紛争が多発し、ルワンダ、コンゴ、シエラレオネ、ソマリア、スーダンのダルフールなどで内戦や紛争が起こっている。植民地支配の負の遺産による部族紛争であるにもかかわらず、旧宗主国や国連を中心とした紛争解決は消極的なものに留まってきた。このため、アフリカ諸国の自主的発展のために、国境を越えたアフリカ全体の統一を志向するパン・アフリカニズムが提唱されている[77]。

[77] 斉藤（1981年）p. 139.

1．ルワンダ内戦

CIAによると、ルワンダの84%がフツ、15%がツチ、1%がトワ（ピグミー）[78]、隣国ブルンジの85%がフツ、14%がツチ、1%がトワ（ピグミー）[79]である。しかし、フツ族とツチ族は同じ言語を話し、結婚もし、多くの共通の文化的特徴を共有している。伝統的に2つの集団の違いは民族性よりも職業にあり、農業に従事しているのがフツ族、牛を所有しているエリートがツチ族である。ツチ族は背が高く痩せていて色白で、フツ族は背が低く黒く角ばっているが、一概にはいえない[80]。

ルワンダは第一次世界大戦まではドイツ、第一次世界大戦以降はベルギーの植民地であった。ドイツ人とベルギー人の植民地開拓者がやってきた時に、ルワンダは同じ言語、同じ政治システム、同じ宗教を共有している一つの民族であった。ベルギー人は高度に組織された地域社会のシステムを見つけ、彼らに親しみのある主人としもべの枠組みの方法で、「10頭以上の牛を所有している者は誰でもツチ、それより少ない者は誰でもフツ、トワについては、トワはトワ、以上。」と説明した。10頭以上の牛を所有している者を支配者の地位に据え、ギャップを設け、ツチ族の首長たちの息子たちを指導者にするために教育し強化した[81]。このようにして、植民地下で少数派であるツチ族を君主および首長などの支配層とする間接支配体制が築かれた。

1962年の独立の前にツチ族とベルギーとの関係が悪化し、ベルギーは国連からの関係改善の勧告を無視し、社会革命としてフツ族による体制転覆を支援した。ツチ族は報復を恐れて近隣諸国に脱出し、ウガンダのツチ系難民がルワンダ愛国戦線（RPF）を組織して、ウガンダを拠点にフツ族のハビャリマナ政権に対する反政府運動を活発化させ、1990年10月にはRPFがルワンダ北部に侵攻し、内戦が勃発した。1993年に和平合意に至るが、1994年4月にフツ族の大統領が暗殺と思われる飛行機事故で死亡した事を発端に対立が再燃した。国連が介入して

---

78 https://www.cia.gov/library/publications/the-world-factbook/geos/rw.html#People
79 https://www.cia.gov/library/publications/the-world-factbook/geos/by.html#People
80 Saumitra Sen (2006-10-30). "Invasion Theories". 2006-10-31 http://www.ivarta.com/columns/OL_060130.htm
81 Joseph Mutaboba. "I am Rwandese (at bottom of page)". New Internationalist. 2006-10-31 http://www.newint.org/issue260/keynote.htm

停戦となるが、政府軍と暴徒化したフツ族によって、7月までのおよそ100日間に80万人から100万人のツチ族と穏健派のフツ族が殺害されたと見られている。また大量の難民が周辺国に流れ込み、国際問題となった。1994年、国連安全保障理事会は、ルワンダ新政府（ツチ族主導）の要請を受けて、ルワンダ領域内及び隣接諸国においてジェノサイドや非人道行為を行った者を訴追・処罰するためのルワンダ国際刑事裁判所を設置、現在も審理が続いている。

2．ダルフール紛争

1821年にイギリスの保護下にあったエジプトが、スーダン北部を征服し、エジプトとイギリスの両国による共同統治下に置かれた。1924年以降、イギリスが南北を分断統治し、マラリアなどの予防の名目で北緯8度以北の者が南、北緯10度以南の者が北に行くことはどちらも違法とされたことも分裂の基となった。1924年以降、北部を中心に独立運動が続けられ、1954年自治政府が発足し、1956年1月に独立したが、独立運動の主体および自治政府が北部のイスラム教徒中心であったため、1955年に南北内戦が勃発し、北部のアラブ系イスラム教徒と南部の主に黒人の非アラブ系（主にアニミズム、一部キリスト教徒）が戦い、1972年から1983年の停戦期間を除いて、戦闘が2002年の休戦宣言まで続けられた。

2003年の包括和平協定では北部のスーダン統一政府と、南部の反政府グループにより樹立された暫定南スーダン政府との間で国家の歳入（主には石油収入）を分け合うことが合意された。しかし、この合意はスーダン西部のダルフール地方の活動家たちの非アラブ系民族の公正な扱いの要求を満たすものではなかったため、2つの地域の反政府集団、正義と平等運動（JEM）とスーダン解放運動/軍（SLM/A, ダルフール解放戦線、DLFから改称）が、政府による非アラブ人への圧力を非難した。これを契機に、スーダン政府軍とスーダン政府に支援されたアラブ系によるジャンジャウィードと呼ばれる民兵の反撃が、地域の非アラブ系住民の大規模な虐殺や村落の破壊に発展した。

2004年7月23日に、アメリカ上院および下院は、スーダンのダルフール地域の武力紛争をジェノサイドであると宣言し、それに終止符を打つ国際的な努力を結集するようにブッシュ政権に要求する両院合同決議を承認した。しかしながら、ブッシュ政権は、ダルフール紛争をジェノサイドであると考えなかった。コフィ・アナン国連事務総長（当時）は、紛争を「人道的に悲劇な状況」と呼んだが、ジェノサイドあるいは民族浄化とまだ呼ばなかった。紛争の終結には少なくとも15,000 人の兵士が必要と見られていたが、ルワンダ内戦の時と同様、アフリカの紛争にはアフリカ連合（AU）を除き、どの国も兵士を送ろうとはしなかった。

2006 年 8 月 31 日、国連安保理は安保理決議 1706 号により、国連スーダン派遣団(UNMIS)を増派しダルフールにも 17,300 人の平和維持軍を派遣することを採択し、やっと国連による介入が開始された。ジェノサイドであるかどうかに時間を割き、目の前で行われている虐殺を見て見ぬ振りをする国際社会の対応は、ルワンダ内戦の時と同様、迅速な対応ができない国連の機構上の欠陥を露呈している。

国際刑事裁判所（ICC）は 2009 年 3 月 4 日、戦争犯罪と人道に対する罪でバシル・スーダン大統領に逮捕状を発行した。

過去の歴史において、異民族を支配し、社会権や自由権を奪うことがあっても、過去をやり直すことはできない。旧宗主国が植民地支配の負の遺産を取り除き、対等な関係を構築し、経済的・政治的・社会的問題を解決していくことができるようにすることが必要で、同時に、国連を中心とした積極的な紛争防止が新たな国際秩序形成に必要といえよう。現在においても、これら少数民族との間で支配・被支配、差別・被差別という関係の有無が問題なのであり、そのような関係がないのであれば、民族分離・独立運動は起こらない。これは、多民族国家である米国や EU の統合においても当てはまることである。

第 6 章　人権・人道問題

パレスチナ難民キャンプ
Source: https://www.unrwa.org/

はじめに

人権は本来普遍的な概念であり、世界中のどの国においても一律に保障されなければならないものであり、国際人権法が定立されてきている。第一次世界大戦後、国際連盟と国際労働機関（ILO）が設立され、労働者の権利などの限られた分野であるが、人権の組織的保障制度が作られ、第二次世界大戦後、国連が設立されてからは、人権の国際的保障が包括的に行われるようになった。また、武力紛争や自然災害によって命の危険にさらされている人々の生命および尊厳を守るためのものとしては、国際人道法が定立されてきた。本章では、これらを考察するとともに、具体的な事例として、パレスチナ難民、イラク戦争、ダルフール紛争、脱北者、チベット問題、新疆ウイグル自治区問題、シリア難民問題、日本の「難民鎖国」状態などを考察する。

1．国際人権法

（1）国際連合の人権保障制度

1948 年 12 月 10 日、国際連合は、世界人権宣言を採択して宣言した。これは、国際社会に於ける人権の基本原則を定義しており、加盟国に対して人権の基準の雛形を提示している。

世界人権宣言の第 5 条は、「何人も、拷問又は残虐な、非人道的な若しくは屈辱的な取扱若しくは刑罰を受けることはない。」とし、拷問や死刑の廃止を規定している。

世界人権宣言第 25 条は、「何人も、衣食住、医療および必要な社会的施設を含め、自己および自己の家族の健康と福利のためにも十分な生活水準を享有する権利を有し、かつ、失業、疾病、能力喪失、配偶者の喪失、老齢または不可抗力によるその他の生活能力の喪失の場合に、保障を受ける権利を有する。・・・母と子は、特別の保護と援助を受ける権利を有する。すべての児童は、嫡出であると否とにかかわりなく、同一の社会的保護を享有する。」と、社会権を具体的に規定している。

しかし、これらの社会権は、天からの贈り物として享受できるわけではなく、闘いによって勝ち取られなければならない。たとえば、レーガン政権時代の国連大使であるジーン・カークパトリックは、世界人権宣言第 25 条について「サンタクロースへの手紙」のようなものだと述べ、さらに「自然も、経験も、もっともらしさも、これらすべての『権利』を根拠づけるものではない。これらの『権利』リストは、そのような『権利』をつくった人物の考えと欲求を表現しているだけであって、それ以外に何の意味もなさないものである」と切り捨てていた。こういった時代錯誤の反動的な考え方に対して、NGO のスーザン・ジョージ[1]は、「世界は今や、現実に、『世界人権宣言』第 25 条で記された権利のすべてを、地球全体に実現できるほど豊かになっているし、これは作り話などではないということをカークパトリック女史に伝える時がきたのである。これを実現するための手段は、国際的な課税、正真正銘の発展途上国に対する債務免除、タックス・ヘブン（租税回避地）への断固たる措置、そして税金を払っていない企業や富裕層からの未払い税金の当然の回収である」[2]と具体的な手段も提案している。

世界人権宣言第 21 条第 3 項は、「人民の意思は、統治の権力の基礎とならなければならない。この意思は、定期のかつ真正な選挙によって表明されなければならない。この選挙は、平等の普通選挙によるものでなければならず、また、秘密投票またはこれと同等の自由が保障される投票手続によって行わなければならない」と、主権在民の原則を謳っている。

世界人権宣言第 19 条は、「すべて人は、意見及び表現の自由に対する権利を有する。この権利は、干渉を受けることなく自己の意見をもつ自由並びにあらゆる手段により、また、国境を越えると否とにかかわりなく、情報及び思想を求め、受け、及び伝える自由を含む」と規定している。これに基づき、政治学者のダイアモンド[3]は、「真の主権は、国家を支配している政権にあるのではなく、その国の市民にある。市民が支配政権を拒否する意思を明確に示したならば、ほかの民主的な政府や組織は、その市民の政治的希求の実現を支援することが正当化され

---

[1] Susan George (1934 年 -　) 国際 NGO の ATTAC France (Association for Taxation of (financial) Transactions to Aid Citizens)の名誉代表。オルター・グローバリゼーションの国際的市民運動の理論的リーダー。

[2] ジョージ（2004 年）pp. 176-177.

[3] Larry Jay Diamond（1951 年 -　）米国の政治学者。専門は比較政治学、民主主義論、民主化論。スタンフォード大学フーバー研究所上級研究員。イラク連合国暫定当局のアドバイザーをはじめ、米国国務省や米国合衆国国際開発庁といった政府機関、また国際連合や世界銀行などの国際機関による民主化支援にも関わっている。

る」[4]と論じている。これは、絶え間ない紛争や独裁制により国民の生命や人権を守れないような政府の場合には、国際社会がそれらの市民の政治的希求の実現を支援することによって問題を解決する必要性を示している。

このほか、あらゆる形態の人種差別撤廃に関する国際条約（人種差別撤廃条約）、女子に対するあらゆる形態の差別の撤廃に関する条約（女子差別撤廃条約）、拷問及び他の残虐な、非人道的な又は品位を傷つける取扱い又は刑罰に関する条約（拷問等禁止条約）、児童の権利に関する条約（子どもの権利条約）が結ばれてきている。

途上国に住む人々の半分以上が、選挙を経ていない政府の下で、まともに機能する司法、報道の自由、軍に対するシビリアン・コントロールなどに欠けた社会で暮らしていて、社会権や自由権が保障されておらず、途上国に対する国際社会のODAのあり方も見直しが必要である。選挙で選ばれていない政府への援助は、それが民主的な制度の強化に直接かつ明白な貢献をするときに限る必要がある。デビッド・コーテンは、「強権的な政府の下で暮らす民衆を受益者とする援助は、その援助が民衆を利するためのものであって独裁的な支配者を利するためのものではないことを明確にするため、第一義的には NGO を通じて行う」[5]ことを主張している。

（2）人権外交

米国による人権外交の戦略は1970年代に始まった。初期の人権外交は、米ソ冷戦の一環としてソ連の人権侵害を非難するもので、米国のネオコンがジャクソン上院議員らに提案させたソ連のユダヤ人弾圧を制裁する「ジャクソン・バニク修正法」（1974年）が初期の人権外交の典型である。カーター米大統領は、人権外交を標榜しながら、大した果実を得られなかった。

人権外交が、米国の利権獲得だけでなく、世界にとってある程度の安定をもたらすという効果をあげていた1990年代までは、国際社会は、米国の人権外交を容認もしくは支持していた。たとえば1980年代には、アパルトヘイト政策を続ける南アフリカの白人政権を、経済制裁によって窮地に陥らせ、多数派である黒

---

[4] Diamond (1989) pp. 141-163.
[5] コーテン（1995年）pp.219-220.

人への政権移譲と黒人の地位向上を実現した。

しかし、すでに 1993 年にウィーンで開かれた国連人権会議において、欧米諸国は普遍的な基準を標榜することによって、現実には「人権帝国主義」を実行している、と数ヵ国の代表は論じていた[6]。ジョージ・W・ブッシュ政権になってからの 6 年間は、米国の人権外交は世界を混乱させるばかりとなり、世界の反発を受けるようになった。イラク・イラン・北朝鮮を名指しした 2002 年のブッシュ大統領の「悪の枢軸」発言は、ブッシュ政権の人権外交の象徴であり、イラクは米軍の侵攻で 100 万人以上が犠牲となり、フセイン政権時代の弾圧より、米軍による殺戮や人権侵害の方がひどいという結果になっている。ブッシュ政権は、2005 年には、イラン、北朝鮮、キューバ、ミャンマー、ベラルーシ、ジンバブエの 6 ヵ国を「圧政国家」として名指しし、米国が政権転覆（強制民主化）したい対象国に指定した。

「イラク、シリア、リビアにおける体制転覆やラテン・アメリカにおける体制転覆を支援する暴力の歴史から米国は何かを学ぶべきである」とし、ベネズエラに対する米国によって支援されたクーデター策謀を非難する公開質問状がチョムスキー教授ら 70 名を超える学者によって公表されている[7]。トランプ政権は、米国が著しい人権侵害をし続け、人道危機を引き起こしてきたことを認識すべきであろう。

2．国際人道法

武力紛争時や自然災害時などの緊急事態において、命の危険にさらされている人々の生命および尊厳を守るために救援するという「人道の原則」がある。この原則により、武力紛争や自然災害から逃れてきた難民や被災民に対して、緊急に物的な援助を与える「人道援助」が行われる。人道援助は、すべての人の生命および尊厳を尊重するという観点から、誰に対しても中立、公平に行われることを

---

[6] ジョージ・サベッリ（1996 年）p. 200.

[7] Chomsky, et.al. (2019)
https://www.commondreams.org/news/2019/01/24/open-letter-over-70-scholars-and-experts-condemns-us-backed-coup-attempt-venezuela

原則としている。最も狭義に捉えた場合、それには、ハーグ陸戦条約[8]とジュネーブ条約[9]に二分される武力紛争法のうち、傷病者、難船者、捕虜、文民などの武力紛争における犠牲者を保護する目的とするジュネーブ法のみを国際人道法とする見方になる。

ジュネーブ諸条約は、その遵守を確保するために、「重大な違反行為」の処罰のための国内法（普遍主義）の整備を締約国に義務づけ、各国は、国際人道法違反行為を処罰する国内法を置き、近年、ユーゴスラビア紛争やルワンダでのジェノサイドに関する訴追が行われている。

国際裁判所としては、旧ユーゴスラビア国際刑事裁判所（ICTY）、ルワンダ国際刑事裁判所（ICTR）が国連安保理の決議によって設置され活動している。普遍的なものとしては、集団殺害や人道に対する罪を犯した責任者が、国家元首の地位にあることや、上官の命令に基づいた行為であることを理由として、訴追・処罰を逃れることがないようにすることである。1998 年に初めて常設の国際的な刑事裁判所である「国際刑事裁判所（ICC）のためのローマ規程」が成立し、2003 年に同裁判所が設置された[10]。

３．難民と人道問題

（１）難民援助の取組み

難民の地位に関する条約（難民条約）が、1951 年 7 月 28 日にスイス・ジュネーブにて行われた「難民及び無国籍者に関する国際連合全権会議」において採択された。これは「難民法のマグナ・カルタ」と呼ばれる。難民の定義、難民保護

---

[8] 「ハーグ法」は、主として、1868 年の「サンクト・ペテルスブルグ宣言」や、1899 年から 1907 年にオランダのハーグにおいて慣習を法典化した国際条約、すなわち、「開戦に関する条約」、「陸戦の法規慣例に関する条約」（これに付属する「陸戦の法規慣例に関する規則」）、「陸戦の場合に於ける中立国及び中立人の権利義務に関する条約」、「海戦の場合に於ける中立国及び中立人の権利義務に関する条約」など一連のものを指す。これらの目的は、交戦国・交戦員の軍事作戦の行動の際の権利と義務を定め、国際武力紛争において敵を害する方法と手段を制約することにある。

[9] 「ジュネーブ法」は、1949 年の「ジュネーブ諸条約」およびそれに付属する 1977 年の「ジュネーブ諸条約の追加議定書」（「第一追加議定書」、「第二追加議定書」）および 2005 年の「第三追加議定書」で定められた規則の総体で、戦争犠牲者を保護し、戦闘不能になった要員や敵対行為に参加していない個人の保護を目的とするものである。

[10] ブッシュ政権に移行後は、国際刑事裁判所規程（ローマ規程）が発効する直前の 2002 年 5 月 6 日に署名を撤回している。自国軍将兵が戦闘区域での不法行為（主として非戦闘員の殺害など）により訴追される事を防ぐ為、ひいては自国の無謬性を主張する為と見られる。

表１　UNHCR 事務所登録の地域別難民数 2007 年末（Source: UNHCR (2008) Annexes ※難民と難民のような状態にある人々含む）

救護所のある国／地域	難民	難民のような状態にある人々	難民と難民のような状態にある人々の合計	そのうちUNHCR に援助されている人	救護所申請者（未決定のケース）	帰還した難民	UNHCR によって援助された国内避難民※	帰還した国内避難民	無国籍の人々	その他	ベネズエラ難民	合計
中央アフリカ	1,100,052	15	1,100,067	673,610	21,895	109,371	1,693,797	1,005,000	-	-	-	3,930,130
東アフリカ、アフリカの角	815,176	11	815,187	733,917	30,265	132,941	3,485,992	663,834	100,000	-	-	5,228,219
南アフリカ	181,192	-	181,192	88,480	186,761	12,071	-	-	-	473	-	380,497
西アフリカ	174,726	8	174,734	163,619	13,352	48,259	709,048	180	-	-	-	945,573
アジア・太平洋	2,674,157	1,151,018	3,825,175	2,162,084	36,788	375,942	793,200	226,577	1,598,655	61,642	-	6,917,979
中東・北アフリカ	2,653,951	67,571	2,721,522	504,462	36,912	45,470	2,532,865	166,000	591,083	-	-	6,093,852
ヨーロッパ	1,580,212	5,071	1,585,283	138,255	251,461	6,520	1,525,415	8,527	647,564	6,500	-	4,031,270
南北アメリカ	499,920	487,590	987,510	35,927	162,552	28	3,000,000	-	13	-	-	4,150,103
その他	-	-	-	-	-	38	-	-	-	-	-	38
合計	9,679,386	1,711,284	11,390,670	4,500,354	739,986	730,640	13,740,317	2,070,118	2,937,315	68,615	-	31,677,661

表２　UNHCR 事務所登録の地域別難民数 2018 年末（Source: UNHCR (2019), p.68. ※難民と難民のような状態にある人々含む）

救護所のある国／地域	難民	難民のような状態にある人々	難民と難民のような状態にある人々の合計	そのうちUNHCR に援助されている人	救護所申請者（未決定のケース）	帰還した難民	UNHCR によって援助された国内避難民※	帰還した国内避難民	無国籍の人々	その他	ベネズエラ難民	合計
中央アフリカ	1,445,672	3,743	1,449,415	-	69,302	90,425	5,996,236	373,899	974	36,007	-	8,016,258
東アフリカ、ア	4,348,754	-	4,348,754	-	128,377	232,169	9,171,461	-	18,500	231,310	-	14,130,571
南アフリカ	210,956	-	210,956	-	274,827	8,972	-	8,845	-	24,043	-	527,643
西アフリカ	326,287	-	326,287	-	11,718	9,520	2,491,387	200,882	692,115	27,248	-	3,759,157
アフリカ合計	6,331,669	3,743	6,335,412	-	484,224	341,086	17,659,084	583,626	711,589	318,608	-	26,433,629
アジア・太平洋	4,160,040	54,565	4,214,605	-	176,332	17,761	2,686,705	606,864	2,229,401	570,573	-	9,470,606
中東・北アフリ	2,649,792	42,917	2,692,709	-	283,845	211,013	10,301,960	1,122,239	370,761	12,987	-	14,995,514
ヨーロッパ	6,441,542	33,020	6,474,562	-	1,247,229	54	2,715,426	197	533,340	71,652	-	11,042,460
南北アメリカ	534,498	108,776	643,274	-	1,311,654	23,900	8,061,972	-	6,892	209,090	2,592,948	12,849,730
合計	20,117,541	243,021	20,360,562	-	3,503,284	593,814	41,425,147	2,312,926	3,851,983	1,182,910	2,592,948	74,791,939

のための行政措置、ノン・ルフルマンの原則（送致・送還の禁止の原則）が定められた。ただし、この条約は対象地域を欧州に限定することができ、対象となる難民も 1951 年 1 月 1 日前に発生したもののみに限定されていた。

「難民の地位に関する条約」の対象の難民は、「人種・宗教・国籍・政治的信条などが原因で、自国の政府から迫害を受ける恐れがあるために国外に逃れた者」とされている。これは政治難民（political refugee）と呼ばれる。しかし難民のもともとの定義は政治に限定されているわけではない。歴史的には天災、飢餓や伝染病、国内外の紛争から逃れるために住む場所を追われた者が難民（もしくは流民、displaced person）の多数を占めた。これらの災害難民は多くの場合、国内の別の地域に移動するため内部難民（internal refugee）などと呼ばれる。また近年では経済的貧困を逃れるための理由での難民も経済難民（economic refugee）と呼ばれる。

難民の地位に関する議定書（難民議定書）は、1967 年 1 月 31 日に国際連合によって作成された。難民条約における対象地域の限定を原則解消し、対象難民の時限的限定を排除した。

国際連合難民高等弁務官事務所（UNHCR）が把握している世界の難民数は、2007 年末で 1139 万人、国難避難民などを含めると 3168 万人（表 1 参照）、2018 年末にそれぞれ 2036 万人、7479 万人（表 2 参照）と倍増している。地域別では、アフリカが最大で全難民の 30%が居住しており、次にヨーロッパの 25%である。難民認定を受けられないと保護が受けられない例も多く、狭義では認定を受けた者のみを難民と呼ぶ例もある。

（2）パレスチナ難民

1948 年 4 月 9 日、ユダヤ人テロ組織、イルグン、シュテルンの混成軍が、エルサレム近郊のデイル・ヤシン村で村民の大量虐殺を行い、その話が広まって、恐怖に駆られたパレスチナ人の大量脱出が始まった。1948 年の時点でパレスチナの地に住んでいた 70～80 万人のアラブ人などが難民となった。1949 年 2 月にエジプトとイスラエルの停戦協定が成立。イスラエルがパレスチナの 80%を占領し、残り 20%はトランスヨルダンが占領した。エルサレムの旧市街はヨルダン、新市街はイスラエルに占領された。ガザ地区がエジプト領となり、パレスチナ難民が押し寄せた。1950 年に施行された不在者財産没収法により、1947 年のパレスチナ分割決議から翌年 9 月までの間に居住地を離れて近隣に避難したパレスチナ人は家屋・財産を没収され、ユダヤ人入植者たちに与えられた。国際連合パレスチナ難民救済事業機関（UNRWA）の 2009 年 6 月末時点の登録難民数は、表 3 に示されているように、周辺国を含め約 472 万人に上っている。2018 年末には 550 万人に上り、UNHCR の登録された難民総数 2036 万人の 4 分の 1 を占めている。

表 3　UNRWA 登録難民数　2009 年 6 月 30 日現在

	地域別難民数	全登録難民数に占める割合	難民キャンプ数	難民キャンプに住んでいる難民数
シリア	約 47 万人	10%	9	13 万人
レバノン	約 42 万人	9%	12	22 万人
ヨルダン	約 197 万人	42%	10	34 万人
ヨルダン川西岸地区	約 77 万人	16%	19	20 万人
ガザ地区	約 109 万人	23%	8	50 万人
	約 472 万人		58 ヵ所	139 万人

Source: http://www.un.org/unrwa/publications/pdf/uif-june09.pdf

直近では、2008 年 11 月 4 日以降、封鎖は再び厳しくなり、赤十字社はガザの状況を「破滅的」と報告した。国連調査官のリチャード・フォークは 12 月 9 日、イスラエルが流入を認める物資は「飢餓と病を避けるにはギリギリ」であり、イスラエルによる「パレスチナ人への集団的懲罰は人道に対する罪」であるとの見解を示した[11]。

2009 年 1 月からのイスラエル軍のガザ侵攻で、UNRWA の避難所のうち、国連が運営する学校などがイスラエル軍によって砲撃され、9 人の UNRWA 職員や契約者が殺害された[12]。1 月 8 日には、UNRWA の輸送トラックがイスラエル軍に砲撃され、1 人が殺害され、1 月 14 日には、UNRWA 本部が空襲を受け、

[11] *The Humanitarian Monitor occupied Palestinian territory*, November 2008, Number 31
[12] *UNRWA Emergency Operations in Gaza Interim Progress Report January-March 2009*

支援物資の食糧・医薬品などが焼き払われた[13]。

国連の人権理事会は同年9月15日、パレスチナ自治区ガザ地区での紛争について調査報告を発表し、昨年末から今年初めのイスラエル軍によるガザでの軍事作戦を「国際人道法に違反した」と結論づけた。住居や工場、学校や病院が破壊され、約1400人の死者を出したことを問題視し、一般市民と軍人を区別することを原則とする国際人道法を軽視したと非難し、同作戦がパレスチナ住民を意図的に標的にしたと指摘し「その生存権を侵害した」と批判した[14]。

（3）ユーゴスラビア紛争における国内避難民の保護

UNHCRは1991年末からユーゴスラビアにおける援助活動を開始した。セルビア人、クロアチア人、ムスリムのいずれもが、他民族を支配できないならば、自民族だけの共和国建設を目指し、他民族を強制退去させたり、民族ごと根絶しようとし、UNHCRの使命を難民の保護に限定することはもはや不可能であり、国内避難民や戦火に巻き込まれた一般市民にまで保護を拡大する必要に迫られた。緒方貞子国連難民高等弁務官は、UNHCRの定められた活動範囲が実情にあわなくなっていれば、実情に応じて活動範囲を適合させるために、国連やECの和平交渉担当者や国連防護軍を説得し、UNHCRが270万人の戦争犠牲者に12,100回の大規模な空輸で救援物資を輸送した[15]。

（4）イラク戦争における人権・人道問題

2003年以来のイラク平民死亡数は、中国国務院が発表する「2007年アメリカ人権記録」によると、66万人以上に上る。イギリスの世論調査会社・オピニオンリサーチビジネスが2007年9月14日に行った調査では、死者が最大で120万,を上回る可能性がある[16]。

2004年にイラクのアブグレイブ刑務所で米軍女性兵士によるイラク男性兵士に対する大規模な性的虐待事件が発覚した。米国国防省は、17人の軍人及び職員を解任し、2004年5月から2005年9月までの間に、7人の軍人が軍法会議で有罪となった。

---

13 http://www.worldtimes.co.jp/special2/gaza/090116.html
14 United Nations Human Rights Council (2009)
15 緒方（2006年）pp. 67-78.
16 http://www.latimes.com/news/nationworld/world/la-fg-iraq14sep14,1,3979621.story

国連や欧州議会などの国際機関などから、キューバの米軍基地内にあるグアンタナモ収容所を閉鎖し、CIAの秘密拘禁プログラムを中止すべきという意見はかつてないほど大きくなった。就任したオバマ大統領は、2009年1月、グアンタナモ収容所の閉鎖、秘密拘禁や「水責め」など拷問とみなされる尋問方法の禁止を命じた大統領令に署名した。グアンタナモ被拘禁者を明確な犯罪で直ちに起訴し、起訴される予定の被拘禁者が連邦裁判所で公正な裁判を受けられるようにすると同時に、起訴しないのであれば、即座に釈放することが求められる[17]。

1991年湾岸戦争では劣化ウラン弾（DU）[18]が300トン使用され、広島原爆の5,000倍の放射能原子数であった。1996年から癌による死亡者数が激増し、2002年は最初の20倍になった。2003年のイラク戦争では全期間で1,700トンのDUが使用され、広島原爆の28,333倍、1991年湾岸戦争と併せて約33,000倍の放射能原子数となる[19]。イラクでは、湾岸戦争後の国連による厳しい経済制裁の下、医薬品すら化学兵器転用の危険があるとして輸入禁止され、決定的に不足している。そのため、医薬品・医療機器・医療技術の提供、病院の再建、医師とりわけ女性医師の養成（イスラムでは女性は男性医師が診察できない）への協力が急務となっている。サマワ帰還米兵のDU被爆の事実も明らかになっている。

国連人権小委員会は、1996年に、大量破壊兵器（核兵器・化学兵器・生物兵器）と並び、「燃料気化爆弾、ナパーム、クラスター爆弾、劣化ウランが含まれる兵器」を「無差別的な効果のある（indiscriminate effect）兵器」とし、これらの生産と拡散の制限と、間接的・累積的な効果等の情報収集を国連事務総長に要請している。これらの兵器を大量に生産・保有・使用してきている米国などに対して、国連が有効に対処できるよう改革される必要があろう。

（5）ダルフール紛争における人権・人道問題

2003年2月の衝突以降、2006年2月時点での概算で18万人がすでに殺害され、民族浄化が行われた。2004年6月3日の国連事務総長の公式統括によれば、

[17] http://www.amnesty.or.jp/modules/wfsection/article.php?articleid=757 グアンタナモ収容所は、米国領にはないという理由から、米国の国内法が適用されず弁護士をつけることなく強引な尋問が行われてきた。
[18] 劣化ウラン弾（DU）のウラン238の半減期は45億年。
[19] NATOによるPKF多国籍軍がボスニア紛争およびコソヴォ紛争に介入し、ボスニアで約1万発、コソヴォでは約3万発の劣化ウラン弾を使用したことを公式に認めている。

1956年の独立以来、1972年から1983年の11年間を除いて、200万人の死者、400万人の家を追われた者、60万人の難民が発生しているとされる[20]。

2005年1月25日、国連事務総長によって派遣されていた「国際調査委員会」の報告書が提出され、ジェノサイドの客観的要件（集団の組織的殺戮および大規模な破壊）は認めた。しかし、主観的要件（ジェノサイドの意図）によって行われたかを決定することが残され、スーダン政府の人道に対する罪は認めたものの、ジェノサイド罪は認定しなかった。国際刑事裁判所（ICC）は、2009年3月4日、ダルフール紛争における戦争犯罪と人道に対する罪でバシル・スーダン大統領に逮捕状を発行した。

（6）脱北者

北朝鮮の政治体制や生活環境を苦にして同国を脱出する人々は、脱北者と呼ばれている。1993年に北朝鮮で大水害が発生し、以降水害と旱魃が毎年のように発生し、深刻な食糧難が生じ大飢饉が報じられた。これに従い、1995年から徐々に脱北者が増え始め、2002年には遂に1,000人を超えた。2004年には韓国に亡命した脱北者が累計6,000人を超え、2007年2月16日に遂に10,000人を超えたと韓国統一省当局者が明らかにした。

脱北者の大半は飢餓難民で、難民と認定すべきであると思われるが、中国政府は単なる不法入国者として扱っているため、UNHCRは内政不干渉の原則から、強引に難民としての国際的保護を提供できない。国連を中心として核兵器廃棄の道筋を付けKEDOを機能させ、北朝鮮における人道支援を実施できるようにする必要がある。

（7）チベット、新疆ウイグル自治区の人権問題

チベットや新疆ウイグル自治区では、チベット族やウイグル族の抑圧に対する抗議運動・抵抗運動が起こり、中国当局や漢民族がそれらの抗議運動・抵抗運動を弾圧し、社会権および自由権が奪われてきているため、人権問題としての側面も持っている。新疆ウイグル自治区では、顔認証システムを駆使し反政府的なウイグル人を拘束し収容所に収容している。

(8) シリア難民問題

---

[20] UN Doc.S/2004/453

アサド政権派のシリア軍と反政権派勢力の民兵との衝突、サラフィー・ジハード主義勢力のアル＝ヌスラ戦線とシリア北部のクルド人勢力の間での衝突、さらに混乱に乗じて過激派組織 ISIL、アサド政権の打倒および ISIL 掃討のためにアメリカ・フランスをはじめとした多国籍軍、逆にアサド政権を支援するロシア・イランもシリア領内に空爆などの軍事介入を行い、内戦は泥沼化した。また、トルコやサウジアラビア、カタールもアサド政権打倒や自国の安全・権益確保のために反政府武装勢力への資金援助、武器付与等の軍事支援を行った。

2015 年にヨーロッパ諸国に前年の 2 倍以上の 100 万人を超す難民・移民[21]が殺到し、UNHCR によれば、2015 年 9 月時点で地中海経由の難民の内訳はシリア（54%）、アフガニスタン（13%）、エリトリア（7%）である[22]。UNHCR の推計によると、シリア内線で 2017 年までに元の居住地を離れて約 630 万人が国内で避難生活を送り、500 万人以上が国外に逃れた。こうした難民の主な行き先としてはトルコ（320 万人）、レバノン（100 万人）、ヨルダン（65 万人）、イラク（24 万人）、エジプト（12 万人）で、トルコなどを経由してヨーロッパなどに渡った人々も多い[23]。

（9）ガラパゴス化している日本の「難民鎖国」政策

日本も加入している難民条約は、締約国に対し、迫害から逃れてきた難民を受け入れ庇護することを求めている。UNHCR によると、2016 年にドイツは 26 万 3622 人、米国が 2 万 437 人、イギリスも 1 万 3554 人を難民認定したなど、各国が大勢の難民を受け入れていた一方、日本は 28 人と文字通り桁違いに少ない。2017 年では、難民認定申請者の処理数 1 万 1361 人に対し、認定者数はたったの 20 人、約 0.2%[24]、難民認定申請者の処理数 1 万 493 人に対し、認定者数はたったの 42 人、約 0.4%[25]という狭き門だ。

1951 年に成立した難民条約は、難民を、『人種、宗教、国籍、政治的意見やまたは特定の社会集団に属するなどの理由で、自国にいると迫害を受けるかあるいは迫害を受ける恐れがあるために他国に逃れた』人々と定義している。NPO 法

[21] http://www.unhcr.org/55df0e556.html
[22] http://www.refworld.org/publisher,UNHCR,,ESP,561377284,0.html
[23] https://www.nikkei.com/article/DGKKZO2265035024102017FF1000/
[24] http://www.moj.go.jp/nyuukokukanri/kouhou/nyuukokukanri03_00700.html
[25] http://www.moj.go.jp/nyuukokukanri/kouhou/nyuukokukanri03_00139.html

人「国連 UNHCR 協会」理事長で東洋英和女学院大学大学院教授の滝澤三郎は、「この定義は東西冷戦の中での『政治亡命者』を念頭につくられたもので、難民の大半が紛争を逃れる『紛争難民』である今日の状況に合っていない。しかし法務省は条約を厳格に解釈し、『紛争難民』を『難民条約上の難民』であると認めない」[26]と指摘している。

2000 年末まで国連難民高等弁務官を務めた緒方は、2002 年に日本で難民認定を却下されたケースについて、法務省に対して判決を遅らせてアフガニスタンが平和と安定の達成にさらに近づいてから、申請者を帰国させることはできないか働きかけた。ユーゴスラビア紛争での 270 万人の国内避難民を目の当たりにして、国連の専門機関の責任者として国際法の不在を理由に無為で済ますことはできず、必要な合意を取り付け救援活動を行ったのである。国際法や国内法があらかじめすべてのケースを想定して用意されていること自体が稀なのであり、実情に合わせて国際法や国内法を用意する必要があるのである。

2016 年 9 月に開催された国連「難民と移民に関するサミット」において、国連加盟国は、大規模な難民や移民の移動について協力して取り組み、難民や移民の基本的人権を尊重することなどを掲げ、「安全で秩序ある正規移住のためのグローバル・コンパクト」(移民グローバル・コンパクト)、および「難民に関するグローバル・コンパクト」を 2018 年に採択することに合意した[27]。

トランプ大統領は 2018 年 10 月、国連総会で 「移民に関するグローバル・コンパクトに参加しない」等と演説し冷笑を浴びた。未曽有の難民や移民を自ら生み出しておきながら、「移民および難民に関するグローバル・コンパクトに参加しない」という大統領を支持し同一歩調を取り続けることは、トランプに投票したアメリカの有権者と同様に、夥しい人権侵害と未曽有の人道危機に加担することになる。

おわりに

基本的人権を保護するために国民の信託を受けて国家の統治機構、すなわち政

---

[26] https://news.yahoo.co.jp/byline/shivarei/20180509-00084621/
[27] https://www.hurights.or.jp/archives/newsinbrief-ja/section1/2018/02/-20182.html

府が存在しているのであるが、絶え間ない紛争や独裁制により国民の生命や人権を守れないような政府は、もはや政府としての責任を果たすことができない状況にあるといえる。米国などの特定の国による「人権帝国主義」ではなく、国連による介入が必要である。

冷戦時代の政治的亡命者である政治難民の位置づけに固執していては、今日の紛争難民は国際法の不在によって難民として認定されず、帰還したくても本国は破壊されたままであり、絶望を強いられるという人道危機となっている。

裕福な人々が寄付金や物資の支援などの慈善活動を行うことが美徳とされているが、一時的で富裕層の免罪符や自己満足に終わるのではなく、一握りの人々が裕福であるがゆえに、人道支援を受けなければならない大勢の人々がいるという社会のあり方自体を改める必要があろう。国連をはじめとする国際機構も、対症療法に追われることなく、戦争、内戦、地域紛争が起こらないよう集団的安全保障体制を確立するとともに、人道支援が必要とならないような社会のあり方を構築するという根治療法を追求する必要がある。

第7章　危機に瀕するブレトンウッズ体制

Source: https://www.todoproductosfinancieros.com/el-sistema-de-bretton-woods/
1929 年の世界大恐慌後に列強がブロック経済圏をつくる一方、保護貿易からはじき出された国をファシズムに走らせ第二次世界大戦を招いたという反省から、国際的協力による通貨の安定、貿易の振興、発展途上国の成長を実現するものとしてブレトンウッズ協定が結ばれた。

はじめに

1929 年の世界大恐慌後に列強がブロック経済圏をつくる一方、保護貿易からはじき出された国をファシズムに走らせ第二次世界大戦を招いたという反省から、国際的協力による通貨の安定、貿易の振興、発展途上国の成長を実現するものとしてブレトンウッズ協定が結ばれ、国際通貨基金（IMF）および国際復興開発銀行（世界銀行）が設立された。

ブレトンウッズ体制の弊害が言われてから久しいが、本章では、国際通貨・金融機関の設立からの活動内容、弊害の原因、ユーロの導入と課題、リブラとデジタル人民元の登場、ブロック経済圏化の過ちを繰り返させないための方策について考察する。

1．「ケインズの双子」

1941 年 12 月の真珠湾攻撃の 1 週間後には、米国のモーゲンソー財務長官は、次官のハリー・デクスター・ホワイト[1]に戦後国際通貨政策の立案を命じていた。イギリス側では、ジョン・メイナード・ケインズ[2]が同じ仕事に取りかかった[3]。連合国側の勝利が決定的になった 1944 年 7 月、米国ニューハンプシャー州ブレトンウッズのマウント・ワシントン・ホテルで連合国通貨金融会議が開かれた。

ブレトンウッズ協定及び国際通貨基金（IMF）の発足にあたって、各案が英米両国の間で討議された。イギリスのケインズ案は、各国の通貨当局（中央銀行）間の帳簿上の付け替えで国際取引による債権及び債務の最終的な決済を行う「清算同盟方式」で、中心となる国際機関は、国際通貨（バンコール[bancor]、ケインズの命名）を創出・発行し、世界中央銀行としての機能を持つというものであった。米国のホワイト案は、外国為替市場を通して国際取引の決済を行い、外国

---

1 Harry Dexter White（1892 年 - 1948 年）米国の官僚。フランクリン・ルーズベルト政権で財務次官補をつとめた。

2 John Maynard Keynes（1883 年 - 1946 年）イギリス生まれで、ケインズ経済学を打ち立てた。『雇用・利子および貨幣の一般理論』（1935 年 - 1936 年）において、不完全雇用のもとでも均衡が成立しうるとした上、完全雇用を与えるための理論として、反セイの法則を打ち立てた上、産出高は消費と投資とからなるとする有効需要の原理を基礎として、有効需要の不足に基づく非自発的な失業の原因を明らかにした。有効需要は市場メカニズムに任せた場合には不足することがあるが、これは投資の増加が所得の増加量を決定するという乗数理論に基づき、減税・公共投資などの政策により投資を増大させるように仕向けることで、回復可能であることを示した。

3 ジョージ、サベッリ（1996 年）pp. 29-31.

為替市場における決済手段の過不足を各国の通貨当局が調整する「市場方式」で、中心となる国際機関は決済手段の不足した国の通貨当局に、各国から拠出された金や各国通貨を貸し付けることで、国際的な為替安定基金としての機能を持つというものであった。米国は国際通貨に反対し、IMF はホワイト案に近いものとなった。

ケインズは減税・公共投資などの政策により投資を増大させるといった政府による財政金融などの政策に理論的根拠を与えた近代経済学の権威である。IMF と世界銀行は「ケインズの双子」と呼ばれているが、IMF と世界銀行をいわば世界政府として機能させることによって、先進国の富を発展途上国に対して再配分することになり、当初、両機関には肯定的な評価が多かった。

IMF の意思決定は加重表決制で、各加盟国は一律に割り当てられる 250 票の基本票に加え、経済力や貿易規模などを基準に算出された割当額（クォータ）＝出資額の 10 万 SDR[4]相当額ごとに 1 票の票数が与えられる。このため、米国は 371,743 票（全体の 17.14%）を有し圧倒的に優位であり、小国のパラオは 281 票（全体の 0.013%）の議決権しか有していない。IMF では、重要事項に関しては 85%以上の賛成を必要とする規定があり、約 17%のシェアを持つ米国のみが事実上の拒否権を有していて、IMF の運営は米国の意向に沿ったかたちになることが多い。

IMF は、当初は固定相場維持に必要な資金を貸し付けることによって国際収支の均衡化を図るのが目的だったが、ベトナム戦争や膨れ上がる経常赤字によって米国経済が疲弊する中、1971 年、ニクソン大統領が米ドルと金との交換を停止（ニクソン・ショック）し、1973 年には、米ドルは変動相場制に移行し、先進国通貨も変動相場制に移行したため、先進国間の固定相場維持はくずれ IMF は途上国への特別融資などを行う機関となった。

---

4 special drawing rights（SDR、特別引出権）は IMF に加盟する国が持つ資金引出し権、及びその単位。創設当初は当時の 1 ドルと同じ基準を採用し、1SDR=金 0.888671g と定められたが、1973 年の変動相場制移行を受け、標準バスケット方式と呼ばれる方式を採用している。これは世界貿易において 1%以上のシェアを持つ通貨を元に SDR 価格を評価する方式で、個別の通貨と比肩した場合により安定性が増すという利点があった。1981 年に評価方式が見直され、輸出量が上位 5 位以内の IMF 加盟国（アメリカドル、日本円、イギリスポンド、ユーロ）通貨を加重平均して評価する方式となり、以降 5 年毎に見直しが行われるようになった。

2．構造調整プログラム

IMF は世界銀行とともに、ケインジアンとは正反対の新古典派によって支配されるようになり[5]、1980 年代に債務危機に陥ったラテン・アメリカ諸国において貿易自由化、財政赤字削減、インフレ抑制によって一時的にマクロ経済の安定化が実現されたという経験によって、ワシントンに集まっている財務省や米国開発庁（USAID）や、IMF、世界銀行の間で「ワシントン・コンセンサス」が形成された。これは、よい経済パフォーマンスは、自由化された貿易、マクロ経済の安定、価格の適正化を必要とし、国有企業を民営化し政府が退場すれば、民間市場が効率的に資源を配分し強力な経済発展を実現するというものである。他の地域にも適用可能で、人間の生命を含めたあらゆる対象への費用便益分析の適用を含めて、世界銀行と IMF との構造調整融資のコンディショナリティとして途上国や 1990 年代の東欧・旧ソ連諸国に適用された。

「ワシントン・コンセンサス」（＝新古典派経済学）は、経済全体を定量のものと考え、たとえば、価格を高くすれば消費は減少するというように、経済学の法則は技術法則と同じ自然法則であり、普遍的な一組の法則だけが存在し、どの国においても機能するという考え方である。しかし、経済全体の量は変化し、国や地域によって経済学は異なる形で機能する、あるいは国、地域、状況や時代によって異なる経済学が必要であるといった考え方を排除する。東欧・旧ソ連諸国に対する IMF・世界銀行のショック療法・ビッグバンによる「市場経済移行」政策では、20％から 70％も GDP を低下させるという災禍を招き[6]、1997 年のアジア危機での IMF 融資では、インドネシアで燃料価格引き上げを契機に暴動が起こるなど、失敗を続けている[7]。

---

5 本部がワシントンにある IMF と世界銀行のスタッフの大半は米国人であるが、米国大学の経済学部教授の大半が新古典派経済学者であるため、新古典派経済学しか勉強してこなかった学生が IMF と世界銀行のスタッフを占めている。ノーベル経済学賞を受賞したジョセフ・スティグリッツやポール・クルーグマンは、米国では少数派のケインジアンである。ヨーロッパの大学の経済学部の教授陣は、ケインジアンと新古典派がほぼ半々でバランスがとられている。

6 IMF 融資を受けずグラジュアリズムで社会主義経済に市場経済を導入してきた中国は、対照的に 1990 年代以降、年率 10％前後の GDP 成長率を維持している。

7 ワシントン・コンセンサスが「薬はよかったが、患者が医者の指示を守らなかった」としているのに対し、スティグリッツは「改革の失敗はさらに深く市場経済の土台自体の誤解や改革過程のファン世界の金融システムの根幹は民間銀行であり、中央銀行と財務省が保証人として存在し、IMF は彼らのために活動している。それぞれの国が重債務を負うことになった様々な原因に、1970 年代までは IMF に大きな責任はないといえる。1980 年代初めにデフォルト（債務不履行）が雪崩を打つように発生するという状況になって、返済を強制する手段と返済を可能にする十分な資金を集める能力を兼ね備えた機関が必要になり、IMF がその役割を担うことになったのである。

個人が返済能力を超える借入をし続けることができないように、国も返済能力を超えた借入をした場合には、実体経済に合わせて構造を調整しなければならない。問題は、なぜ返済能力を超えてしまったのか、誰がそれを勧めたのか、国内のどのような政治的・社会的グループがその融資を利用したのか、誰が構造の調整コストを支払うのかということである。国際協力銀行の辻一人は、「IMF・世界銀行から多額の借入をして構造調整を進めたにもかかわらず、外国資本を含む民間経済活動を活性化して、比較優位のある産業を育て、一次産品以外の外貨獲得源を見出すことができなかった一方、主要一次産品価格が大幅に下落し、輸出が大打撃を受けたからである」[8]と債務が累積した原因を論じている。構造調整プログラム自体が途上国の返済能力を奪ったのであり、また、ラテン・アメリカ、アフリカやフィリピンのマルコス政権のように、腐敗した権力者や軍隊がその融資を利用したにもかかわらず、IMF はこれらのことを是正させることなく、もっとも貧しい人々に構造調整コストを支払わせているのである。

IMF が、経済成長は、社会的平等性、教育、保健、その他の基本的サービスへのアクセスや公正な所得分配などによって達成できると考えているなら、構造調整でそのようなコンディショナリティを付けて、途上国が抱えている基本的な問題を解決させることもできるはずである。しかし、IMF はこのような社会的目的を掲げていた国々、たとえばタンザニアや人民国家党支配下のジャマイカに対して正反対のコンディショナリティを課したのである。IMF 憲章第 1 条に、「バランスのとれた世界貿易の成長を促進し、それを通じて、雇用と実質所得と生産

ダメンタルズを把握することの失敗にある……医者が処方箋を再考する時である」と批判している。Stiglitz (1999) pp.3-4.、今井・和田・森（2003 年）p. 2. 、今井・和田・大田・森（2008 年）参照。

[8] 辻（2001 年）p. 220.

力発展とを高めることに寄与することであり・・・世界貿易の成長を妨げる為替制限を除去する」とあるように、IMF の活動は、国民の利益に反していても、構造調整を通じて世界貿易の成長と発展という優先目標に寄与するよう強制することなのである。IMF・世界銀行にとって構造調整とは、「新しく持続可能で貧困を解消するような成長軌道への経済の転換」[9]であり、これを否定することは、自らの存在を否定するに等しい。

1980 年代中旬以降の IMF・世界銀行の構造調整融資によって、「南側諸国は多額の借金をしても何も得られないどころか、貧しい人々は返済のために犠牲になり傷つき、教育や保健医療などの政府の重要な機能の土台は崩され、植民地主義よりも有効に機能する世界銀行と IMF の指令構造」[10]と、NGO などから批判されるに至っている。

市場は、土地や資本を含む資源をその対価を支払おうとする人の意思と能力に応じて効率的に配分することができる。しかし、雇用を創出することは市場の仕事ではなく、市場機能の副産物にすぎない。また、市場は、すべての人に、食糧、衣料、住居、さらには保健・医療、教育、文化を供給することはできない。したがって、市場志向の構造調整政策と貧困削減の政策は相反する政策であり、IMF・世界銀行の構造調整政策が失敗してきているのは当然の帰結であるといえる。IMF は失敗の原因を途上国や市場経済移行諸国の「よい統治（good governance)」の欠如に求めてきたが、自らの失敗をうまく転嫁してきたのである。

３．IMF 改革

1980 年代の米国政府の借金は、高金利政策を保つことを必要とするため、途上国の債務を返済不能にし、ジョージは、「IMF が決して口にしそうもないことではあるが、低開発諸国ではなく、米国こそが国際金融不安定性の現時点における最大の脅威であるということは明白である」[11]と、すでに指摘していた。

---

[9] World Bank (1993) p. 10.
[10] ジョージ（2004 年）p. 81.
[11] ジョージ（1989 年）p. 84.

1997 年のアジア通貨危機を契機に、日本政府はアジア通貨基金（AMF）の設置を提案したが、米国が反対し実現しなかった。1998 年の IMF/世界銀行総会で、宮沢喜一蔵相が IMF の対応について、資本収支危機に対して迅速な外貨準備の供給が必要であるにもかかわらず、過度の構造調整策を適用したことを批判し、アジア諸国の中長期の資金需要および短期の資金需要に 300 億ドルを拠出する「新宮沢構想」を提案した。さらに、IMF に依存せず域内で外貨準備を補完する体制を構築するものとして、2000 年 5 月に、ASEAN+3（ASEAN 諸国、日本、中国、韓国）が互いに保有する外貨を危機時の流動性準備に用いることに同意しチェンマイ・イニシャティブが成立した[12]。

南米では、2007 年 12 月に「南の銀行（Bank of the South）」が、ベネズエラ、アルゼンチン、ブラジル、ボリビア、エクアドル、パラグアイ、ウルグアイの 7 ヵ国で設立され、後にコロンビアも参加を表明した。新銀行の創設はベネズエラのチャベス、アルゼンチンのキルチネル両大統領が主導してきたもので、IMF や世銀が南米に及ぼす「悪影響」からの脱却を図ることを目的としている。ブラジルのルラ大統領は、同銀は「インフラ整備、科学技術などの主要な経済分野に出資し、地域により均衡をもたらす」と述べた。またブラジル政府報道官は、新銀行が「域内の統合と南米国家共同体（Union of South American Nations、CSN）の強化に重要な役割を果たす」との見方を示した。新銀行の当初の資本金は 70 億ドル、ベネズエラのカラカスに本部、アルゼンチンの首都ブエノスアイレスとボリビアのラパスに支部を置き、参加国の財務相でつくる理事会が運営に当たる[13]。「南の銀行」も設立されたことから、南米諸国では、IMF の融資残高が低下し、IMF 離れが進んでいる。

2008 年についに米国発の世界金融危機が起こったが、『ワシントン・ポスト』誌は 2008 年 10 月 10 日、「アメリカ資本主義の終焉？」と題し、コラムを掲載した。過去 30 年以上、米国は世界の多く、特に途上国を、金融と製造業から政府の介入を排除するよう説得する十字軍を率いてきたが、「今や誰もこの危機を

12 融資額の 80%は IMF プログラムに準じなければならず、IMF プログラムとのリンクが不必要な割合は 20%しかないため、チェンマイ・イニシャティブは使用されず、中央銀行間の資金スワップによって融通することが多くなっている。
13 http://www.afpbb.com/article/economy/2323919/2443792

もたらしたそのようなモデルをもはや尊敬せず、もちろん、我々の信頼性を問題にしている。誰もが我々のために苦しんでいると感じている」というスティグリッツのコメントを紹介している。さらに、「明らかに危機は、先進国における重要な規制と監督の失敗・・・市場規律の失敗から起こっている」とドミニク・ストラウス・カーンIMF専務理事のコメントを紹介している[14]。米国の主力誌が、アメリカ資本主義の終焉を論ぜざるをえないほど、アメリカ資本主義の終焉、市場至上主義の終焉は、世界中の人々の目に明らかなものになった。IMFは、これまで構造調整プログラムのなかで規制緩和を主張してきたが、ストラウス・カーンIMF専務理事自ら、規制・監督の失敗、市場規律の失敗を指摘せざるをえなくなったのは、明らかにIMFの転換点を示している。

2009年6月に国際決済銀行（BIS）内に事務局が設けられ金融安定化理事会（FSB）が発足し、金融機関の国際的な投資活動への監視・規制体制が強化された。FSBは、新興国を含めたG20を中心とした主要国代表を含め、IMFや世界銀行、BIS、欧州委員会、証券監督者機構（IOSCO）などの関連機関を加えた包括的な組織で、今後の機能の強化が注目される。

世界金融危機を契機に、ギリシャやスペインが財政危機に陥っているが、欧州中央銀行（ECB）のトリシェ総裁は2010年3月12日、欧州通貨基金構想について検討に値するとし、財政問題を抱える国を支援する仕組みとすべきとの見解を示した[15]。

中国、ブラジル、ロシア、インドの4ヵ国（BRICs）は、2009年9月、20カ国・地域（G20）財務相・中央銀行総裁会議で、世界銀行やIMFでの新興国の発言権が（経済力と比べ）不当に小さいと批判し、具体策としてIMF加盟国の出資割当額全体を2011年に現在の2倍に拡大すると同時に、出資比率をGDPの規模に見合う水準に高める案を提唱した[16]。米国発の金融危機を契機に、IMFと世界銀行の米国支配を批判し、新興国や途上国のニーズにあった機関に転換していこうという機運が高まっている。米国のみの拒否権を無効にするために、重

---

14 http://www.washingtonpost.com/wp-dyn/content/article/2008/10/09/AR2008100903425_2.html?hpid=topnews&sid=ST2008101000869&s_pos=
15 http://jp.reuters.com/article/topNews/idJPJAPAN-14326320100312
16 http://www.nikkei.co.jp/news/kaigai/20090905AT3S0500805092009.html

要事項に関して85%以上の賛成を要するという規定の変更も必要である。

コーテンは、「IMFこの機関は解体し、代わりに国連国際金融機関を作る。その任務は、①低所得国の債務返済拒否および清算のプロセスを管理し、②国際金融市場を規制し、③為替収支バランスの維持に向けて、各国が政策を協議する場を提供し、④各国政府の規制を受けていないユーロダラーのような擬似国際通貨の融資について、政府に代わって預金準備義務を課し、⑤外国為替取引に0.5%の税を課すことである」[17]と論じている。

世界中の中央銀行がインフレやデフレに対して、国際協調のなかで適切な通貨管理をしてくれる保障はなく、世界の基軸通貨がドルであり、それを管理しているのが「世界中央銀行」ではなく、アメリカの国益を担った連邦準備制度理事会（FRB）であるという本質的な問題がある。2008年来の米国発世界金融危機が起こり、この問題がクローズアップされた。中国とロシアは、新たな準備通貨の創設を提唱し、既存の米国債を売却してSDR建てのIMF債の購入に動いた。中国、ロシア、ブラジル、インドのIMF債の購入規模は4ヵ国の合計で800億ドルに達する[18]。中国人民銀行（中央銀行）の周小川総裁は2009年3月、「基軸通貨を発行する国だけで世界に流動性を提供すると同時に通貨価値を安定させることはできない」とし、IMFのSDR制度の拡充を訴えた[19]。

SDRは、現時点では仮想（バーチャル）の世界に存在するに過ぎず、日々の企業活動や消費、投資行動での即戦力になり得ない。米国は、基軸通貨を発行する特権で、いわゆるシニョレッジ[20]を稼いでいる。米国の国益を担うドルではなく、世界全体の利益を担う基軸通貨が存在していないこと、基軸通貨の価値を維持するという公共目的のために行動する「世界中央銀行」が存在していないことの弊害が明らかになっている。ケインズが構想していたように「世界中央銀行」としてIMFを改編し、世界の基軸通貨としてSDRを育てていくことが必要となっているのではないだろうか。

---

[17] コーテン（1997）pp. 407-408.
[18] http://markets.nikkei.co.jp/features/22.aspx?id=MMMAz6000015062009
[19] http://www.nikkei.co.jp/china/finance/index.aspx?n=AT2M2303D%2023032009
[20] シニョレッジ（Seigniorage）は、貨幣の発行者が貨幣の発行によって得る利益のことで、たとえば、100ドル紙幣を印刷するのに1ドルの費用しかかかっていなかったとしても、世界の人々がこれを100ドルの価値と認めて保有してくれれば、差額の99ドルを利益として得ることができる。

IMF は、途上国の議決権を拡大し、途上国に対する構造調整プログラムを中止し、国際金融システムを破綻させかねない金融機関の規制・監督を強化し、米国の構造調整に取り組む必要があるといえる。公平に課題に取り組めるよう IMF が自らを改革していけないのであれば、IMF 不要論はますます強まろう。米国が支配する IMF からの脱却を図るためには、機能を他の地域ごとの通貨基金に移譲して調査機能だけを残すという案も検討に値しよう。

４．ユーロの導入と課題

欧州の単一通貨ユーロは、1999 年 1 月に導入され、ギリシャの離脱の可能性まで議論された債務危機を乗り切り、11 ヵ国で始まったユーロ圏は 19 ヵ国まで拡大した。

欧州中央銀行（ECB）のドラギ総裁が「すべての国が（ユーロの）恩恵を受けている」と強調するのが、域内のサプライチェーンの深化である。単一通貨によって為替リスクに対応する費用がなくなり、域内の統合が加速。イタリアでは他の EU 加盟国からの直接投資が 1992 年から 2010 年にかけて 36%増えた。もう一つの恩恵は、政府の利払い費負担の軽減だ。2008 年秋のリーマン危機や 2010 年の欧州債務危機がユーロ圏を襲うなか、ECB の異例の金融緩和がユーロ圏諸国の 2008～16 年の利払い費負担を約 1 兆ユーロ削減した、とドイツ連銀は試算している[21]。

ユーロ圏は危機時に加盟国を支援する常設基金である欧州安定メカニズム（ESM）を創設した。EU 基本条約上は禁じていた加盟国への財政援助・金融支援に道を開き、危機時の耐性を強化し、域内でバラバラだった金融機関の監督なども一元化した。

欧州委員会が毎年実施する世論調査で、ユーロが「欧州全体に好ましい」とする回答が 2019 年に 76%に達し[22]、2002 年の調査開始以来、最も高い水準を記録した。イタリアの政権も一時ちらつかせていた「ユーロ離脱」を封印した。

ギリシャ危機は、2 度の金融支援と民間債権者負担（PSI）も実施しておきな

---

21 https://www.nikkei.com/article/DGXMZO39492310Y8A221C1SHA000/?n_cid=SPTMG053
22 EU (2019) p. 32.

から結局、債務返済に至らなかった。ギリシャは 2012 年 3 月の PSI で発行済み国債を額面の 3 割程度で新国債に交換し、同年 12 月にはその新国債を額面以下の時価で買い戻すという債務調整を行っている。その上で、2015 年 6 月にはIMF 融資 15 億ユーロの返済期限を反故にした。

EMU（経済通貨同盟）の盟主としてドイツの偏執的な緊縮主義は最終的に債権者側における内輪もめにまでつながった。ドイツは貯蓄・投資（IS）バランスが家計・企業・政府の国内部門すべてにおいて貯蓄超過である。ドイツ輸出の 4 割弱はユーロ域内向けであり、ドイツの貯蓄超過は PIIGS や東欧諸国が赤字になっていることによってもたらされているといって過言ではない。通貨統合の最終目標のひとつがユーロ圏内の経済収斂であるが、ユーロ導入後、収斂どころか格差が拡大した。

ドイツのメルケル首相は 2018 年 6 月、ベルリン近郊でフランスのマクロン大統領と会談し、欧州連合（EU）改革について議論した。欧州全体に遠心力が働くなか、投資のためのユーロ圏共通予算を創設することで合意した。規模などは不明だが、発展の遅れるイタリアなどの南部に北部欧州の資金が流れるようにし、南北格差の解消につなげる[23]。

両首脳が会談後の記者会見で明らかにした。欧州の南北の格差がユーロ圏内の対立を激しくし、極右政党の台頭につながった原因の一つとされる。ユーロ圏共通予算の設置は財政統合に向けた最初の一歩といえる。マクロン大統領はユーロ圏の共通予算や共通財務相の創設を唱えていた。根強い EU 市民のユーロ支持を維持するためには、財政同盟を導入し統合を促進するしかない。

第 10 章で財政同盟なき共通通貨の導入は成功しないことを考察したが、格差を解消するための財政同盟は共通通貨の恩恵を最大化させるコモンズとして理解される必要がある。

5．リブラとデジタル人民元の登場

フェイスブックが 2019 年 6 月に、デジタル通貨「リブラ」[24]を発行する

[23] https://www.nikkei.com/article/DGXMZO31987430Q8A620C1FF2000/?n_cid=SPTMG002
[24] 「libra」は古代ローマの重量単位の意味を持つ。

と発表した。米上院銀行委員会は 7 月、「リブラ」についての公聴会を開いたが、ブラウン上院議員は「フェイスブックは危険だ」と厳しく批判し、個人情報保護や選挙介入を巡る不祥事が相次いだ同社が公的な金融サービスに参入することに懐疑的な姿勢を示した[25]。

リブラを担当するデビッド・マーカスが下院金融サービス委員会で証言した。リブラは法定通貨や国債を裏付けとして価値の乱高下を防ぐ仕組みをとっている。この通貨の内訳について「およそ50%がドル、そしてユーロ、英ポンド、円などが入る」とし、中国人民元は「入らない」と明言した[26]。

フェイスブックは新興国を含めてユーザー数は 27 億人にも上る。この顧客基盤がリブラの潜在的な利用者だ。フェイスブックの対話アプリ「メッセンジャー」などで国境を越えて手軽に送金できるようになるとみられる。フェイスブックは世界で銀行口座を持たない 17 億人に対して最低限の金融サービスを提供することを主眼に置いている。日銀出身で野村総合研究所の金融イノベーション研究部主席研究員を務める井上哲也は、「世界中の人々に、安価で最低限必要なサービスを提供するリブラが出てくれば、法定通貨から利用者が離れ、現在の金融システムが成り立たなくなる可能性がある・・・(日銀は）座して待つよりもアクションを取った方がいい。長い目で見れば、(現在の通貨制度の）終わりの始まりなのではないか」[27]とデジタル通貨の持つ利便性を指摘した。

2019 年 7 月に G7 財務相・中央銀行総裁会議が開催され、議長国フランスのルメール経済・財務相は、「(通貨発行という）国家主権は侵害されるべきではない」[28]と強調し、また「一企業が公共財を支配するのは受け入れがたい」[29]と指摘している。

IMF はデジタル通貨に対する報告書をまとめ、「小売業者はモノの価格をデジタル通貨で付けるようになり、中銀が自国通貨の金利を上げ下げする金

[25] https://www.nikkei.com/article/DGXMZO47418380X10C19A7000000/
[26] https://www.nikkei.com/article/DGXMZO47465270Y9A710C1000000/?n_cid=DSREA00
[27] https://www.nikkei.com/article/DGXMZO50280510X20C19A9000000/?n_cid=DSTPCS001
[28] https://www.nikkei.com/article/DGXMZO47465000Y9A710C1000000/?nf=1
[29] https://www.nikkei.com/article/DGXMZO51193620Z11C19A0EA2000/?n_cid=SPTMG002

融政策を実施しても効果が薄れる可能性がある」[30]とみる。銀行システムの機能が低下すれば、政策金利の変更を通じて景気に影響を及ぼす金融政策の効力も薄れかねない。

各国の規制当局もリブラが法定通貨を発行する中銀の手が及ばない経済圏を形成する可能性もあると懸念を強めている。個人情報保護や資金洗浄対策を含めた国際規制も課題となる。

中国人民銀行の範一飛副総裁は 2019 年 11 月末、「設計、標準策定、機能研究は終えた。次は試験地区の選定だ」[31]と、デジタル人民元の準備状況を明かし、2020 年にも発行に踏み切るとの観測が広がった。

デジタル通貨は人民銀がまず金融機関に発行し、それを個人や企業が受け取る流れを想定し、今の通貨の波及経路は変えず、金利もつかない方向で、発行技術はブロックチェーン（分散型台帳）が候補に挙がる。電子商取引のアリババ集団の創業者、馬雲（ジャック・マー）は、ビッグデータと AI を組み合わせれば、国が資源配分を差配する計画経済が機能すると言い切る[32]。

中国ではアリペイやウィーチャットペイなど携帯電話による決済が急速に普及しているが、民間任せにせず、人民銀がデジタル通貨を通じて海外との資金の流れを透明にする思惑もあるとみられる。人民元の有力研究者によると「規制強化で当局は国境をまたぐ資本移動の 90～95%を把握ずみ」という。残る 5～10%は現金で持ち出すのが大半とみられ、デジタル化でこの穴を防ぐ戦略だ[33]。

デジタル人民元は人民元を扱う銀行に口座がなくても携帯電話内の「デジタル財布」などで使える。口座を持たない人が多い海外でも利用しやすい仕組みといえる。野村総合研究所の木内登英エグゼクティブ・エコノミストは「中国の広域経済圏構想『一帯一路』に合わせ、関係国との間で人民元の利用を広げる狙いがある」[34]とも指摘する。

米国は通信機器大手、華為技術（ファーウェイ）などに禁輸措置を課したが、米経済制裁の根幹は取引企業のドル決済を禁じるというものだ。

---

30 Agur, Ari and Dell'Ariccia (2019) pp. 1-3.
31 https://vdata.nikkei.com/newsgraphics/new-capitalism/416987/
32 *ibid.*
33 https://www.nikkei.com/article/DGXMZO52853220S9A201C1EA2000/
34 *ibid.*

欧州中央銀行（ECB）も「デジタルユーロ」の研究に着手しており、ラガルド新総裁は「取り組みを加速する」と表明してきた。日欧やカナダなど 6 中銀は 2020 年 1 月、国際決済銀行（BIS）とともにデジタル通貨研究に乗り出すと表明した[35]。英中銀のカーニー総裁は 19 年 8 月、FRB 高官が勢ぞろいするジャクソンホール会議で「多極化した世界には新たな通貨制度が必要だ」とあからさまにドル覇権に意義を唱えた。トランプ政権の関税政策にも不満を表明し、主要中銀が共通で管理する「デジタル合成通貨」構想を披露した[36]。

おわりに

米中貿易戦争､新型コロナウィルスによる中国経済の景気後退が深刻化し、理財商品が不良債権化し、恐慌のリスクが高まってきているなか、リブラ、デジタル人民元､「デジタルユーロ」などのデジタル通貨によるブロック経済圏が形成されつつある。ケインズは、各国の通貨当局（中央銀行）間の帳簿上の付け替えで国際取引による債権及び債務の最終的な決済を行う「清算同盟方式」で、中心となる国際機関は、国際通貨（bancor）を創出・発行し、世界中央銀行としての機能を持たせることを提唱していたが､すでに今日の事態を見通していたとしか思えない。

英中銀のカーニー総裁の主要中銀が共通で管理する「デジタル合成通貨」構想にとどまることなく、IMF を世界中央銀行に格上げし、世界中央銀行が管理するデジタル共通通貨を発行するとともに、格差を解消するための世界規模の所得の再分配を大規模に行い、トランプ政権のように先進国が保護主義に走る過ちを繰り返させないようなブレトンウッズ体制の再構築が急務になっている。

---

[35] https://www.nikkei.com/article/DGXMZO54689310S0A120C2EA2000/

[36] *ibid.*

第 8 章　開発援助

Source: http://www.yuki-eiga.com/films/afghan

アフガニスタンで医療や灌漑事業などの人道支援に取り組む NGO「ペシャワール会」の中村哲医師が 2019 年 12 月 4 日、現地で銃撃され、死亡した。2000 年、大干ばつに見舞われたアフガニスタンの村々で水源確保事業を開始し、飲料用井戸約 1600 本と直径約 5 m の灌漑用井戸 13 本を掘削、カレーズ（伝統的な地下水路）38 ヶ所の修復をした。2010 年、アフガニスタン東部で灌漑用水路建設 (全長約 25 ｋｍ) を完遂した。

はじめに

第二次世界大戦後、途上国に対する開発援助が世界銀行などの国際機関や先進国政府によって取り組まれてきたが、貧困層の人口は減るどころか増えており、開発援助の量が不十分であるとともに、開発援助のあり方にも問題があるといえる。ブレトンウッズ体制の弊害が言われてから久しいが、本章では、開発援助の必要性、世界銀行の活動内容、弊害の原因、貧困国の重債務問題、社会開発の必要性について考えたい。

1．開発援助の必要性

市場原理だけに従い、国際的に金融を野放しに自由にさせると、インフラの未整備な途上国やそうした国の発展の潜在能力を有する分野に金融が導入されにくくなる。つまり資金は短期的には経済的に有利になっている先進国の市場に偏ることになる。そのことは国際社会の経済をトータルに見るとプラスにならない。したがって、市場金利より有利な条件で開発金融をおこなって途上国の広義のインフラを整備し、市場金融をおこないやすくする必要がある、と一般に開発金融の必要性は定義される[1]。

市場原理の下では供給されないか、あるいは不十分な量しか供給されない財があり、政府がそれを引き受けて行う必要が生じ、そのような公共財を供給するのが政府活動の根拠となる。同様に市場原理の下では実現されない国際秩序の安定や途上国の貧困緩和をODAによって実現する必要があり、ODAは国際公共財の性格を持っている[2]。たとえば、広く住民に保健・医療サービスを提供するプライマリー・ヘルスケア、広く住民に提供する教育サービス、大気汚染防止、酸性雨対策、海洋汚染防止、野生生物保護、植林などによる環境保全、農村電化、遺跡修復・文化財保護、自然災害などの緊急救援などが国際公共財としてあげられる。

さらには、先進国による発展途上国に対する不公正な貿易などによって経済格

---

1 今井（2001年）p. 25.

2 多くのドナーが輸出振興や資源確保を目的として、旧植民地への影響力の保持を狙って、あるいは国連での支持を求めてODAを行っていることも事実で、私的財としての面もあり、純粋国際公共財とはいえないとの見解もある。千明・深尾（1993年）参照。

差がもたらされ、豊かな国上位 20 ヵ国の平均所得と最貧国 20 ヵ国の平均所得の格差は 37 倍で、40 年前に比べると格差は 2 倍に広がっている[3]。この格差を是正するためには、先進国の富を発展途上国に対して再配分する必要があり、その役割を ODA が担っている。スカンジナビアやオランダなど、いくつかの国は国連による目標である GNP の 0.7%[4]を超える額を ODA に充てているが、米国は 0.1%を充てているにすぎない。

久しく抑圧され収奪された新興諸国は、富める帝国主義支配国からの経済援助を当然の権利として要求することができる[5]。より本質的に開発援助の必要性は、新興諸国の側では国際不平等問題を冷戦時代の東西援助競争による恩恵の要素としてではなくて、「南」の諸国の生存権の承認の問題として、その解決が結局においては資本主義の生み出した世界経済構造の変革を予想するものとして提出しているのである[6]。

2．ベーシック・ヒューマン・ニーズの欺瞞

世界銀行は、当初は連合国の戦後復興と経済開発の支援が主な活動であったが、戦後復興が一段落した後は、途上国への援助の最大の提供者となっている[7]。

世界銀行に加盟するには、IMF に加盟していることが要件とされている。世

---

[3] World Bank (2001) p. 3.

[4] 1960 年、国連総会において、先進国全体として、国民所得（national income）の 1 %の資金を途上国に振り向けるべきであるとの決議が成立した。1964 年の UNCTAD I において、この目標は、個々の先進国のそれぞれが達成すべきとされた。1968 年、UNCTAD II において、「GNP の」 1 %が目標であるとの再定義が合意され、OECD 開発援助委員会（DAC）諸国も原則として受け入れた。国連のミレニアム開発目標は、ゴール 8 の指標 33 として、DAC ドナー諸国の国民総所得（GNI）に対する ODA 支出純額の割合を、2015 年までに ODA の 0.7%目標、2010 年までに後発開発途上国向け 0.15～0.20%目標）が掲げられている。

[5] 斉藤（1966 年）pp. 64-65.

[6] 同上。p. 103.

[7] 通常は 5 年間の返済猶予期間、15～20 年間の償還期間、7.5%前後の金利で貸し付けを行い、当初はインフラ整備をすることによって途上国の開発を支援した。世界銀行グループとしては、以下の機関がある。国際開発協会（IDA、第 2 世界銀行）は 1960 年に設立され、最貧国（一般に 1 人当たり GDP が 500 ドルを下回る国）に対する補助金と約 30 年間の弁済期間による低金利（0.75%）借款と無償を供与している。国際金融公社（IFC）は 1956 年に設立され、途上国の民間企業の活動を支えるために、政府保証無しで融資を行っている。多数国間投資保証機関（MIGA）は 1988 年に発足し、国家による強制収用、通貨送金、戦争と内戦などのリスクに対する保証（長期政治的危険保証）を投資家・ドナーに提供する。開発途上国の民間投資を促進し、国外からの投資を促進するため、インベスター・リレーションズ活動の支援も実施している。投資紛争解決国際センター（ICSID）は、外国企業と国家の間の紛争を調停・仲裁などで解決する場を提供している。

界銀行の意思決定も加重表決制で、各加盟国は一律に割り当てられる250票の基本票に加え、経済力や貿易規模などを基準に算出された割当額（クォータ）＝出資額に応じた票数が与えられる。このため、米国は世界銀行においても最大の議決権を有している。

世界銀行における最初の転換点は、1960年からフォードの社長、1961年から1968年まで米国国防長官を務めたロバート・マクナマラが、1968年に世界銀行総裁に就任したことである。彼は、絶対的貧困の概念を打ち出し、持てる者と持たざる者の極端な格差をなくすのが開発の任務であるとし[8]、ベーシック・ヒューマン・ニーズ（BHN）を満たす資金需要を国際資本市場で世界銀行債券を発行して調達し、受注者が包括的に企画から完成まで請け負い発注者に引き渡すターンキー方式のプロジェクトなどにそれまでの数倍の融資をしたことである。

マクナマラは、ベトナム戦争へ米軍を増強させて泥沼化させ、敵をあぶりだすために集中的に化学薬品を散布する「枯れ葉作戦」を展開させ、付着すると皮膚を溶解させるナパーム弾を製造し、自由世界の防衛に貢献したとして、公然とダウ・ケミカル社を誉め称えた[9]人物であり、ODAを担う世界銀行のトップとしての資質を備えているとはいえない人物であった。

マクナマラは「1967年秋にエルネスト・チェ・ゲバラがボリビアで死んだが、これはカストロ主義革命家の夢を打ち砕いた。しかし反乱鎮圧だけではこの問題への十分な対応とは言えない。安定した政治的機構が隆盛を遂げ、暴力革命のおそれをなくすためには、人間に苦しみと欠乏をもたらす根源を除去しなければならない」[10]と述べ、彼のイデオロギーと政治的立場から導き出された開発モデルについて語っている。マクナマラは数量化が得意で、「暴動の勃発と当該国の経済状態とのあいだには、直接的かつ不変の相関関係がある。1958年以来、極貧国の87%、貧困国の69%、中所得国の48%が、深刻な暴動を経験している」[11]とし、開発することによって途上国の革命を防ごうとした。米国政府も途上国政府に対して革命を弾圧するための軍事支援を行った。

---

[8] Robert S. MacNamara, *Address to the Board of Governors*, Nirobi, Kenya, 24 September 1973, IBRD pamphlet series, pp. 6-7.

[9] Shapley (1993) p. 435.

[10] McNamara (1968) pp. 29-30.

[11] *ibid.* p. 146.

たとえば、チリのアジェンデ政権下の人民連合統一戦線政府のように、政府が貧しい人々の生活状態を改善しようとしたときには、マクナマラ総裁の世界銀行は貸付停止措置をとり、アジェンデ政権をCIAの支援とともに軍事クーデターで転覆させて成立したピノチェット軍事独裁政権には手厚い支援を行った。貧困により絶望状態にある人々を助ける目標を持っているなら、人々を抑圧してきた富める者・軍部の側につくことは論理矛盾であり、富める者による政府や軍部を通じ、極端な不平等の下、生命の危険を顧みず抵抗している何千万の人々に開発援助の恩恵を届かせるのは不可能というものだ[12]。

BHNという概念に対する最も鋭角的な批判は、おそらくイヴァン・イリッチ[13]によるものであろう。「貧困は、ほとんどあらゆる時代の多数の民衆が生きてきた不安定な生活条件をさす言葉であり、集団ないしは民衆の生産力と関係づけて考えられていなかったが、1970年までに、貧困は“必要とされる財”とそれにも増して“必要とされるサービス”についての欠乏を示す基準となり、商品を十分に買えないために“人間らしい生活ができない”人々が貧困者と定義され、ニューヨークでもエチオピアでも貧困は過少消費の基準となり、実際に営まれている生存活動は“人間にふさわしくない（サブヒューマン）”活動であると決め付けられることになった」[14]と批判している。

確かに、世界の最貧国では最低限の生産レベルに達しておらず、基本的ニーズを満たすレベルにすら達していない。しかしほとんどの国の住民にとって、十分な食料、住居、衣服、きれいな水、医療、交通機関、教育などの基本的ニーズが満たされるか否かは、1人当たり所得の額ではなく、生産物がどう配分されるか

12 開発経済学者の今井正幸は、「マクナマラは1960年代に、東側陣営の伸張を食い止めるため、ベトナム戦争を闘ったが、世界銀行総裁になっても、東側陣営との援助競争を繰り広げた。重点地域の一つは、東西陣営の接点にある辺境地、たとえばインド、パキスタンであり、そこに援助するための新たな開発目標の作成をスタッフに命じた。そうしてできたのが、貧困層の一人ひとりの基本的な生活条件を満たそうという、一見人道的に見えるBHNだったのである。これは当時としては画期的な考えであった。しかし実際には、食糧を量産できた富裕農民などには役立ったものの、機械や肥料を購入できない貧困層には生活水準の向上をもたらさなかった」と指摘している。今井（2001年）p. 150.

13 Ivan Illich（1926年‐2002年）イヴァン・イリイチとも表記される。父親はクロアチア貴族の末裔、母親はセファルディム系のユダヤ人という家庭で、オーストリア、ウィーン生まれの哲学者、社会評論家、文明批評家である。ニューヨークのプエルトリコ人街の教会の神父として赴任し、解放の神学などの運動に共感を抱き、ローマ・カトリックに対して、その独善的、官僚制的、排外主義的体質を文化帝国主義と批判し、司祭の資格を放棄した。

14 イリッチ「ニーズ」、ザックス（1996年）所収。pp. 136-138.

にかかっていて、軍隊や兵器に投入される資源を回すだけで十分に満たされる場合も多い。貧困は、状態ではなく、豊かな人との関係、国家との関係、個人および集団の権利の法的・社会的枠組みとの関係のなかで、物的・非物的財やサービスをどう利用できるかを表現していて、アマルティア・センが権利付与の失敗としているものである。換言すれば、身分や階級関係自体を改め富の再分配をしなければ、物的支援のみを行っても貧困の解消には結びつかない。

生活水準をGNPで測ることについての鋭角的な批判は、セルジュ・ラトゥーシュが行っている。「発展途上国ははるかに裕福で（過去も裕福であった）、秤にかけられない、あるいは過小評価されている使い放題のモノやサービス、つまり開放された空間や熱帯地方の暖かさ、たっぷりある時間、連帯意識などを有しており、世界体制が用いる有力な基準からすれば、こうした国々の購買力は、全体的にその国の力を表すものとしてごく小さいものでしかないが、そこで測られているのは、その国の社会的経済的現実のなかで欧米化された部分でしかない」[15]と論じている。

マクナマラは、1968年から1981年まで長期間、世界銀行総裁を務め、BHNを満たすためと称し途上国に対して巨額の債務を負わせたが、債務返済が困難になるとIMFとともに構造調整プログラムを始めたことでも、世界銀行の活動に大きな責任を負っている。

3．グッド・ガバナンスの欠如？

次の大きな転換点は、ロナルド・レーガンが米国大統領となり、レーガノミックスが実施され、米国財務省が金利を引き上げたため、変動利率で借款契約していた途上国が実質 8～10%の利払いを強いられ、債務危機に陥らされたことであろう。1982 年のメキシコの債務危機はレーガノミックスによって引き起こされたといえる。「レーガノミックス信奉者が考えるところの、意見を述べる権利など持たない“弱体”諸国が御託を並べるのを、世界銀行の官僚が敬意を払って聴いていることに腹を立てた」[16]のであり、小さな政府を追求している彼らとして

---

[15] ラトゥーシュ「生活水準」、ザックス（1996 年）所収。pp. 352.
[16] ‘Conable’s Year of Living Dangerously at the World Bank’, *Business Week*, 20 July 1987.

は、世界銀行は世界規模で政府官僚たちに補助金をばらまいていることと同じであった。コナブル総裁の下、1987 年に世界銀行は機構改革を行い、新しいスタッフ就業規則を施行した。このため、経営側に対する信頼が失われ、「全体の 10%にあたる 576 人ものスタッフが世界銀行を辞めた・・・機構改革のあとの 2、3 年のうちに、600 人から 800 人の新しい正統派マクロ経済学者が採用され」[17]た。これは、構造調整を遂行していくために大量の新古典派経済学者を採用するという機構改革に他ならない。

構造調整はサハラ以南アフリカでは機能せず、約束された民間投資は実現していないが、構造調整の失敗の原因を他にうまく転嫁するために、世界銀行は「アフリカは単に小さな政府だけではなく、よりよい政府をも必要としている」[18]と論じた。

世界銀行の協定条文によれば、世界銀行は政治への介入をまったく許されていないので、世界銀行副総裁兼最高法律顧問のイブラヒム・シハタが法に抵触しない表現として「統治」を選んだ[19]。開発のために一国の経済および社会的資源を管理する際、権力を行使する態様を統治と言い、世界銀行にとって「good governance（よい統治)」とは健全な開発管理と同義である[20]。世界銀行のダラー（David Dollar）らは、相手国の「良い政策」や「グッド・ガバナンス」が援助の有効性や効果を高める上での重要な要素であり、ドナーの融資・援助はこうした要素を見極めながら選択的に行うべきであると論じた[21]。世界銀行は、相手国の政策改善や制度構築支援を強化し、その融資と相手国の「良い政策」とのリンクを強めようとしたが、構造調整の失敗自体を問題にすることはなかった。

軍事独裁や腐敗の問題が途上国の発展を妨げていることは事実であり、当然是正されていかなければならない。しかし、途上国側が主体的立場であり、ドナー側は援助の補完性と限界を認識し、構造調整の失敗を認めて是正した上で、より望ましい政策を立案・実行し、制度を構築できるガバナンス（政策・制度能力）

---

17 ジョージ・サベッリ（1996 年）pp. 163-166.
18 World Bank (1989) p. 5.
19 Shihata (1991)
20 World Bank (1992) p. 1.
21 World Bank (1998)

を構築するために途上国側と協力していくべきである。

4．世界銀行改革

プレストン世界銀行総裁の下でウィリー・ワッペンハウス[22]は、世界銀行融資全体の成果について収益率を尺度に調査し、1992 年に「ワッパンハウス報告書」をまとめた。世界銀行の 1,400 億ドルの融資ポートフォリオの 113 ヵ国における 1,800 余りのプロジェクトのうち、20%が大きな問題を抱え、1980 年代初頭に問題を抱えているプロジェクトは 11%程度であったのに、1991 年に完了したプロジェクトでは 37.5%が問題を抱え、水、衛生、農業セクターは最悪で、40%以上が失敗していることが判明した[23]。

世界銀行改革に火をつけたきっかけになったのが、2000 年 3 月に出された、「メルツァー報告書」[24]である。中所得国への融資や民間セクター支援の停止、地域開発金融機関の活動や拠出金へのシフト、金融危機に対する役割の停止、世銀の融資からグラントへの転換、相手方事業体への直接的な資金供与、制度・政策改革支援の重要性、パフォーマンスに基づく融資政策、明確なパフォーマンスの基準、透明性のあるモニタリング、グローバル公共財への集中などを提言した[25]。しかし、中所得国の中でも、貧困層・貧困地域は存在し、また民間資金では進められないセクターも存在するため、こうした分野への世界銀行融資は、引き続き存在意義がある。さらには、融資からグラントへの転換が進められれば、経済インフラが軽視され、小規模プロジェクトにしか供与されなくなり、ODA の規模が縮小されていくことが懸念され、「メルツァー報告書」は問題が多いといわざるをえない。

IMF の経済分析モデルは、外貨準備高が不足するなかで総需要抑制によってインフレ抑制および国際収支の改善を達成することを旨とし、成長率を低下させ

---

[22] 世界銀行退職時に副総裁。

[23] ジョージ・サベッリ（1996 年）pp. 282-283. Portfolio Management Task Force, 'Effective Implementation: Key to Development Impact', Confidential Discussion Draft, 24 July 1992.

[24] カーネギー・メロン大学のメルツァー教授（Allan H. Meltzer）を座長として、米国議会のイニシャティブで設立された国際金融制度諮問委員会（International Financial Institution Advisory Commission）による国際金融機関の改革に関する提言書。

[25] International Financial Institution Advisory Commission (2000)

る。他方で、世界銀行の経済分析モデルは、外貨準備高のみならず経済成長率を目標変数とし、政府支出と海外からの借入を前提とした資本流入を政策変数としている。以前は世界銀行のプログラムはIMFが同意しなければ実施できないというクロス・コンディショナリティによって制約されてもいたが、IMF批判を展開している大田英明は「同じ国に同時にIMFと世界銀行のプログラムを実施すれば、互いに矛盾が生じる」[26]と論じている。

米国のNGOであるFriend of Earthは、世界銀行融資を検討した上院委員会の公聴会で、「この10年間、世界銀行融資によって環境が破壊され、経済が土台から悪化していくますます多くの証拠……インドのサルダル・サロバル・ダムをとりまく異常な事態を視野に入れると……世界銀行改革は不可能である、と残念ながら結論せざるをえない」[27]と世界銀行解体論を展開した。

コーテンは、「外国からの援助は、たとえ無償であっても、真の発展には役立たない場合が多い。被援助国が外国の技術や人材に頼るようになり、輸入品に依存する消費スタイルが広まり、自然破壊や政治腐敗が進み、国産品に代わって輸入品がシェアを伸ばし、生活の糧である土地や水資源を奪われる人が増える……世界銀行とIMFは、会社自由主義を奉じる強力な政治的基盤を獲得し、途上国政府の民主的な説明責任能力を低下させ、民主的に選ばれた議会の機能を奪い、法的・制度的な障壁を取り去って、多国籍企業が途上国の経済を思うままに搾取することを許した。人類の歴史長しといえども、軍隊を除いてこれほど多くの人々に、これほど大きな被害を与えた機関はなかった」[28]とし、無償を含めてODAすべてを否定している。さらに、コーテンは、地域共同体に根ざした開発資源の管理・運営を支援するのに必要な制度の変革を推進する役割は、大きな援助機関ではなく、NGOであると論じている[29]。

しかしながら、そもそも、先進国のGDPの1%にも満たない額を途上国に分配しているだけでは、経済格差を解消するには程遠い。したがって、コーテンらのODA不要論は、この基本的なODAの必要性に対して応えているとはいえない。

---

26 大田（2009年）p. 108.
27 Friend of Earth (1993) pp. 13-14.
28 コーテン（1997年）p. 217.
29 コーテン（1995年）p. 144.

融資からグラントへの転換議論や多くのNGOに見られる議論のように、経済インフラが軽視されることに対して、辻は、「アジアの新興国を含む開発途上国は、主として国内の道路・港湾・鉄道・空港といった運輸インフラや、電力・エネルギー・インフラの不備によって、生産性の低迷に悩んでいる。インフラの一層の充実なしに、外資導入も輸出増進も貯蓄率向上も不可能である」[30]と論じている。

ジョージは、「ブレトンウッズ諸機関は豊かな国に完全にコントロールされている。世界銀行と IMF は、もはやワシントンの指示にしか従っていない。ワシントンの意向に従うことを強制されることなくお金を借りられるように、これらの機関を再編成しなければならない」[31]と改革する必要性を訴えている。ODAの対象は途上国であり、途上国の発言権・議決権が十分に確保されるように改革が行われる必要がある。

5．貧困国の重債務問題

（1）貧困国における対外債務の累積化

植民地時代、南半球はヨーロッパの宗主国によって、国毎にそれぞれ綿花、パームやし、落花生、カカオ、バナナなど単一換金作物の生産（モノカルチャー）を強制された。植民地は、これら一次産品を、ヨーロッパにただ同然に供給し、代わりに高いヨーロッパの工業製品の販売市場となってきた。このような搾取によって、南半球の経済発展は阻害され、人びとは貧困に苦しんでいた。1950 年代以降、これらの植民地は独立した。しかし、安い一次産品を先進国に輸出し、高い工業製品を輸入するという南北の経済関係は変わらず、毎年多額の貿易赤字が発生した。これを埋めるために、かつての宗主国に借金し、独立直後から対外債務を抱えることになった。すでに 1964 年、ジュネーブで開かれた第 1 回国連貿易開発会議で、アフリカから対外債務の帳消し要求が出ていた。

メキシコ・ブラジル・フィリピンなどの中所得国が、1980年代に、世界的な景気停滞と商品価格低下に加えてアメリカの高金利政策などの影響を受けて、増

[30] 辻（2001 年）p. 226.
[31] ジョージ vs ウルフ（2002 年）pp. 147-148.

加した金利負担で対外債務の返済が困難となった。累積債務問題が深刻化してからは、債務の削減、債務返済の繰り延べ（リスケジューリング）、債務国への新規貸付などの救済策がとられて危機は一応回避されてきた。しかし、債務累積問題は、地球環境の破壊、麻薬とエイズの蔓延、税金による銀行救済、失業の増大、移民の増大、地域紛争の頻発などの災禍をもたらしてきている。

1982年のメキシコを契機とする債務危機が起こる直前に出版された1982年版の世界銀行の『世界開発報告』は、「工業国が（景気後退局面から）急速に回復すれば、開発途上国の借入は輸出伸張に支えられ増大し、1980年代を通じて（民間資金源泉からの）年間純借入額（借入と返済の差額）は少なくとも1,150億ドルに達するであろう」[32]とし、世界銀行は債務危機を全く予想していなかった。実際に債務危機が起こった後、1984〜89年の間、途上国には世界銀行予測の10分の1以下に民間融資は急減した。1983年版の世界銀行の『世界開発報告』は、「難局に陥っているのは地域またはグループの全体ではなく、個々の国である・・・ブラジル、メキシコなどの一部主要国の場合、債務返済が困難に陥った要因は、流動性不足である」[33]としていた。

すでに1986年末には、途上国の債務残高は1兆ドルを超えていたが、世界銀行は1990年代半ばには悪くても8,640億ドルに収まり、うまくいけば10年以内に公的機関および民間債権者に対する債務は5,600億ドルまで減少すると予測していた[34]。しかし実際には、1993年に債務総額は1兆5,340億ドルに達した[35]。世界銀行は自己を正当化することが不可能になり、1992年に世界銀行の主任エコノミストであったローレンス・サマーズは、「メキシコの債務不履行のあと2年間のうちに、発展途上国債務の半分を負う30ヵ国が期日通りに利払いができなくなっていた」[36]ことを認めた。また、「債務危機を単純に流動性問題として扱ったことが、経済安定に貢献しかつ現実的な解決の模索を遅らせた・・・（事態認識の）遅れによる損失は、多くの発展途上国で10年間にもわたって開

[32] World Bank (1982) p. 34.
[33] World Bank (1983) pp. 21-23.
[34] World Bank (1986) p. 56.
[35] OECD (1993) Table V. 1.
[36] Ahmed and Summers (1992) p. 2.

発に待ちぼうけを食わせたことであった」[37]とし、途上国にとって失われた 10 年になったことを認めた。

およそ 90 ヵ国の債務国は、構造調整プログラムで輸出向けに最大限生産できるように経済を再編するようしむけられ、一次産品の輸出ドライブをかけるが、債務国の多くは同じ商品を輸出しているので、1990 年代を通じて供給過剰となって価格が低下し、債務返済もままならなくなるという悪循環に陥ったのである。植民地時代のモノカルチャーという負の遺産もあり、これらの債務国の経済体制は一つか二つの農産物や原材料に依存しており、資本不足のなかで多様化させることを望むことは難しい。

レーガン政権で 1981 年から 85 年まで通商代表を務めたウィリアム・ブロックは、いみじくも「これら（債務）国は、債務を返済するために海外に商品を販売することができなければならない。もし彼らの工業国市場への出入りが保護主義によっていためつけられるなら、先進世界は債務国に対して永久に続く債務危機を宣告していることになろう」[38]と指摘している。債権国が債務国から輸入を増やさない限り、債権国が債務危機を作り出しているのである。

サハラ以南のアフリカ諸国の債務危機は、巨額の累積債務によってもたらされたものではない。それは、一次産品の値下がり、ODA の減少、外国投資ゼロというマイナスの環境に加えて、主として、IMF・世銀の構造調整プログラムが実施されたことによって発生した。

また、多くの世界銀行の融資や IMF の融資は構造調整融資として貸し付けられており、借入国の政府はこれらの資金を必ずしも特定の目的に充てることは必要なく、商業銀行への債務支払にも充てられ、事実上、商業銀行の貸手責任を問題にすることなく、商業銀行の債務を公的な資金でもって肩代わりしてきていることも問題である。

（2）重債務貧困国イニシャティブ（Heavily Indebted Poor Countries、HIPC）

1995 年、コペンハーゲンで開かれた国連社会開発サミットにおいて、はじめて IMF・世銀などの多国間債務を削減していくことが決議された。コペンハー

[37] *ibid*, p. 4.
[38] Brock (1984)

ゲン・サミット後、IMF・世銀は、1996 年秋の年次総会において「HIPC イニシャティブ」を決定した。

まず、IMF・世銀は、HIPC イニシャティブによる債務削減交渉の対象となりえる国として 41 ヵ国を指定し、適格国と表現されたが、1 人当たり GNP が 695 ドル以下、IMF・世銀の構造調整プログラムを忠実に実施している、債務が持続可能なレベルを超えている、と判断される必要がある。IMF の構造調整プログラムを、3 年間以上実施し、IMF・世銀の審査に合格すれば、「Decision Point（決定ポイント）」に達したとして、HIPC イニシャティブによる削減交渉を受けることが出来る。その後さらに 3 年間、構造調整プログラムを実施し、「Completion Point（完了ポイント）」に達したと認定されて、初めて実質的な債務の削減を受けるのであり、HIPC イニシャティブの適格国に指定されてから、実質的な債務削減を受けるまでには、合計 6 年という長い期間がかかる。

表 1　HIPC 諸国のステータス

完成ポイント　24 ヵ国		
Benin	Gambia	The Niger
Bolivia	Honduras	Rwanda
Burkina Faso	Madagascar	São Tomé and Príncipe
Burundi	Malawi	Senegal
Cameroon	Mali	Sierra Leone
Ethiopia	Mauritania	Tanzania
Ghana	Mozambique	Uganda
Guyana	Nicaragua	Zambia
決定ポイント　11 ヵ国		
Afghanistan	Congo, Dem.	Rep. of the Haiti
Central African Republic	Côte d'Ivoire	Rep. of Liberia
Chad	Guinea	Togo
Congo	Guinea-Bissau	
決定ポイント以前　5 ヵ国		
Comoros	Kyrgyz Republic	Sudan
Eritrea	Somalia	

Source: World Bank (2009)

1999 年秋、ワシントンで開かれた IMF・世銀の年次合同総会では、「拡大 HIPC イニシャティブ」が打ち出された。第 1 に、債務削減を貧困根絶プログラムに関連づけるという口実で、国際金融機関に対して、債務国が、市民社会の参加をもって「貧困削減戦略ペーパー」を作成するという、新しい条件を課した。第2に、債務の持続可能性のレベルを下げた。第3に、決定ポイントから完了ポイントまでの3年間、債務国は、債務返済を続けると同時に、貧困削減戦略ペーパーにしたがって貧困削減の実績をあげなければならない。現在のHIPC諸国のステータスは、表1のとおりとなっている。

最近の動きとして、2006年10月13日、IMF理事会は、キルギス共和国がHIPCイニシャティブによる支援適格国になったと決定したが、キルギス共和国政府は2007年2月20日の閣議で、HIPCイニシャティブ申請を拒否する決定を行った。キルギス共和国は、そもそも、「中央アジアの優等生」としてIMF主導で緊縮財政体制を強要し、民営化や自由化を忠実に実行し、1998年にWTOに加盟（旧ソ連諸国で唯一）した。その結果、国内産業が衰退し持続的な経済発展の実現が困難となり、輸出額が伸びず、歳入額も伸びない結果、債務の現在価値が輸出比で150%以上、債務の現在価値が歳入の250%以上[39]となった側面がある。このため、HIPCモデルから脱却し、債務トラップひいては貧困トラップから離脱することができるよう輸出競争力のある国内産業の育成が急務といえる。債務帳消によって債務負担が軽減されたとしても、無償資金はともかくとしても新規の融資が、当面の間、供与されにくくなるなかでは、貧困から脱出することは困難であり、HIPCイニシャティブ申請の拒否は経済的にも合理的な判断であったといえる[40]。

（3）債務ブーメラン

債務累積額の大きさと、地球環境の破壊、麻薬とエイズの蔓延、税金による銀行救済、失業の増大、移民の増大、地域紛争の頻発などはプラスの相関関係がある。IMFと世界銀行が立案した構造調整プログラムによって、いまや何十という債務国が鉱物、熱帯作物、木材、肉や魚など天然資源を輸出して収入を増やそうとしている。

---

[39] HIPCの設定基準は、債務の現在価値が輸出比で150%以上、（GDP比輸出額が30%以上の場合）債務の現在価値が歳入の250%以上、デッドサービスが輸出比15%以上と定義される。

[40] 今井、和田、大田、森（2008年）pp.130-150.参照。

ジョージは、「アンデスの麻薬経済は、おそらく最も明白で直接的に、ラテン・アメリカの麻薬を生産し売買している三つの国の慢性的債務と結びついている」[41]と指摘している。コカインの生産と一次加工である濃縮コカイン・ペースト[42]の大半はボリビアとペルーで行われ、コロンビアに空輸されて精製して白い粉末にする最終加工と北米などへのマーケティングが行われている。南米で債務危機が起こった 1982 年から 1988 年にかけて、ボリビア、コロンビア、ペルーの債務残高は 1.5 倍から 1.7 倍に増大し、GDP 比でボリビアが 106%、ペルーは 147%に達し、債務返済は、財・サービス輸出の 40%前後に上っている[43]。

対外債務は輸出で稼いだ外貨で返済されなければならないため、輸出志向工業化を取ってきたアジア NIES 諸国では多額の対外債務を抱えていてもその支払能力が問われることはない。しかし、ラテン・アメリカ諸国は、債務危機が顕在化したために、債務返済のために外貨獲得を加速させる必要があったが、ボリビアの主要な輸出品目である錫の価格は崩れ続け、ペルーは銅と石油の輸出に頼っていたが、軍事政権は歳入の 40%を軍事費に使い債務を累積させ、コロンビアの主要輸出品目であったコーヒーの価格は半分に下がったまま回復せず、コカインの生産・輸出に依存する経済になっていった。ラテン・アメリカで見られるように、麻薬の生産と取引への依存は、債務によって決定的に促進されており、コカ栽培農民に生活の糧を稼ぐため、コカ以外の方法を提供する開発援助が不可欠となっている。

債権国は債務国からの返済を受けたいのであれば、債権国からの輸出を減らし、債務国からの輸入を増やすことが必要であり、輸出を減らすということは生産的労働の一部分が失われることを意味する。また、IMF と世界銀行が途上国に対して行ってきた構造調整、とくに民営化によって、働く人々が解雇され賃金カットが行われている。実際には、債権国である先進国は輸出を減らしてきておらず、債務国からの経済難民の大量流出が起こっている。移民は 1982 年の債務危機以前からも起こっていたが、債務や構造調整の結果、表 2 に示されているように、

41　ジョージ（1995 年）p. 80.
42　コカの葉を石灰水やエーテル、アセトンなどに浸して分離したペースト状コカインを作る。
43　http://ddp-ext.worldbank.org/ext/DDPQQ/showReport.do?method=showReport

国を捨てて移民する人々の数を増大させている。

表 2　移民数および送金額（10 億ドル）

移入民上位10ヵ国	移入民上位10ヵ国、人口比	移出民上位10ヵ国	2000年の高等教育を受けた移出民の上位10ヵ国	送金受取上位 10 ヵ国、2007 年	送金受取上位 10 ヵ国、GDP 比、2006 年	送金発送上位 10 ヵ国、2006 年
米国	カタール (78.3%)	メキシコ	スリナム (89.9%)	インド ($27.0)	タジキスタン(36.2%)	米国($42.2)
ロシア	アラブ首長国連邦 (71.4%)	ロシア	ガイアナ (85.9%)	中国 ($25.7)	モルドヴァ (36.2%)	サウジアラビア($15.6)
ドイツ	クウェート (62.1%)	インド	ジャマイカ (82.5%)	メキシコ ($25.0)	トンガ (32.3%)	スイス ($13.8)
ウクライナ	シンガポール(42.6%)	中国	ハイチ (81.6%)	フィリピン ($17.0)	キルギス (27.4%)	ドイツ ($12.3)
フランス	バーレーン (40.7%)	ウクライナ	トリニダード・トバコ (78.4%)	フランス ($12.5)	ホンジュラス(25.6%)	ロシア ($11.4)
サウジアラビア	イスラエル (39.6%)	バングラデシュ	トンガ (74.2%)	スペイン ($8.9)	レソト (24.5%)	スペイン ($11)
カナダ	ヨルダン (39.0%)	トルコ	セントキッツ・ネーヴィス(71.8%)	ベルギー ($7.2)	ガイアナ (24.3%)	イタリア ($8.2)
インド	ブルネイ (33.2%)	イギリス	アンティグア・バーブーダ(70.9%)	イギリス ($7.0)	レバノン (22.8%)	ルクセンブルグ($7.5)
イギリス	サウジアラビア(25.9%)	ドイツ	カーボベルデ(69.1%)	ドイツ($7.0)	ハイチ (21.6%)	オランダ ($6.7)
スペイン	オマーン (24.4%)	カザフスタン	グレナダ (66.7%)	ルーマニア ($6.8).	ヨルダン (20.3%).	マレーシア ($5.6).

Source: www.worldbank.org/prospects/migrationandremittances

2005 年の移民数は、1 億 9,060 万人で総人口の 3%で、2000 年の高等教育を受けた移出民の上位 10 ヵ国のうち、トンガとカーボベルデ以外が中南米諸国で、本国に残っている高等教育を受けた人口が極端に少なくなっている。米国では 1,800 万人が外国生まれであったが、米国の人口の 6～7%を占めるに過ぎない。

しかし、イギリスでは人口の 8%以上、フランスでは人口の 11%が外国生まれとなっている。ヨーロッパでは 1950 年代末から、ガスト・アルバイター（お客の労働者）[44]と呼ばれる外国人労働者が臨時の労働者として雇用され、ドイツでは260万人以上、1970年代初めまでスイスでは国内労働人口の3分の1以上が外国人であった。1973年のオイル・ショックとそれに続く経済危機によって、ガスト・アルバイターを削減しようとしたが、削減は進まず、逆に配偶者や子供を呼び寄せる制度が導入された。

市民権取得が難しくなり、職業訓練、健康保険手当、失業給付金などの権利を持たない外国人が増えている。市民権を取得できたとしても、様々な差別があり、社会的緊張が高まり、衝突するという事態も起こっている。多くの人々は、旅行者や学生としてやってきて、ビザが切れてもそのまま不法滞在し、友人や親戚が住んでいる地域に定住するため、「ゲットー化」が起こっている。重債務にあえぎ貧困から抜け出せない国からは、移民を阻止することは不可能であり、債務を軽減し、雇用機会を創出し、移民せざるをえない状況を解消することが唯一の解決方法である。

ジョージは、1982年から90年の間に、アフリカへの資金フローは、二国間および多国間の公共も民間もあわせたあらゆる開発援助、投資と新規借款、それに輸出信用を含めて正味で2,140億ドルであったが、アフリカは同じ時期に債務返済だけで2,170億ドルも支払っており、流入額を上回っており、アフリカに対する援助について語ることはお笑い種であると断じている[45]。

元世界銀行エコノミストで『フィナンシャル・タイムズ』の編集委員・チーフコメンテーターであるマーティン・ウルフは、「債務のせいで困難な状態に置かれている諸国の大半は、債務のせいだけで、あるいは大部分が債務のせいで、そういった状態に陥っているわけではない。中所得国の場合、債務は基本的な政治的誤りの結果で、ラテン・アメリカでは、戦後の発展プロセス、つまり《輸入代替工業化戦略》（輸入していた工業製品を国内生産に切り替えること）と呼ばれたものが限界に達し、為替危機が一挙に始まったが、負債をあつかう仕方の弱点

[44] 主要な送り出し国は、アイルランド、ポルトガル、スペイン、ギリシャ、トルコ、旧ユーゴスラビア、アルジェリア、モロッコ。
[45] ジョージ（1995 年）p. 236.

として、これらの国々においては、輸出部門が小さく、競争力がほとんどないという事実が挙げられ、この点、「アジアの虎」と呼ばれる諸国と異なり、たとえば1980年には、韓国はラテン・アメリカ全域よりも多くの製品を輸出していた」[46]とし、《輸入代替工業化戦略》にも原因が求められるべきと論じている。しかし、韓国、台湾、日本は、戦後、産業政策で国内産業を育成・保護し輸入代替工業化を行い、国際競争力を持った後に市場開放を行い、輸出志向工業化をしてきているのであり、《輸入代替工業化戦略》に原因があるという議論は成立しない。IMF・世界銀行関係者に、構造調整プログラム自体が途上国の返済能力を奪い、債務問題が、地球環境の破壊、麻薬とエイズの蔓延、税金による銀行救済、失業の増大、移民の増大、地域紛争の頻発などを引き起こしているという認識がなければ、これらの問題は一向に解決されていかないだろう。

日本のアジア諸国に対する円借款が戦後賠償の側面を持っている[47]ことは参考になるかもしれない。アフリカ諸国の旧宗主国は、モノカルチャーなどの植民地支配の負の遺産を清算することもなく、植民地支配の賠償をしてきていないので、独立後のアフリカ諸国の人々が自らの力で経済開発および社会開発をしていけるよう、債務の帳消しではなく、植民地支配の賠償として無償資金協力を行うといった考え方が必要なのではないだろうか。

債務国の返済能力を奪っているのが IMF・世界銀行の構造調整融資自体であり、債務国からの輸入を増やさず、債務国に債務返済能力を持たせなかったのが債権国である先進諸国である以上、IMF・世界銀行および先進諸国が、自ら貧困国の重債務問題を解決していく義務がある。

6．社会開発

（1）人間開発指数

発展途上国に対しては、IMF・世銀といった国際機関が中心となって、「国民1人当たりGDP／GNP」の増加を目指し、マクロ経済の発展と拡大を目指す経済

[46] ジョージ vs ウルフ（2002年）p. 59.
[47] 1954年にビルマと結んだ「日本・ビルマ平和条約及び賠償・経済協力協定」、その後のフィリピン、インドネシアとの経済協力のように初期の日本のODAは戦後賠償としての意味合いが強かった。

開発が行われてきた。1980年代に入ると、IMF・世銀を中心とした構造調整プログラムが行き詰まり、ラテン・アメリカ諸国は対外累積債務に悩まされ経済的に困窮した。また、1997年のアジア通貨危機も、経済開発の行き詰まりを示していた。社会学の識者は、「経済開発がうまく進まない、あるいは進行していたものが頓挫してしまうのは、経済発展に必要な社会的インフラの欠乏にある」と主張し、新たに社会開発という概念が提示された。

社会開発の認識の広がりに伴い、国連や世界銀行は、乳幼児死亡率、識字率、初等教育就学率などの社会指標を採用するようになった。さらに、UNDP は、1990 年以降発行している『人間開発報告書』のタイトルにも示されているように、一人当たり GNP、識字率、平均寿命、女性の権利から構成される人間開発の水準を計る基準で人間開発指数（Human Development Index、HDI）を提示してきている（表 3 参照）。

『人間開発報告書 2019 年』では、「依然として極度の所得の貧困で生活している 6 億人であり、多次元貧困指数[48]で測定すると 13 億人に跳ね上がる。人生の最初の 5 年間で予防接種へのアクセスと手頃な価格にもかかわらず、世界の最貧国で最も貧しい家庭の子どもの死亡率は依然として高い」[49]と分析している。

このような不平等を生み出す経路が、やりがいのある努力、才能、または起業家のリスクテイクとほとんど関係がない場合、人々の公平性の感覚を怒らせ、人間の尊厳に対する侮辱となる可能性がある。「不平等は社会を傷つけ、社会的結束を弱め、政府、機関、そして互いに対する人々の信頼を弱める。ほとんどが経済を傷つけ、人々が仕事や生活の中で最大限の能力を発揮することを無駄に妨げている。多くの場合、政治的決定が社会全体の願望を反映し、地球を保護することを困難にする・・・人間開発におけるこれらの不平等は、持続可能な開発のための 2030 アジェンダを達成するための障害となっている」[50]と指摘している。

---

[48] 多次元貧困指数の推定値は、2016 年の国民健康栄養調査に基づいている。2015 年の複数指標クラスター調査に基づく推定値は、多次元貧困指数値が 0.010、多次元貧困者数（%）が 2.6、調査年の多次元貧困者数が 3,125,000、2017 年の予測多次元貧困者数が 3,200,000、貧困の強度が 40.2、重度の多次元貧困の人口は 0.4、多次元貧困の影響を受けやすい人口は 6.1、健康の剥奪の寄与は 39.9、教育の剥奪の寄与は 23.8、生活水準の剥奪は 36.3。UNDP (2019) p. 321.

[49] UNDP (2019) p. 7.

[50] UNDP (2019) p. 1.

表3　人間開発指数（本文と関連する国のみ掲載）

		人間開発指数	出生時平均余命	就学予定年数	平均就学年数	1人当たりGNI(PPP$)
1	Norway	0.954	82.3	18.1	12.6	68,059
2	Switzerland	0.946	83.6	16.2	13.4	59,375
3	Ireland	0.942	82.1	18.8	12.5	55,660
4	Germany	0.939	81.2	17.1	14.1	46,946
4	Hong Kong, China (SAR)	0.939	84.7	16.5	12.0	60,221
6	Australia	0.938	83.3	22.1	12.7	44,097
6	Iceland	0.938	82.9	19.2	12.5	47,566
8	Sweden	0.937	82.7	18.8	12.4	47,955
9	Singapore	0.935	83.5	16.3	11.5	83,793
15	United States	0.920	78.9	16.3	13.4	56,140
19	Japan	0.915	84.5	15.2	12.8	40,799
49	Russian Federation	0.824	72.4	15.5	12.0	25,036
71	Sri Lanka	0.780	76.8	14.0	11.1	11,611
82	Peru	0.759	76.5	13.8	9.2	12,323
85	China	0.758	76.7	13.9	7.9	16,127
88	Ukraine	0.750	72.0	15.1	11.3	7,994
106	Philippines	0.712	71.1	12.7	9.4	9,540
108	Uzbekistan	0.710	71.6	12.0	11.5	6,462
110	Libya	0.708	72.7	12.8	7.6	11,685
111	Indonesia	0.707	71.5	12.9	8.0	11,256
113	South Africa	0.705	63.9	13.7	10.2	11,756
114	Bolivia (Plurinational State of)	0.703	71.2	14.0	9.0	6,849
118	Viet Nam	0.693	75.3	12.7	8.2	6,220
119	Palestine, State of	0.690	73.9	12.8	9.1	5,314
120	Iraq	0.689	70.5	11.1	7.3	15,365
122	Kyrgyzstan	0.674	71.3	13.4	10.9	3,317
126	Guatemala	0.651	74.1	10.6	6.5	7,378
126	Nicaragua	0.651	74.3	12.2	6.8	4,790
129	India	0.647	69.4	12.3	6.5	6,829
132	Honduras	0.623	75.1	10.2	6.6	4,258
134	Bhutan	0.617	71.5	12.1	3.1	8,609
135	Bangladesh	0.614	72.3	11.2	6.1	4,057
145	Myanmar	0.584	66.9	10.3	5.0	5,764
146	Cambodia	0.581	69.6	11.3	4.8	3,597
147	Kenya	0.579	66.3	11.1	6.6	3,052
147	Nepal	0.579	70.5	12.2	4.9	2,748
150	Zimbabwe	0.563	61.2	10.5	8.3	2,661
152	Pakistan	0.560	67.1	8.5	5.2	5,190
154	Syrian Arab Republic	0.549	71.8	8.9	5.1	2,725
157	Rwanda	0.536	68.7	11.2	4.4	1,959
168	Sudan	0.507	65.1	7.7	3.7	3,962
170	Afghanistan	0.496	64.5	10.1	3.9	1,746
182	Eritrea	0.434	65.9	5.0	3.9	1,708
185	Burundi	0.423	61.2	11.3	3.1	660
186	South Sudan	0.413	57.6	5.0	4.8	1,455
187	Chad	0.401	54.0	7.5	2.4	1,716
188	Central African Republic	0.381	52.8	7.6	4.3	777
189	Niger	0.377	62.0	6.5	2.0	912

Source: UNDP (2019) pp. 300-303.

（2）保健や教育セクターの充実化

健康を人間の基本的人権の一つと捉え、その達成を目的として、世界保健機関（World Health Organization、WHO）が、国際連合の専門機関として1948年に設立された。WHOにおける健康の定義は、「完全な肉体的、精神的及び社会福祉の状態であり、単に疾病又は病弱の存在しないことではない。最高水準の健康の維持は、人種・宗教・政治的信条などによる差別なしに万人が有する基本的権利である」（WHO憲章前文より）とされていてかなり広い目標を掲げている。そのために、病気の撲滅のための研究、適正な医療・医薬品の普及だけでなく、健康的なライフスタイルの推進にも力を入れている。

乳幼児死亡率は、生まれた子供が5歳までに死亡する確率を指し、通常は出生1000人に対する死亡数で表現され、IMR 100は生きて生まれた子供1000人が5歳までに100人（百分率で10%）死亡する状況を示している。年齢別人口構成がピラミッド型になる開発途上国は乳幼児死亡率が高い。感染症が多い上、小児科の医療水準が低いためである。2006年に世界最悪だったシエラレオネは、IMR 270であった。この死亡率の高さが、多産の一因となり、貧困を招いている。

スリランカ民主社会主義共和国（以下、スリランカ）は、所得水準に比較して、47/10 万人と妊産婦死亡率や 12.2/1000 人と乳幼児死亡率が低く、平均就学年数が 11.1 年で識字率が 91%と高く、平均余命が 76.8 才と長く、社会福祉がいきわたり、人口増加率も低い。南アジア諸国の中でスリランカの人間開発指数は群を抜いている。人間開発指数も低く貧困がはびこっているインド、パキスタン、バングラデシュ（表 3 網掛箇所参照）とは対照的である。アマルティア・センは、「スリランカ・モデル」を高く評価し、「社会福祉プログラム、公共配給制度、所得および所得以外の諸便益の分配の達成」などの所得の再分配によって人々の「生活の質」が改善し、貧困の除去に成功したモデルであると論じている[51]。

おわりに

「ケインズの双子」として設立されたブレトンウッズ機関であるが、新古典派の支配によって開発援助体制は行き詰ってきている。世界銀行が自ら新古典派の

[51] Sen (1981)

誤りを正すとは考えにくく、途上国の発言権・議決権を大きくすることによって、国際社会がこれらの誤りを正していけるシステムが必要である。米国が支配する世界銀行からの脱却を図るためには、機能を他の地域開発機関に移譲して調査機能だけを残すという案も検討に値しよう。

地域公共政策は官民の協働によって進められることが不可欠とされ、その理念は地域社会とその住民が主体となる参加型・協働型開発へと収斂しつつある。地域公共政策の立案、実施は、自治体のみならず、NPO・NGOなどの多様な主体によって担われるようになろうとしている。国連をはじめとする国際機構も、NGOの活動と連携し開発援助をはじめとする諸課題に取り組んでいるが、諸課題に対してNGOの活動規模は小さいことが否めず、コーテンのようにNGOの活動のみに期待するのは誤りといえよう。そもそも、センが論じているように、身分や階級関係自体を改め富の再分配をしなければ、物的支援のみを行っても貧困の解消には結びつかない。すなわち、NGOの活動や開発援助自体は対症療法に過ぎず、大半の途上国の貧困は土地なし農民であることなどに原因があり、大土地所有制のような体制自体を変革する根治療法がなければ解決できないという認識を持つことが必要である。

コーテンは無償を含めODA不要論を主張しているが、ジョージは根本から改革できれば廃止しなくてもよいと考え、そもそもODAは不十分だと訴えているのである。世界銀行などの援助機関を廃止してしまえば、国際公共財を供給し、富の再分配を行う機関がなくなることを意味するのであり、廃止するのではなく、構造調整を中止させ、国際公共財の供給や富の再分配機能を十分に担えるように改編する必要がある。

第 9 章　貿易体制

Source: http://www.fairtrade-eg.co.uk

はじめに

貿易をめぐって諸国間で対立がある。争点の一つは、農業自由化をめぐる意見の対立である。米国など一部の先進国を除いて、EU や日本など先進国のほとんどは農業に競争力がなく、発展途上国の主要な輸出品である農産物を自由化できない。もう一つの争点は、鉱工業品の自由化に対する先進国と途上国の対立である[1]。関税及び貿易に関する一般協定（GATT）、世界貿易機関（WTO）、国際連合貿易開発会議（UNCTAD）、自由貿易と保護主義を考察することによって、途上国にとっても公正な貿易システムのあり方を考察する。

1．自由貿易と保護主義

先進国が自由貿易を主張し、発展途上国が保護主義を主張するのは、19 世紀以来の図式である。19 世紀に先進国であったイギリスの経済学者デヴィッド・リカードは、比較優位に立つ産品を重点的に輸出する事で、セイの法則に基づき「全て輸出したものは需要される」ので経済厚生は高まるとする「比較生産費説」を主張し自由貿易を擁護した。これに対し、19 世紀に後進国であったドイツの経済学者フリードリッヒ・リストは、かつての重商主義をドイツの情勢に適用し、ドイツを国民として統一し、自由な国民とするためには単なる農業国であってはならず、商業国として独立するためには自国の工業を興さなければならず、国際貿易で後進工業国がイギリスに太刀打ちするためには、国家による干渉が必要であると主張した。

イギリスも 19 世紀に先進国になる過程で保護主義をとっていたのであり、米国・フランス・ドイツ・日本・韓国・中国など、いずれも歴史上の一定時期に国

---

1 1999 年に米国のシアトルで開かれた WTO の閣僚会議は、NGO の抗議に会い、失敗に終わった。このため、2001 年の WTO 閣僚会議は、遠く離れ、旅費が高くつき、ビザの発給制限があり、厳しい政治的コントロールを行い、抗議運動へ参加しにくいカタールのドーハで開催された。ドーハ・ラウンドは、公式には「ドーハ開発アジェンダ」と名付けられたことからも分かるように、WTO 加盟国は世界貿易の拡大および世界経済の成長にあたって、開発途上国の貿易を通じた発展が重要であると考えられていた。しかし、ドーハ・ラウンド交渉は、交渉の枠組みについての合意も得られず、2006 年 7 月に中断された。経済学者のスティグリッツとチャールトンは、ドーハ・ラウンドは、公式には「ドーハ開発アジェンダ」と銘打ってはいるものの、開発途上国にとってきわめて不利な枠組みになっており、その名に値しないと結論付けている。

内産業を保護政策で育成し工業化した[2]。現在、繊維や自動車などそれぞれの分野でもっとも国際競争力をもっている国々は、保護主義のおかげで国際競争力をもつに至ったのであり、後発の国々に対して保護主義の適用を拒否し自由貿易を求めるというのは、不公正といえよう。

自由貿易を促進している GATT/WTO が依拠している新古典派経済学の比較優位論は、ある国で生産費が相対的に低い財を他の財に対して比較優位にあると言い、比較優位財を輸出し比較劣位財を輸入する貿易が成立し、輸出入国双方とも利益が得られる、というものである。また、新古典派経済学の「国内資源コスト（DRC）」アプローチは、財の国内生産によって外貨一単位を獲得または節約する場合に、国内資源コストがいくらかかるかを測る尺度で、ある国で成功を期待できる経済部門、現在は活動しているが撤退すべき部門、あるいは参入を企図すべきでない部門に対して、信頼できる道標を提供する、というものである。これらは、経済の現状を切り取ったにすぎない静態的測定を、長期的努力を必要とする分野でどの産業を重視すべきかを決定する物差しにしている。しかし、ある企業や産業の DRC の数字が高いということは、創業して間もなかったり、新しい設備を導入したばかりであったり、不況の影響を受けていたりと、常にその企業や産業が非効率であることを意味するわけではなく、途上国から工業化の可能性を取り上げることを正当化する誤ったアプローチといわざるをえない。

2．ITO の挫折から GATT へ

1929 年に始まった世界恐慌に伴い、欧米列強や日本は自国を中心とする経済圏に高関税の防波堤を張り巡らした。この保護主義が貿易を縮小させ、世界経済を低迷させ、軍国主義やナチズムの台頭を招いて世界大戦の一因となったとの反省をふまえ、円滑な国際貿易を実現するために、1944 年のブレトン・ウッズ体制の枠組みの貿易体制に関する具体的な提案として、1945 年、「世界貿易と雇用の拡大に関する提案」を米国国務省が発表した。これは国際連合の下に国際貿易機構（ITO）を設立し、関税の大幅な引き下げと特恵体制の廃止により、自由・

[2] たとえば日本の自動車産業の場合、1960 年代まで保護主義で国内メーカーを育成し、国際競争力をもってから市場開放したのである。

無差別な貿易の拡大を図ることを骨子していた。しかし、米国議会が関税政策と国際貿易に関する自らの権限が縮小されることを嫌い批准しなかったため、ITO設立は挫折した。

1947 年のジュネーブ会議において、関税交渉が進められ、その成果の効果を確保するための一般規定と、交渉の成果が関税及び貿易に関する一般協定（General Agreement on Tariffs and Trade、GATT）としてまとめられた。GATTの基本目標は、公正で無差別の原則に沿って、国際貿易を拡大させることであり、GATT はその実現のために無差別に数量制限を撤廃し、関税を引き下げることに努めてきた。

GATT は、提供する多角的一般関税交渉（ラウンドと呼ばれる）を通じて、GATT 協定上の義務と合致させるよう、加盟国の自発的な努力を求めた。1948年のジュネーブ・ラウンドでは、23 ヵ国が参加し、約 4 万 5,000 品目について関税引き下げを合意した。1949 年のフランスにおけるアヌシー・ラウンドでは、13 ヵ国が参加し、約 5,000 品目について関税引き下げを合意した。1951 年のイギリスにおけるトーキー・ラウンドでは、38 ヵ国が参加し、約 8,700 品目について関税引き下げを合意した。

1956 年のジュネーブ・ラウンドでは、26 ヵ国が参加し、約 3,000 品目について関税引き下げを合意した。1962 年のジュネーブにおけるディロン・ラウンド[3]では、26 ヵ国が参加し、約 4,400 品目の工業製品の関税引き下げなどが合意された。また、1958 年に欧州経済共同体（EEC）が成立したことを受け、EEC の対域外関税や、共通農業政策のもとでの可変輸入課徴金制度を廃止目標として取り上げたが、成果は得られなかった。

1964 年～1967 年のケネディ・ラウンド[4]では、前回の 26 ヵ国・地域を大きく上回る 62 ヵ国・地域が参加し、1967 年 6 月 30 日にジュネーブで、平均約 35%の関税引き下げ、約 3 万品目についての新たな関税譲許などが合意され、ダンピ

[3] 米国のアイゼンハワー政権の経済担当国務次官として交渉を提唱した C・ダグラス・ディロン（C. Douglas Dillon）に因んで、ディロン・ラウンドと呼ばれる。ディロンは、交渉開始後も、続く民主党のケネディ政権で財務長官を務めた。

[4] 1962 年 1 月にアメリカ合衆国のジョン・F・ケネディ大統領の年頭教書で提唱されたことから、ケネディ・ラウンドと呼ばれているが、ケネディ大統領は交渉の開始を見ることなく、1963 年 11 月 22 日に凶弾に斃れている。

ング防止協定、化学品協定が策定された。また、初めて農業についての本格的な交渉が行われ、開発途上国への食糧援助を規定した食糧援助規約を含む国際穀物協定が成立した。1973年～1979年の東京ラウンドでは、102ヵ国が参加し、約3万3,000品目について関税引き下げを合意するとともに、GATTで初めて本格的に非関税措置の軽減に取り組み、補助金・相殺関税、ダンピング防止税、民間航空機、政府調達、関税評価、輸入許可手続き、貿易の技術的障壁について国際協定が策定され、非関税措置の軽減・撤廃に向けて大きな成果をあげた。

1980年代に入ると、GATT体制の限界が明らかになってきた。一つはGATT体制そのものに内在する制度的問題、二つ目は国際経済の中で、GATT対象外の分野の比重が高まったことである。1986年～1995年のウルグアイ・ラウンドでは、125ヵ国が参加し、約30万品目について関税引き下げを合意し、サービス貿易や知的所有権の扱い方、農産物の自由化などについて交渉が行われた。中でも農業分野交渉が難航し、将来的に全ての農産物を関税化[5]に移行させること、最低輸入機会（ミニマム・アクセス）を決定するにとどまり、完全な自由化には至らなかった。この協議によってGATTを改組してWTOを設立することが決定され、また貿易に関連する投資措置に関する協定　(TRIM)、サービスの貿易に関する一般協定（GATS)、知的所有権の貿易関連の側面に関する協定（TRIPS協定）等が成立した。

ウルグアイ・ラウンド以前のラウンドでは、途上国は実質的には交渉に参加しなかったこともあり、先進国にとって大きな恩恵がもたらされた。先進国が競争力を持つ電子・電気製品や機械製品の自由化は進んだが、先進国が競争力を持たない農産品や繊維などの自由化は進まなかった。その結果、先進国は先進国の輸出品より途上国からの輸入品に高い障壁を設けている。

3．WTOによる支配

（1）多国籍企業の利益を代弁

[5] GATT体制は自由貿易を原則としているが、特例として規約25条第5項（ウェーバー条項）に基づき自由化義務を免除している米国の酪農品、砂糖、ピーナッツ、綿など14品目や、日本の米について、その免除を外し関税を課税すること。

GATTの限界に対応しようとする動きの中から、1994年、WTOの設立が合意され、戦後初めて協定に基づく世界貿易の発展に資する国際機関が発足することになった。GATTが協定（Agreement）に留まったのに対し、WTOは機関（Organization）であるのが根本的な違いである。GATTは工業製品だけを対象としていたが、WTOは、農業、サービス、知的財産（生命体への特許も含む）、技術水準、紛争解決機関（DSB）も含むことになった。現在行われている新多角的貿易交渉（新ラウンド）は、2001年11月にカタールのドーハで行われた第4回WTO閣僚会議で開始を決定し、ドーハ・ラウンドと呼ばれている。

現在の加盟国数は156で、現在加入申請中の国は27ある。「最後の大国」といわれたロシアの加盟交渉は難航していたが、2012年8月に加盟が実現し、WTO加盟国・地域の貿易額は世界全体の98%に達する。

WTOが認める国際基準よりも厳しい健康基準、安全基準、労働基準、環境基準を定めた国内法は、すべて違反の対象となりうる。国際基準に合わせて国内の基準を引き下げるか、罰金を払い続けるか、経済制裁を甘んじて受けるかしかない。輸入品に対して、リサイクルの義務、発ガン性添加物の使用禁止、自動車の安全基準の適用、有害物質の使用禁止、品質の表示義務、食肉の検査などを課す法律は、すべて違反と見なされる可能性がある。コーテンは、「新しいWTO体制のもとでは、国内法はもはや国民の利害をもとに作られるのではない。その代わりに幅をきかせるのが、国際貿易上の利害、つまり多国籍企業の利害なのだ」[6]と論じている。

1995年以来、OECDは多国間投資協定（MAI）を1998年4月のOECD閣僚理事会で締結することを目指して、途上国や市民に知らせることなく秘密裏に準備が行われていた。MAIは、国境を越えた内外無差別な投資の自由を多国籍企業に与えるもので、あらゆる義務を国家に課し、企業の現在ならびに未来の利益を制限するような措置を各国政府がとった場合、企業は政府を訴追できるという条項も盛り込んだものであった。しかし、米国やカナダのNGOが異議申し立てをしたことによって協定の内容が明らかになり、欧州と米国を中心として反対運

---

[6] コーテン（1997）p. 221.

度が盛り上がり、EU議会がMAIには調印しないという決定を行い、OECDに採択を諦めさせた。

（2）農業

政府間機関として、残留農薬、添加物、家畜用薬品の残留、原材料表示などの世界基準を定めるため、国連食糧農業機関と世界保健機関が1963年に共同設立したコーデクス・アリメンタリウス委員会が、食料の安全性に関するWTOの世界統一基準を定めている。コーデクス委員会は、業界の要求に左右され、低い基準に合わせがちであると批判されている。グリーンピース米国支部は、「よく使われる8種の農薬に対するコーデクスの基準は、アメリカの基準より25倍も低いという。コーデクスが認めるDDT残留量は、アメリカで認められている量の50倍になるそうだ。各国からコーデクスに派遣される代表団には民間人もいるが、ほとんどの場合、会社の代表だという。世界を代表する食品会社・農業化学会社のうち140社が、89～91年に開かれたコーデクスの会合に出席した。合計2587人の出席者のうち、公益団体の代表はわずか26人だったそうだ。世界最大の食品会社ネスレは、38人の代表を送り込んだ」[7]と指摘している。

先進国は輸出競争力を失った農業などの分野に巨額の補助金を出し、非関税障壁を維持している。EUは、GDPの2%に満たない農業へEU予算の半分を支出し、手厚い保護を行なっている[8]。米国は、自国の綿花生産者－約3万人の大規模農民に、年総額30億ドルもの補助金を出している。つまり年1人あたり10万ドル受け取っている計算になるが、これは、マリ共和国の1人あたりの農民の所得をマリ1人あたりGNPと同額であるとして計算すると、その約265年分に相当する数字である[9]。

WTOは貿易自由化を通じて貿易を拡大させることを目的にしているが、貿易を拡大すること自体を追求すると、無用な貿易が行われることになりかねない。ジョージは、「2001年、イギリスはオランダから61,000トンの鶏肉を輸入し、33,000トンの鶏肉をオランダに輸出し、また、イギリスは240,000トンの豚肉

[7] コーテン（1997）p. 227.
[8] 拙論（2003年）「EU拡大と東欧における地域協力」今井・和田・森（2003年）所収。p. 287.
[9] ジョージ（2008年）p. 124.

を輸入し、195,000 トンの豚肉を輸出し、125,000 トンの子羊の肉を輸入し、102,000 トンの子羊の肉を輸出し、1 億 2,600 万リットルの牛乳を輸入し、2 億 7,000 万リットルの牛乳を輸出した。この種の貿易のエコロジー的影響を考えるべきで、われわれはもうそれほど貿易を必要としないのであり、グローバリゼーションを少なくし、再局地化（relocalization）を多くすることが必要である」[10] と論じている。

（3）サービス産業

製薬会社、バイオテクノロジー企業、ソフトウェア企業、エンターテインメント企業などがロビー活動を行い、TRIPs を実現させ、特許保護を世界中に広げ利益を確保したが、それは途上国が新たな技術を取得することを妨げ、旧態依然の状態に置き続けることでもあった。

サービスという分野は、実務サービス、コミュニケーション、建設・エンジニアリング、流通、教育、環境、金融、保健・社会事業サービス、観光、余暇・文化・スポーツ、運輸、その他の 12 の大きな分野を包摂し、下位分野のなかには、法務サービス、会計、銀行、保健、証券取引、卸売業・小売業、公共土木建設事業、建築、装飾、メンテナンス、土木工学、研究開発、不動産サービス、貸付、郵便、電気通信、オーディオビジュアル、情報テクノロジー・電子テクノロジー、観光、ホテル、レストラン、道路清掃、ゴミの回収、排水工事、景観保護、都市整備、興行、図書館、古文書館、博物館、出版、印刷、広告、鉄道・道路・海上・航空による貨物輸送ならびに乗客輸送、初等教育、中等教育、高等教育、職業教育、動物や人間の保健衛生など、広範囲に及ぶ[11]。

先進国の GDP に占めるサービスの割合は、日本が 66%、米国とシンガポールが 70%台、雇用に占める割合も、日本が 62%（1970 年代は 46%）と非常に大きい。WTO の GATS の再交渉では、各国が自由化を約束したサービス分野で、サービス業者の総数、サービスの総額、外資比率、従業員の国籍に要件を付けることなどが禁止され、外国企業に国内企業と同等の待遇を与えなければならなくなり、政府補助金も国内企業だけに供与することは WTO 違反となる。

---

10 ジョージ vs ウルフ（2002 年）pp. 113-114.

11 http://www.wto.org

アメリカ・サービス産業連合（USCSI）は、「その自由化の努力のなかには、電子商取引を支援するのに必要なすべてのサービス、エネルギー、環境、さらには、これまでしかるべき注目の対象になってこなかった教育や保健といったサービスが、新たな重要分野として」[12]との条件を加えている。

GATS の第 1 条 3－C は、公共サービスという概念をきわめて狭く定義し、商業ベースで提供されないサービス、また、ひとつもしくは複数の提供者と競合しないサービスだけが GATS の規定からはずれるとされているが、中央銀行・警察・身分登録所以外は残らず、郵便サービスもはずれるということになる。この条項は抹消されるべきで、国家が公共サービスに属するもの、市場に属さないものを定義する権利を持つべきで、保健・環境・教育・文化といったものは、このリストに挙げられるべきではない。

2001 年に、速達郵便・小包サービスを行う米国の多国籍企業 United Parcel Service（UPS）は、NAFTA の下で、カナダの郵便局に対して補助金を受け取って不当な競争をしているとして訴え、1 億 6,000 万ドルの損害賠償金を要求した。長い間、公共サービスとして位置付けられてきた郵便などのサービスが、多国籍企業の利潤追求の対象として掘り崩されてきている。

WTO は、「病院の建設や経営などもさることながら、むしろ、より良質で効果的な人員、そして（あるいは）その土地の労働市場で見つかるよりも安上がりの従業員を病院で雇えることからくる利益の方が馬鹿にならないであろう」[13]、「いくつかの環境サービスのなかにおいて労働力の占める大きな位置を考えると・・・従業員の国籍を限定することは、会社が国際的な規模で従業員を募集することによって労働コストを最小にすることを妨げる」[14]としている。WTO は、保健・医療や環境サービスなどの分野でも、多国籍企業の経営者の要求に合った低賃金労働者の確保を可能にしようとしているのである。このような外国人労働者は、労働契約の有効期間しか滞在許可を得られず、国内の労働法にも明記された規定がなく、雇用者の意のままにこき使われ、労働組合に加盟することもでき

[12] Coalition of Service Industries, Statement of Robert Vastine, President, Coalition of Service Industries, before the Subcommittee on Trade, Committee on Ways and Means, US House of Representatives, Februar 8, 2000.
[13] Background Note on Health and Social Services, http://www.wto.org/wto/services/w65.htm
[14] WTO Environmental Services, http://www.wto.org/wto/services/w65.htm

ず、国内労働者の賃金引下げや解雇の圧力となる。途上国では雇用機会が少なく、低賃金のため、先進国で働くことを希望する優秀な若者が増えているが、途上国では優秀な若い労働力を失い、経済の活力を損なうという悪循環に陥る。

日本の例では、2009 年 1 月、約 100 人のインドネシア人介護士が、日本国内の老人介護施設に配属され仕事を始めた。彼らは、日本政府とインドネシア政府が結んだ経済連携協定（EPA）に基づき日本が初めて介護分野で受け入れた外国人労働者である。2009 年からは日本政府とフィリピン政府が結んだ経済連携協定（EPA）に基づいてフィリピン人看護師・介護士の受入れも始まった。日本における介護士手当てが低いため人手不足となっている状況を改善する目的もあり、介護士候補者は日本の受入先介護施設で 3 年間の介護実務経験を経て日本の国家試験に合格すれば、介護士として日本で就労できることになっている。しかし、日本人でも合格率が低く、受入先の介護施設での実務の傍ら日本語を勉強して日本の国家試験に合格することは不可能に近い。多くの外国人介護士は大変な努力を強いられた上、帰国しなければならず、3 年間だけで切り捨てられ不満が残ることになる。そもそも介護士手当てを十分に引き上げ、介護士不足を解消するのが筋であり、低賃金の外国人労働者で補えばよいという社会福祉軽視の政策が長く続けられるわけがない。

このように、サービスの自由化によって、ユニバーサリティの原則として、基礎的な公共サービスをすべての人々に均質に提供するという国家の義務は掘り崩されていき、労働者、遠隔地の住民や貧困者の利益を損なう不公正な社会になることを強いられる。

（4）知的所有権

TRIPS 協定は、工業所有権の保護に関するパリ条約や文学的および美術的著作物の保護に関するベルヌ条約といった知的財産に関する既存の条約の主要条項を遵守することを義務づけるとともに（たとえば 2 条 1 項、9 条 1 項など)、特許権の存続期間など一部の事項については、これらの条約を上回る保護を求めている。

古典派経済学者のアダム・スミスは、「リスクと経費のかかる試みによって、後に社会全体が利益を得られるのであれば、国がその試みに報いる方法として、一定期間の独占権を与えるのがもっとも簡単で自然だからだ。この種の一時的な独占は、新しい機器について発明者に与えられる独占や、新しい著作について著者に与えられる独占と同じ考え方で擁護できるだろう。だが、決められた期間がたてば、独占はかならず終了させるべきである」[15]と論じている。スミスは独占を終了させることに重きを置いていて、スミスが今日生きていたら、多国籍企業が WTO を通じて知的財産の独占的支配体制を強化しようとしていることは、売り手が長きにわたって商品価格を本来の価格以上に保とうとすることとして反対するに違いない。

GATT と WTO は、種子や自然食品といった遺伝子組み換え素材の国際特許権を熱心に保護している。農民は、古代から、収穫の一部を取り分けて翌年の種まきに使ってきたが、GATT と WTO のもとでは、モンサント社のような多国籍企業に特許使用料を払わない限り、自分の収穫から取り分けた種子すら使えない。

途上国には多国籍企業が入り込み、代償も払わずに伝統的な知識（伝統薬など）を掠め取ったり、土着の植物を奪い取ったりするバイオパイラシー（バイオ海賊行為）が横行している。多国籍企業の主張は、法廷の場で争えば勝訴にはなりえないが、途上国にとって訴訟費用は負担が大きく、訴訟にはなりにくい。スティグリッツは、「TRIPS 協定第 27 条第 1 項（特許権取得の条件として普遍的な新規性を定めている）は強化して、伝統的知識を守るべきであり、部分的には、1993 年に発効し、170 ヵ国が署名する CBD（国連生物多様性条約）に合わせて、TRIPS 協定を改正することで実現できる」[16]と指摘している。

多国籍企業の製薬会社が特許権を持っているために、類似医薬品（コピー薬）の製造と配給は禁止されてきた。しかしこれは、人間の命より、ビジネス、所有、利潤を優先するということを宣言していることに等しい。ドーハの WTO 閣僚会議では、貧困国がエイズ・マラリア・結核などの類似医薬品（コピー薬）の製造と配給する権利を認めた。この結果、TRIPS 協定に規定された 20 年間の特許有効期限を回避し、いくつかの医薬品の価格を大幅に低下させることが可能となった。しかし、類似医薬品の製造能力もなく、それを製造する能力を持っている隣

[15] スミス（2007 年）pp. 343-344.
[16] スティグリッツ・チャールトン（2007 年）p. 175.

国から安く購入することもできない貧困国にとっては、問題は何も解決されていない。研究開発に対するインセンティブを確保することと、救命効果のある薬剤が入手可能になることとのバランスを図る必要がある。そのための方法として、金融取引に課税（トービン税）し、その財源で作られた国際機関が社会や環境に役立つ科学技術の権利を買い取って一般に公開し、使いたいと思う人が誰でも利用できるようにすることなどが現実的な方法として考えられる。

（5）紛争処理

WTO は、小委員会（パネル）の提訴に対し全加盟国が反対しなければ採択されるという逆コンセンサス方式を採用しているため、強力な紛争処理能力を持つ。これは国際組織としては稀な例であり、コンセンサス方式を採っていた GATT との大きな違いで、WTO の特徴の一つといえる。提訴された場合の高額な弁護士費用を負担できるのは、実質的に米国・カナダ・日本・EU などの先進国であり、途上国はその決定に従うしかない立場に置かれている。

遺伝子組み換え組織（GMO）に関する米国その他と EU の間での論争では、DSB は当初、GMO の輸入を禁止していた EU6 ヵ国に不利な判定を下した。ヨーロッパ側は、抗弁の際、予防原則[17]と生物安全議定書[18]に訴えた。グリーンピース会議での発言として、米国側は「米国は予防措置など認めないし[19]、生物安全議定書は、米国がそれに署名していないという素晴らしい理由からして、国際法を構成していない」[20]と強硬な発言をしている。

DSB によれば、「EU はホルモン剤を使って育てた米国とカナダの牛肉が健康に被害をもたらすかもしれないことを立証せず、輸入を拒否したことは WTO 加盟国としての義務違反であり、DSB は米国がこうむった年間損害額を 1 億 1,600 万ドル、カナダのそれを 1,300 万ドルと決め、両国はヨーロッパの生産物を対象に当該（食品）分野から選んで 100％の課税をすることが許された」[21]。WTO

---

17 環境・安全衛生問題などで危機を回避するために事前に必要な処理を取る原則で、各種国際協定に取り入れられている。

18 「カルタヘナ」議定書。2003 年に成立した国際協定で、遺伝子組み換え作物の輸出入の際に輸出国側が輸出相手国に情報を提供し事前同意を得ることを義務付けている。

19 新自由主義的な WTO も総じて認めていない。

20 ジョージ（2008 年）p. 117.

21 ジョージ（2002 年）pp. 33-37.

は、予防原則を採用し EU の輸入拒否を認めるべきであり、そうしないのであれば、自らの予算を投入し、有害性の有無を明らかにし、安全な食品の供給がなされるように努めるのが筋であり、有害の可能性が高いホルモン牛肉の流通を許し、無害の食品に対して課税させるという本末転倒となっている。

WTO が国連のシステムに属していないために、国連憲章、世界人権宣言、経済的・社会的・文化的権利条約、諸国家の経済的権利と義務の憲章などとまったく無関係の機関であり、DSB は何もはばかることなく自らの法を作ることができる。国連人権委員会の小委員会が、WTO に対して 2 度続けて公的に働きかけ、経済政策や経済プログラムよりも人権を優先すべきであると働きかけたことがある。しかしこの働きかけの効果は、現在までのところ現れていない。

クリントン政権下の通商代表部（USTR）のバーシェフスキー代表は、上院で、「WTO 体制下のあらゆる経済的利益を獲得するために・・・我々は我々の貿易パートナーたちが、彼らの約束を守るようにしむけなければなりません。そのために、我々は USTR のなかに、協定が守られているかどうかを追跡しながら、協定の適用を図るための特殊部隊を創設したのです。そして、この仕事を遂行するうえで、WTO の DSB はもっとも重要な中心的な位置を占めているのです」[22] と言明している。米国の多国籍企業は、USTR、WTO および DSB を通じて、強欲に自らに有利な貿易システムを維持するメカニズムを構築している[23]。

（6）スティグリッツの代案

スティグリッツとチャールトンは、途上国の発展を促進するための重要な交渉分野として、①農業、繊維、食料品など途上国が競争力を持つ商品に対する市場アクセスの拡大、②海運や建設に従事する未熟練サービスに対する保護の撤廃を掲げている。しかし、ドーハ・ラウンドでは、農業、繊維、食料品などの自由化に対しては抵抗が強く、未熟練サービスの自由化は取り上げられてもいない。

---

[22] US Interest and Experience in the WTO Dispute Settlement System, testimony of Ambassador Charlene Barshevsky, US Trade Representative, Trade Subcommittee of the Senate Committee on Finance, Washington, D.C., 20 June 2000.

[23] バージン諸島などのタックス・ヘイブンの「基地」から架空の輸出をして、毎年 40 億ドルもの連邦税の支払いを回避することを可能にする米国企業の「外国販売会社（FSC）」を、EU がこれを偽装された補助金であるとして訴えたとき、DSB はさすがに EU の主張を支持した。ジョージ（2002 年）p. 45.

先進国側は、知的所有権、競争政策、投資協定などを交渉に含めるべきとしているが、スティグリッツとチャールトンは、途上国に不利になるため、含めるべきではないと主張している。

スティグリッツとチャールトンは、途上国の経済発展の促進のために、WTOの下でそれらの国々が置かれてきた不利で不公正な状況を是正するだけではなく、特別に優遇されるような措置を適用しなければならないと主張している。すなわち、「ドーハ市場アクセス・プロポーザル」と呼ぶ枠組みで、WTOの全加盟国が、自国よりも貧しく小さい途上国のすべてに対して、すべての物品の自由化を実行し、それらの国々を世界貿易システムへの参加を支援することを通じて経済発展を促すことを提案している[24]。

4．FTA、EPA、TPPの矛盾

自由貿易協定（FTA）は、特定の国や地域との間でかかる関税や企業への規制を取り払い、物やサービスの流通を自由に行えるようにする条約のことである。一方、経済連携協定（EPA）は、FTAを柱として、物流のみならず、人の移動、知的財産権の保護、投資、競争政策など様々な協力や幅広い分野での連携で、2ヵ国または地域間での親密な関係強化を目指す条約である。

2010年になって環太平洋戦略的経済連携協定（TPP）が急浮上した。TPPは環太平洋諸国による貿易、投資を自由化するEPAで、当初はシンガポール、ニュージーランドなど4ヵ国が結び、その後、米国や豪州など5ヵ国も参加を決め、2011年11月を期限に交渉が行われている。日本の民主党政権は、関係国との協議に加わり、2011年6月までに参加の是非を判断する方針を打ち出した[25]。TPPに参加しなければ、輸出競争力を低下させ、国内産業空洞化に拍車をかけるとし、菅首相はTPP参加を「平成の開国」と強調している。

しかし、WTOでは「最恵国待遇」が大原則であり、例えばA国がB国に対し、ある品目の関税率を下げたら、その関税率は他の全加盟国に適用されなければならず、「相手によってルールを変えてはいけない」という原則であり、一部の国

---

24 スティグリッツ・チャールトン（2007年）pp.128-187.

25 その後、東日本大震災が起こり、同年11月までに参加の是非を判断するとされた。

にだけ適用する貿易ルールは WTO の精神に反している[26]。EU、NAFTA、MERCOSUR、AFTA、TPP はそれぞれ排他的な経済ブロックになりかねない。

米国は巨額の補助金を国内農家に出しているが、補助金で生産者の所得が補われる分だけ農産品を安く輸出でき、新興国や途上国の農業を圧迫している[27]。米国は、補助金削減という代償を払わず、他国の市場開放というメリットを得られるよう TPP をしたたかな戦略で進めている。世界最大の市場である米国でハンディを負いたくないから各国はこぞって参加するが、TPP には市場開放に消極的な中国や日本に対する包囲網の意味がある。

日本にとって TPP に参加することは、農業が打撃を受けるだけではなく、食の安全をめぐる基準がすべて米国標準に変えられていくことをも意味する。また、日本経団連の米倉弘昌会長は、2010 年 11 月 8 日の記者会見で「(TPP 参加を機に）外国からの移住者をどんどん奨励すべきだ」と述べた。過去最悪の就職難で不安定な非正規社員という雇用環境に置かれた若者たちが急増しているが、移住者が増えれば、失業率が 10%を超えることも想定される。

TPP 参加で経済が成長したとしても、国民の生活が脅かされ、排他的な経済ブロック化によって、いつか来た道を辿ることになる危険性があり、参加を検討している国々は米国の戦略に惑わされることなく、冷静に過去から教訓を引くべきであろう。

5．途上国と UNCTAD

GATT と WTO は自由貿易体制の確立を目的とし、先進国も途上国も差別なく、関税の引き下げや数量制限の一般的廃止の原則を適用してきたが、先進国と途上国という発展格差が存在するため実質的不平等をもたらし、実質的に先進国のための国際機構となっている。

これに対して、UNCTAD は、発展途上国の経済開発促進と南北問題の経済格差是正のために国連総会の補助機関として設立され、国連内の多数派を占める途

---

26 WTO 設立協定第 1 条には、特定国に与えた最も有利な貿易条件は全加盟国に平等に適用することが明記されている。

27 ブラジルは米国の綿花向け補助金によって自国農民が損害を受けたとして 2002 年に WTO に提訴し、勝訴している。

上国にとって好ましい国際機関である。1971 年には UNCTAD の要請で途上国を原産地とする産品に関税上の一般特恵関税制度が GATT に導入された。

UNCTAD 初代事務総長プレビッシュが従属理論を展開したように、今日まで UNCTAD が途上国の利害を代弁し、GATT/WTO が先進国および多国籍企業の利害を代弁するという構図となっている。

おわりに

グローバル化する世界において、国際機関である WTO は、法規制や基準を定めることによって、公正な貿易、安全管理、環境保護、人権擁護などを行うことが求められるべきであるにもかかわらず、多国籍企業の利益を代弁するだけで、消費者や労働者、地場産業などをグローバル化の負の影響から守るという役割を担っていない。これらの問題を解決するためには、多国籍企業および国際貿易を規制するための協定作りを進め、農業、繊維、食料品などを自由化し、未熟練サービスを自由化し、途上国にとっても公正な貿易システムを構築し、先進国側でコストを負担する必要がある。また、先進国側から途上国側への大規模な富の再分配を実施し、途上国の産業構造を高度化し、農業や繊維以外にも競争力を持たせるとともに、途上国から大量の未熟練労働者を出稼ぎさせたり、移民させたりしなくてもすむようにする必要がある。

途上国側が貿易を通じて資本を蓄積することができず、先進国側、特に多国籍企業の利益ばかりが代弁される貿易システムは、持続不可能である。WTO 自らがこの課題に取り組めるよう改革していけないのであれば、WTO は解体し、UNCTAD を改編するか、あるいは国連に国際貿易投資管理機構を作る必要があろう。

FTA、EPA や TPP によって、我先に金融・経済危機から脱出しようとして排他的な経済ブロック化が追求されていけば、いつか来た道を辿ることになる危険性があることが理解される必要がある。

第10章　リージョナル・コモンズ－地域統合

REUTERS/Russell Cheyne/File Photo April 24, 2019.
連合王国（UK）が2016年の国民投票で欧州連合（EU）を去ることに投票した一方で、UKを構成する4ヵ国のうちスコットランドと北アイルランドの2つの人口が残留に投票した。エデフィンバラにあるスコットランド議会前でブリティッシュ・ユニオンジャックとEU旗の間でたなびくスコットランド旗。

はじめに

1980 年代後半から地域主義への動きが活発化した。ウルグアイ・ラウンド交渉の難航・長期化で、貿易ルールの強化や一層の自由化を利害の一致する一部の国家間で導入することにより、域内貿易の拡大と経済の活性化を図ろうとする考え方が欧州で強まった。また、米国は EC が成功裏に統合を進めていることに対し“焦り”を抱き、GATT 中心のグローバルな貿易中心の通商政策を転換し、北米自由貿易協定（NAFTA）の形成と拡大を目指し、他国も、MERCOSUR[1]、ASEAN 自由貿易地域（AFTA）などを創設する動きが活発化した。

地域統合の過程で、EU 拡大の過程で先進国スタンダードを後進国へ押し付けたり、NAFTA のように労働基準、環境基準や安全基準などの法規制が厳しくない国や地域へ移動して生産し、環境コストや安全対策コストを外部化することが横行したり、移民や難民が増加し、排他主義が台頭し Brexit のように地域統合から離脱するという問題が起こっている。これらの問題を、それぞれの地域統合のなかで分析し、地域統合の望ましいあり方を考察する。

1．地域経済統合の分類及び役割

国際経済学者のベラ・バラッサ[2]は、1961 年に発表した『経済統合の理論』（*The Theory of Economic Integration*）で、地域統合を表 1 にあるように 5 段階に分類している。EU は第 5 段階の完全な経済統合を目指していて、現状は第 3 段階

表 1　地域統合の分類

	分類	内容
1	自由貿易協定（FTA）	加盟国のみで関税その他の貿易体制を撤廃し、加盟国以外の国に対しては共通関税を設けず、各国がそれぞれ自主性をもって対応する。
2	関税同盟	域内貿易制限を撤廃するだけでなく、非加盟国からの輸入に対して共通関税を設ける。
3	共同市場	貿易上の制限の撤廃に加え、構成国間の資本・労働など生産要素の移動の制限も撤廃。
4	経済同盟	共同市場を基礎として、構成国間での経済政策の調整がある程度実施される。
5	完全な経済統合	経済政策を統一。超国家機関の設置。政治統合をも含む。

---

1 スペイン語；Mercado Común del Sur、ポルトガル語；Mercosul；Mercado Comum do Sul。
2 Béla Balassa（1928 年 - 1991 年）地域統合研究の第一人者。ハンガリー出身。

が15ヵ国、第4段階が12ヵ国で、第5段階に至る最大のネックは財政の統一で、これは将来目標で現段階では議論しないという状況にある。NAFTAは第1段階の自由貿易協定である。MERCOSURは第2段階の関税同盟であるが、南米共同体の実現を目指している。AFTAは第1段階の自由貿易協定であるが、東アジア共同体構想もあり、EUのように経済統合を進展させていく可能性がある。

地域統合とGATT/WTOとの関係は、地域統合への努力が、実質的に域内の国家とそれ以外の国家間との貿易に差別をつけることになり、GATT/WTOの基本的約束の最恵国待遇とは相容れない。しかし、GATT第24条は、関税同盟と自由貿易地域を例外的に認めており、以下のように主な条件を設定している。

①関税同盟や自由貿易地域の形成や拡大によって、域外の国に対する関税障壁が高まることがないこと。

②関税率が引き上がる場合、不利益を受ける域外の国と交渉すること。

③関税率が引き下がる場合、利益を得る域外国が代償を提供する義務はないこと。

関税同盟や自由貿易地域が域内の貿易をスムーズにする目的で作られ、域外に対する障壁を高めることではない限り、GATT/WTOと両立すると考えられている。しかし現状は、域外の国に対する関税障壁が高く設定されていて、また、関税率が引き下げられていてもアンチダンピング課税で相殺されるケースが多く、GATT/WTOと両立しているとはいえない。

2．地域統合の進展

WTOのドーハ・ラウンドが進まない状況のなかで、多くのWTO加盟国は特定の国々との貿易を自由化する自由貿易協定を締結するようになってきている。FTAは、物品の関税、その他の制限的な通商規則、サービス貿易等の障壁など、通商上の障壁を取り除く自由貿易地域の結成を目的とした2国間以上の国際協定である。バラッサの定義では、地域統合の第1段階に当たり、地域経済統合の形態の中では、緩やかなものとされている。2国間協定が多いが、欧州自由貿易連合（EFTA）やNAFTA等の多国間協定もある。

FTAの増加は、世界貿易の自由化につながるという見方がある一方、多くの途上国は市場が小さいことから、大きな市場を持つ先進国との FTA 相手国になる可能性は低く、不利な状況に追いやられてしまうという批判がある。

表 2 は、NAFTA、EU、MERCOSUR、ASEAN、日本、中華人民共和国、インドと、世界が大規模な経済圏に分かれていることを示していて、さらに日本や中華人民共和国が ASEAN とともに東アジア共同体を実現すれば、NAFTA や EU に匹敵する経済圏となることを物語っている。

表 2　経済圏の比較

加盟国数	地域･国名	人口	GDP 値	1 人当り GDP 値
3	NAFTA	4.3 億人	13 兆 US ドル	29,942US ドル
25	EU	4.56 億人	12 兆 US ドル	28,509US ドル
6	MERCOSUR	2.5 億人	1 兆 US ドル	4,000US ドル
10	ASEAN	5.50 億人	8,619 億 US ドル	1,079US ドル
-	日本	1.2 億人	4.2 兆 US ドル	33,100US ドル
-	中華人民共和国	13.08 億人	2.3 兆 US ドル	1,702US ドル
-	インド	11.3 億人	8,002 億 US ドル	678US ドル

注：値は 2005 年時点のもの。GDP は変動為替ベース。

自由貿易協定の経済的メリットとしては、自由貿易の促進拡大により、スケールメリットや、協定国間における投資拡大の効果も期待される。また、地域間における競争促進によって、国内経済の活性化や、地域全体における効率的な産業の再配置が行われ、生産性向上のメリットも期待される。自由貿易協定の政治的メリットとしては、協定国間の地域紛争や政治的軋轢の軽減や、地域間の信頼関係の熟成が期待され、また貿易上の問題点や労働力問題なども、各国が個々に対応するよりも協定地域間全体として対応をすることができる。

自由貿易協定のデメリットは、協定推進の立場の国や人々が、地域間における生産や開発の自由競争や合理化を前提にしていることが多く、自国に立地の優位性がない場合、相手国に産業や生産拠点が移転する可能性がある。このため、国内で競争力があまり強くない産業や生産品目が打撃を受けたり、国内消費者が求める生産品の品質にも影響を及ぼす可能性が存在する。

コーテンは、「資本が貿易当事国から出ない場合は、貿易による比較優位が見込める産業に資本が流れる。しかし経済が統合されれば、コスト外部化がもっとも大きいところへと資本が移動する。その結果、利益は労働者から投資家へ、コストは投資家から地域社会へ移される」[3]と、FTA や経済統合の基本的な問題を指摘している。

３．欧州の地域統合

EU 拡大はメリットばかりが注目されてきたが、さまざまな矛盾は無視できなくなってきている。EU 拡大の過程で、アキ・コミュニテールによって先進国スタンダードが東欧諸国へ押し付けられ、人件費が安い東欧諸国へ移動して生産しコストの外部化が行われ、東欧諸国で十分な所得の向上や失業率の低下がもたらされていないため移民が増加している。農業分野では、大規模機械化農業で競争力を持っていた協同組合所有農場や国有農場を解体し、個人農による農地所有・生産体制に転換することが求められ、競争力が失われた[4]。また、加盟国の主権と欧州連合の権限の優劣関係や、欧州連合の制度の下で享受される恩恵が加盟国間で不平等であるといった批判や疑問から、マーストリヒト条約や欧州憲法条約が多くの加盟国で批准されなかった。リスボン条約には、ポーランドやチェコでは大統領が署名を拒み続けた。2008 年からの金融・経済危機では、ハンガリー、ルーマニア、ラトヴィアやギリシャが破綻の淵に追い込まれ、IMF と EU の支援で救済されたが、危機が深刻化してきている。

（１）EU と EFTA

---

[3] コーテン（1997）p.101.

[4] 農業と地方開発分野は、経済面では、明白な所有権、機能する市場、価格自由化およびマクロ経済の安定に基づいた機能する市場経済の存在が求められた（http://ec.europa.eu/agriculture/enlargement/process/index_en.htm）。大規模機械化農業で競争力を持っていた協同組合所有農場や国有農場を解体し、個人農による農地所有・生産体制に転換することが求められ、例外的に賢明にも協同組合を解体しなかったチェコを除き、競争力が失われ農業生産が崩壊した。5 ヘクタール以上なければ個人農の採算は取れないと言われているが、ハンガリーでは、1994 年以降、協同組合や協同組合によって運営されていた保管施設が強引に一掃され、農業従事者数は 1989 年の 28%に激減し、全体の 75.6%が 0.5 ヘクタール未満の農地を所有し、全体の 91.5%が 5 ヘクタール未満の農地を所有することになり、農作物生産指数は 1989 年から 30%以上落ち込んだ。ブルガリアでは、農民の半分が 0.2 ヘクタール以下の農地面積しかない小規模個人農となり、農作物生産指数は 1989 年から 40%以上落ち込んだ。共通農業政策（CAP）によって、新規加盟国は 2004 年から原加盟国における農家に対する補助金の 25%しか認められず、毎年 5%ずつ引き上げられるが、2013 年まで東欧諸国の農家は EU において不利なセカンド・クラスの市民となった。森（1999 年）pp. 179-200.、今井・和田・森（2003 年）pp. 303-321.

欧州経済共同体（EEC）は、平和と自由を維持し、ヨーロッパ諸国民のより密接な統合の基礎を構築するために、①域外に対する共通の関税制度を有する関税同盟の設立、②農業、運輸、通商における共通の政策、③ヨーロッパのほかの地域への共同体の拡大を目指して、1957 年にベルギー、フランス、ドイツ、イタリア、ルクセンブルク、オランダとの間で設立された。1967 年には EEC が、重要資源の共同管理構想に基づいて設立されていた欧州石炭鉄鋼共同体と欧州原子力共同体とのあいだで統合され、欧州共同体（EC）と呼ばれる体制に移行した。1973 年に、デンマーク、アイルランド、イギリスが加盟し、1981 年にギリシャ、1986 年にスペイン、ポルトガルが加盟した。

1993 年に欧州連合（EU）が発足した後も、1995 年にオーストリア、フィンランド、スウェーデン、2004 年にポーランド、ハンガリー、チェコ、スロヴェニア、エストニア、スロヴァキア、ラトヴィア、リトアニア、マルタ、キプロス、2007 年にブルガリアとルーマニアが加盟した。将来における拡大についても、クロアチアやマケドニア共和国、アルバニア、グルジアやウクライナなどのロシアと距離を置く東欧諸国、国土の一部がヨーロッパに属するトルコなどで加盟の是非に関する協議や、実際の加盟に向けた実務的な交渉が進められている。

EFTA は、EEC の枠外にあった欧州諸国が、EEC に対抗するため、イギリス、オーストリア、スウェーデン、スイス、デンマーク、ノルウェー、ポルトガルの 7 ヵ国で 1960 年 5 月に結成された[5]。

（2）地域統合のあり方をめぐる批判

加盟国の主権と欧州連合の権限の優劣関係や、欧州連合の制度の下で享受される恩恵が加盟国間で不平等であるといった批判や疑問が根強く存在している。

ノルウェーは 1973 年と 1995 年の拡大の際に、それぞれ欧州共同体加盟条約と欧州連合加盟条約に調印していたが、批准をめぐる国民投票で反対票が上回り、加盟に至らなかった。また 1992 年 6 月 2 日、マーストリヒト条約批准にあたっ

---

[5] 1961 年にフィンランドが準加盟（1986 年正式加盟）、1970 年にアイスランドが加盟、1973 年にイギリス、デンマークが EC 加盟に伴い EFTA から脱退、1986 年にポルトガルが EC 加盟に伴い EFTA から脱退、1991 年にリヒテンシュタインが加盟、1995 年にオーストリア、スウェーデン、フィンランドが EU 加盟に伴い EFTA から脱退し、現在、アイスランド、ノルウェー、スイス、リヒテンシュタインの 4 ヵ国が加盟している。

てデンマークで国民投票が実施されたが、批准反対票が上回り、イギリスにおいても議会で批准が拒否された。従来の基本条約を修正するニース条約の批准においても、アイルランドで批准が拒否され、その後の協議で特例を設けるなどの対応がなされ、改めて批准が諮られ可決された。

2004 年 10 月、将来の拡大における受け入れ態勢の整備と肥大化した機構の効率化、さらには政策決定手続きの簡素化を盛り込んだ欧州憲法条約が調印されたが、同条約では「欧州連合の旗」や「欧州連合の歌」などを盛り込み、欧州連合を一つの国家とするような性格を持っていた。これに対する不安から、2005 年にフランスとオランダで行われた同条約の批准の是非を問う国民投票で反対票が上回るという結果となった。

欧州憲法条約から超国家主義的な要素を後退させ、欧州連合の改革を進めるための新たな基本条約の策定が合意され、2007 年 12 月にリスボン条約として調印された。この条約に対しても、2008 年 6 月に行われたアイルランドでの国民投票で反対票が上回り、欧州統合は再び暗礁に乗り上げた。さらにポーランドやチェコでは、議会で批准が承認されたリスボン条約に大統領が署名を拒み続けたが、最終的にはすべての国で批准され、2009 年 12 月 1 日に発効することになった。

ソ連時代のゴルバチョフ書記長は、「欧州共通の家」構想を打ち出し、ドイツやフランスを中心とする原加盟国の下に遅れて加盟した諸国が従うのではなく、欧州という共通の家に、ソ連を含め、多様な政治・経済・社会制度を尊重しながら対等な関係で住めるような地域統合を進めることを提唱していたが、無視されてきた。

EU への加盟については、ノルウェーが加入していない事実からも「選択の自由」があり、当初から西欧型に「なる」または「する」という条件で加盟審査を行い、加盟の利益の方が多く、まだ加盟できていない諸国が加盟を熱望しているのであり、IMF がコンディショナリティを「押し付けた」ということとは異なるという議論がある。しかし、ノルウェーが北海油田を持ち世界第 6 位の石油輸出国で、1 人当たり GDP が 84,444 ドルもあり高福祉を実現できていて、EU に加盟しなくてもやっていけるのに対し、資源が乏しく、1 人当たり GDP が数千～1 万ドル前後で福祉の低下が著しい東欧諸国は、コメコン解体後、関税同盟の

EU に加盟しなければ国を維持できず、他の選択肢がないなかでの「選択の自由」でしかない。これは、IMF 融資を受ける国が、融資を受けずに債務不履行となれば国を維持できず、IMF から融資を受けコンディショナリティを受け入れる「選択の自由」とそれほど大きくは異ならないと考えられよう。

ゴルバチョフの「欧州共通の家」は、当時のソ連や現在のロシアと NATO の関係を考えれば、EU は検討もできず、非現実的な提案でしかないという議論がある。しかし、多様な政治・経済・社会制度を尊重しながら対等な関係で住めるような地域統合を進めるべきというのは正論であり、強国に弱小国を従わせる形で統合しても、かつてのソ連に東欧諸国を従わせる形で形成された「共産圏」が矛盾を蓄積し破綻したように、破綻の種を内包しているといえよう。EU が目指す統合のあり方として、遅れて加盟した諸国が団結して原加盟国に改革を迫る必要があろう。

（3）EU の構造政策

EU は、深化と拡大を通じた統合を強力に推進する上で、加盟国間・地域間の経済力・社会面における格差の是正を一つの重点分野として位置づけ、構造政策（財政的支援）を実施してきている。構造政策は、EU 予算のうち共通農業政策（CAP）に次いで EU 総予算の 3 分の 1 を占める主要な支出項目となっていて、「構造基金」（Structural Funds）、「結束基金」（Cohesion Fund）、欧州投資銀行（EIB）による融資を通じて推進される。

当初、EU 加盟によるネット移転と EU 市場への無制限のアクセスによる純粋に経済的な利益は、加盟にどれほどコストがかかってもそれを凌ぐと考えられ、加盟候補国の政府によって疑念を挿まれることはなかった[6]。

構造基金による援助の大部分は、下記の 3 つの目的に基づいて、各加盟国のそれぞれの「地域」を単位とする各種プロジェクトに対して行われる。

①目的 1 は、後進地域の開発と構造調整を促進する（構造基金全体の 69.7%）もので、1359 億ユーロ（2000～2006 年予算 1999 年価格ベース）の予算で、1 人当たり GDP が域内平均の 75%未満の地域を対象とし、上記基準以外に、その他最遠隔地域等若干の対象地域があり、スペインが最大の受取国となっている。

---

[6] Richter (1998) p. 4.

②目的 2 は、構造的困難に直面する地域の経済的・社会的転換を支援（同 11.5%）するもので、225 億ユーロ（2000～2006 年予算 1999 年価格ベース）の予算で、対象人口を EU 総人口比 18%までとし、そのうち、工業・サービス業地域 10%、農村 5%、都市 2%、漁業依存地域 1%とし、フランスが最大の受取国となっている。

③目的 3 は、教育、訓練及び雇用の改善・近代化を支援（同 12.3%）するもので、240.5 億ユーロ（2000～2006 年予算 1999 年価格ベース）の予算で、目的 1 対象地域以外とし、ドイツ、イギリスが最大の受取国となっている。

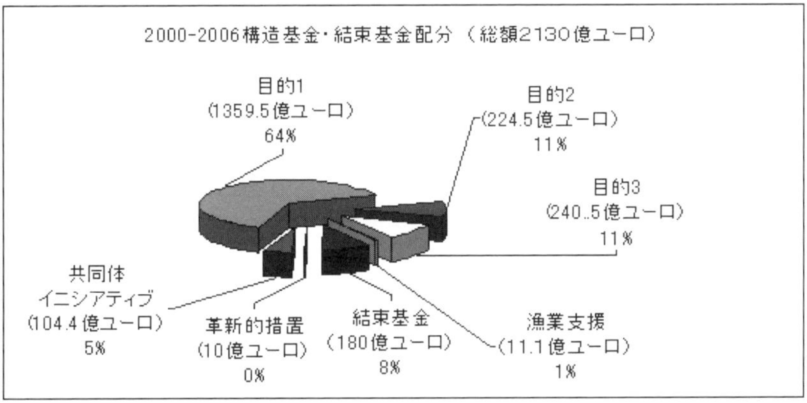

ドイツ財務省の EU 拡大局長のフランツ・ノイエデルは、表 2 にあるように新規加盟国は皆、純受取国であり不満はないはずであると論じている。

アジェンダ 2000 に採用された基本的な想定は、EU の GDP 年間成長率が中期的に平均して 2.5%になるというものであり、これが理論的には 2002 年以降の東方拡大をファイナンスする必要な追加的リソースを造り出すということであった。しかし、表 3 から示されるように、1980 年から 1997 年までの EU の経済成長率は平均して 2.04%で、1990 年から 1997 年までは平均して 1.78%しかない。EU の経済成長が想定以下に終わり追加的リソースが用意されなければ、加盟候補国は移転が少なくなることを覚悟しなければならない。これは東欧の加盟候補国が EU に加盟する主要な利益のひとつが予想できない外在的な要素に

表 2　加盟国の加盟収支（2004 年～2006 年）

加盟国	1 人当たり収支（加盟前援助を含む、1999 年価格、ユーロ）
チェコ	76
スロヴェニア	122
ハンガリー	135
南キプロス	148
スロヴァキア	154
ポーランド	181
ラトヴィア	346
マルタ	349
エストニア	360
リトアニア	387
平均	176

出所：Neueder(2003) p. 194.

表 3　EU の GDP 成長率（%）

年	1990	1991	1992	1993	1994	1995	1996	1997	1998	1999	2000	2001	2002	2003	2004	2005	2006	2007	2008	2009
%	2.4	0.8	0.7	-0	2.9	3	2	2.8	3	3	4	2.1	1.4	1.5	2.7	2.2	3.4	3.1	1	-4

出所：IMF, World Economic Outlook

なることを意味し、スペインなどの EU 加盟期にはなかった東欧諸国に対する差別である[7]。加盟後の 2004 年から 2009 年の EU の経済成長率は平均して 1.37% しかなく、追加的リソースの確保は困難になってきている。

EU の財政、すなわち独自財源が確保されておらず、各国の財務相の思惑に左右されるという問題が、EU 拡大にも悪影響を及ぼしている。2000 年から 2006 年までの枠を GNI の 1.24% までとし、実際には 2000 年から 2006 年までの年間平均は 1.12%しか支払われなかった。2005 年 12 月には欧州議会によって提案された 7 年間で 9,750 億ユーロではなく、8,624 億ユーロを計上するとの妥協が行われた。ネット支払国は GNI の 1%を上限にすると表明したように、以前より支払う額を少なくしようとしている[8]。

SAPARD(Special Accession Program for Agriculture and Rural Development)は、期待されたほどの総額ではなく、支援対象は事後払いである

---

[7] Richter (1998) p. 12.
[8] Fidesz (2009) p. 176.

ため自己資金や金融機関からの借入能力がある事業者に限られた。また、大規模な支援はいくつかの食品加工会社が EU の衛生･安全要件を満たすための設備投資に対して行われ、地方開発には著しい成果は期待できない[9]。

表 4　ハンガリーが EU から受け取った支援総額（10 億フォリント）

	2004年	2005年	2006年	2007年
EU予算への貢献				
関税	13.46	28.11	27.51	27.92
一般消費税に基づいた貢献	19.27	26.91	30.57	34.62
GNIに基づいた貢献	89.74	134.14	132.48	137.37
英国への払い戻し	12.47	17.51	16.2	18.82
合計	134.94	20 6.68	206.77	218.74
1．ハンガリー予算に計上されたEU資金				
合計	166.76	193.5	306.22	469.36
2．ハンガリー予算に計上されなかったEU資金				
農業市場支援	0.12	49.38	61.97	1.35
直接地域支援	0	78.38	98.66	118.5
対内政策	9.45	11.75	19.96	20.85
合計	9.57	139.52	180.6	140.7
EUから受け取った支援総額（1＋2）				
合計	176.33	333.02	486.82	610
ネット総額	41.39	126.34	280.05	391.26

出所：ハンガリー財務省2008年のデータ

表 4 のハンガリー財務省 2008 年のデータでは、ハンガリーの EU からの 2004 年のネット受給額（EU に対する支出よりも受取額が多い）は 413.9 億フォリントとなっているが、ハンガリーの会計検査院によれば、実際にはハンガリー財務省の数字と異なるマイナス 2,400 億フォリントであった[10]。

（4）EU 加盟の費用便益分析の再検討

東欧諸国の EU 加盟の費用便益分析の結果は、西欧からの視点では便益が費用を上回っているとするものが多い[11]。しかし、より多面的な視点からの分析をすれば、費用が便益を上回る。ハンガリーのバラージュ・ペーテルは、EU 加盟負

9 Gusztáv (2003) pp. 56–75.
10 Fidesz (2009) p. 26.
11 Baldwin, Francois and Portes (1997) pp. 125-176., Neueder (2003) pp. 190-195.

担金支出と補助金受取の収支という静態的な費用便益分析だけではなく、貿易赤字、債務償還額、直接投資の利潤送金、資本逃避額を組み入れて計算すれば、西欧側では大幅に便益が費用を上回ると指摘している[12]。

表 5 にあるように、EU15 ヵ国の東欧 10 ヵ国（ブルガリアとルーマニアを含む）との貿易は、1990 年代前半の東欧諸国による貿易自由化によって拡大を続け、EU15 ヵ国の東欧 10 ヵ国に対する貿易収支は黒字を維持してきている。東欧諸国の EU 加盟は、前もって存在している自由貿易圏から関税同盟への加盟を意味するのであり、新加盟国との貿易に関する直接的なインパクトは小さなものでしかない。EU の東方拡大によって、西欧諸国から東欧諸国へ FDI が増加し、東欧諸国から西欧諸国へ輸出が増加しても、西欧諸国からの輸入を上回ることができず、直接投資の利潤本国送金もあり、西欧諸国の便益が費用を上回る。EU の東方拡大は、西欧諸国がグローバル経済化のなかで低賃金の労働市場と輸出市場として東欧諸国を獲得したことを意味している。

米国の Cato Institute のマリアン・トゥピは、東欧諸国は EU と FTA を締結する代わりに、ますます中央集権化している超国家である EU に甘言で釣られ、彼らの比較優位の大半が締め出され、経済成長は二義的なものにされ続け、潜在的な経済発展の機会喪失は EU 市場へのアクセスによって部分的にしか相殺されず、西欧の労働法規は生産的ではない東欧の多くの労働者の競争力を奪い、農

表 5　EU15 ヵ国の東欧 10 ヵ国（ブルガリアとルーマニアを含む）との貿易

	輸入（10 億ユーロ）	輸出（10 億ユーロ）	収支（10 億ユーロ）
1995 年	44.4	53.2	+8.8
1996 年	47.2	63.8	+16.6
1997 年	56.9	78.7	+21.8
1998 年	67.9	90.5	+22.6
1999 年	75.8	93.2	+17.4
2000 年	97.5	114.7	+17.2
合計	389.7	494.1	+104.4

出所：Kok (2003) p.35.

12 Péter (1998) pp. 835-850.

表6　1989年の“鉄のカーテンの崩壊”に続く諸変化は、中・東欧における生活水準の改善をもたらしたと思うか？

	回答数	思う（%）	思わない（%）	分からない・無回答（%）
ブルガリア	1003	36.9	49.9	13.1
チェコ	1009	70.1	22.8	7.1
エストニア	1014	67	18.2	14.9
ラトヴィア	1007	49.6	37.9	12.5
リトアニア	1002	62.3	20.9	16.8
ハンガリー	1008	41.1	50.6	8.4
ポーランド	1009	74.6	14.5	10.9
ルーマニア	1013	56.9	36.3	6.8
スロヴェニア	102	68.3	27.6	4.1
スロヴァキア	1002	60.7	30.1	9.3

出所：EU (2009) p. 55.

業補助金は将来にわたってEU既加盟国に有利で、厳格な環境法規は東欧諸国に1,200億ユーロの費用を強いると論じている[13]。

EUが2009年に行った世論調査でも、表6にあるように、「1989年の“鉄のカーテンの崩壊”に続く諸変化は、中・東欧における生活水準の改善をもたらしたと思うか？」という問いに対して、ブルガリアでは36.9%、ラトヴィアでは49.6%、ハンガリーでは41.1%しか生活水準の改善をもたらしたと思わず、ブルガリアでは49.9%、ハンガリーでは50.6%と、生活水準の改善をもたらしたと思わない人の方が上回っている。

（5）移民の増加

欧州・中央アジアにおける2005年の移民数は、人口の10%の4,760万人に達している。2000年の高等教育を受けた移出民の割合は、クロアチア（29.4%）、ボスニア・ヘルツェゴビナ（28.6%）、マケドニア（20.9%）、アルバニア（20.0%）、セルビア・モンテネグロ（17.4%）、スロヴァキア（15.3%）、ルーマニア（14.1%）、エストニア（13.9%）、ポーランド（12.3%）、ハンガリー（12.1%）となっており、旧ユーゴスラビア諸国の割合が高い。2006年における移民によるGDP比で本国送金額が多いのは、タジキスタン（36.2%）、モルドヴァ（36.2%）、

13 Tupy (2003) pp. 1-20.

キルギス（27.4%）、アルメニア（18.3%）、ボスニア・ヘルツェゴビナ（17.2%）、アルバニア（14.9%）、セルビア・モンテネグロ（13.8%）、グルジア（6.4%）、ルーマニア（5.5%）、ブルガリア（5.4%）である[14]。中央アジアやカフカーズの天然資源に乏しいタジキスタン、キルギス、アルメニア、グルジア、さらにバルカン諸国が、移民の本国送金に頼っている。

EUは労働者の移動の自由も一部しか確保していない。ドイツは単純労働者の受け入れを認めていないので、ポーランドなどからの塗装工や配管工などの単純労働者の移民は、単純労働者を受け入れているイギリスに集中している。

不況で移民排斥論が高まる中、東欧からの移民の増加はイギリス政府に好影響を及ぼすとダストマン・ロンドン大学教授が報告している。2004年以降、EUに加盟したチェコ、ポーランドなど東欧8ヵ国から約100万人（残留者は現在55万人）がイギリスに移住したが、移民がイギリスから受け取った医療保険や福祉サービスの総額より、イギリスで支払った所得税や付加価値税の税額が2008年度で37%上回り、逆にイギリス人は不況で失業手当などの受給が膨らみ、税金を払った額の方が20%少ないと分析し、移民の方がイギリスの財政を助けているとし、移民排斥論に慎重さを求めている。イギリスは東欧移民の流入を制限してこなかったが、金融危機で経済が打撃を受けた2008年以降、ブラウン首相が規制の可能性を示唆してきている[15]。

フランスでは移民人口は431万人（1999年国勢調査）で、フランス全体の若年層（18〜24歳）の失業率は23.1%であるが、移民の多い地区では、失業率は全国平均よりも高く40%に達する地区もある。2005年10月27日に、パリ郊外で北アフリカ出身の3人の若者が、警察に追われ逃げ込んだ変電所で感電し死傷したことをきっかけに、移民の若者達が暴動を起こし、暴動はフランス全土の都市郊外へ拡大した。発端となる事件の起きたセーヌ＝サン＝ドニ県オルネスポワなど郊外部は、移民の住む団地が多くスラム化しており、失業、差別、貧困、将来への展望のなさなど積もり積もった不満が一気に噴出した。サルコジ大統領[16]

---

14 www.worldbank.org/prospects/migrationandremittances
15 http://www.ft.com/cms/s/0/0fe65fa0-7721-11de-b23c-00144feabdc0.html
16 Nicolas Paul Stéphane Sarközy de Nagy-Bocsa。父パール・ナジ＝ボチャイ・シャルケジは、ソ連軍に占領されたハンガリーを逃れ、仏軍占領下のドイツに渡り、そこでフランス外人部隊の傭兵とは、2005 年 5 月よりド・ビルパン内閣の内相であったが、同年発生したパリ郊外暴動事件の鎮圧にあたり、暴動に加わった若者に対して、「社会のくず (Racaille)」、「ゴロツキ (Voyou)」などと発言したことが物議を醸した。

東欧諸国では、EU および NATO への早期加盟の実現を至上命題としたために、地域協力よりも国民国家建設を優先し、民族紛争の激化を招いた。また、EU 加盟のための経済基準の達成は、経済効率の向上を第一義的にするため、一様に国有企業の民営化や赤字企業の閉鎖による失業率の上昇、社会福祉や教育の削減につながり、社会的な不満を高めてきていて、これらの国々は移民の送出国でありつづける。

2008 年以来の世界金融危機・経済危機で、西欧諸国の失業率も上昇し、移民排斥運動も強まってきている。EU における人の自由移動が完全に実現されていくためには、逆説的であるが、西欧諸国が東欧諸国の多様な政治・経済・社会制度を尊重し、富の再分配を通じて地域統合を進め、東欧諸国が西欧諸国への移民の送出国でなくなる必要がある。

（6）財政同盟なき共通通貨の導入

2008 年の金融・経済危機以降、ハンガリー、ルーマニア、ラトヴィア、さらにはギリシャが破綻の淵に追い込まれ、IMF と EU の支援で救済された。市場移行経済の失敗と、EU 統合・拡大プロセスの失敗の複合危機といえる。EU 加盟国としての環境保護、インフラ整備などの財政負担は大きく[17]、教育や医療の

なる。新兵教育を受けるも不適格とされ、1948 年にマルセイユで除隊。名前をフランス風に、ポール・サルコジ・ド・ナジ＝ボクサと改名した。母方は、テッサロニキ出身のギリシャ系ユダヤ人で、祖父の代にカトリックへ改宗。サルコジ大統領は、「私は移民反対のジャン＝マリー・ルペン党首（国民戦線）とは違う。この国には優秀な移民が必要だ」と主張し、人種間の機会を平等にするために大学の入学者枠を人種ごとに設定するアファーマティブ・アクションの導入を訴えている。しかしながら、祖父がユダヤ人であったとされるアドルフ・ヒトラーがユダヤ人迫害政策を取り続けたのが劣等感の裏返しであったように、サルコジ大統領は自らもハンガリー移民 2 世であり、劣等感の裏返しで、「サルコジ法」によって強硬に治安対策をしているという見方が成立する。

[17] EU Directive 91/271/EEC の要件によれば、都市下水処理場に関し、EU 加盟国は 2005 年 12 月 31 日までに 10,000 人以上の人口がある地域の下水道網に含まれるすべての下水が放流される前に二次処理を受けることを保証しなければならないとされているが、原加盟国でも実現できていない先進国スタンダードである。鉄道分野では、主要路線における 160 ㎞/h の高速運転、汎欧州運輸回廊のほとんどの区間における電化の完成、鉄道交通安全システムの開発・近代化、システムの相互運行を可能にする近代的な通信・情報システムの導入、旅客サービス基準の欧州レベルへの引上げが求められ、需要が伴わないにもかかわらず、過剰な財政負担を強いられている。拙論「EU 拡大と東欧における地域協力」、今井・和田・森（2003 年）所収、p. 284.参照。

分野の歳出カットにつながっている。公的債務の増大だけではなく、民間債務の増大もこれらの諸国の危機の特徴となっている。金融統合が危機前の過度の信用ブームと過度の民間債務を招き、金融・経済危機を深刻化させた[18]。東欧諸国の経常収支赤字は主に投資の拡大によってもたらされている。これまでEU統合・拡大のクラッシュ・シナリオには注意が払われてこなかったが、対外債務の増大、経常収支赤字の増大、EU加盟の際に求められる調整負担などによる財政赤字の増大によって加盟国が破綻するリスクが高まってきており、統合・拡大のプロセスの見直しが必要になっている。

ユーロ参加国は財政規律の維持を義務づける安定・成長協定の順守が求められ、財政赤字や政府債務をGDP比で一定の水準以下に抑えなければならない。このためギリシャは、財政赤字の基準を満たすために、借り入れではなく通貨スワップとして2001年から2002年にかけて10億ドルの資金を調達し、返済は航空会社が支払う空港着陸料や公営宝くじの売上金から充てる契約を結んだ。簿外での調達であったため、公の目からは隠された形となった。さらに、ゴールドマン・サックスは2002年のギリシャとの取引で抱えた10億ユーロにのぼるリスクの高い債権をドイツ銀行に振り向け、2005年にはスワップをギリシャの銀行最大手ナショナル・バンク・オブ・ギリシャに移転し、同銀が簿外の運用会社を設立してスワップを処理しやすいよう証券化した。ゴールドマン・サックスやJPモルガン・チェースなどの米投資銀行は、イタリアやポルトガルなど他のユーロ圏の財政赤字を抱える諸国とも類似の取引を行っていた可能性がある。EUも事態を重視し、EU統計局を通じて、2002年の取引について情報提供を求めている[19]。

ヨーロッパの主だった金融機関であるクレディ・スイス、UBS、ソシエテ・ゼネラル、BNPパリバやドイツ銀行は、ギリシャのクレジット・デフォルト・スワップ（CDS）を大量に購入していて[20]、ギリシャがデフォルトに陥れば利益を手にするが、CDSの高騰がギリシャの資金調達を困難している。これは、隣の家に火災保険をかけ、隣の家が火事になるインセンティブを作り出しているようなものである。

---

18 Zettelmeyer (2010) p. 30.
19 http://www.ft.com/cms/s/0/87c3d0c6-1b30-11df-953f-00144feab49a.html
20 http://www.nytimes.com/2010/02/25/business/global/25swaps.html?ref=global-business

ギリシャで試されたスワップや証券化などによる債務隠しの手口は、2007 年夏以降の世界的な金融危機の引き金となったサブプライムローン問題の温床にもなった。ギリシャや他の弱小国が身分不相応の借金をすることを可能にし、ギリシャが 3000 億ドルの対外債務を抱え、デフォルトに陥るリスクにさらされることに貢献した。

ギリシャは古代から地中海一帯で貿易を展開してきた歴史もあり、オナシス家、ニアルコス家、ラティス家、マルチノス家、ロス家、クルクンディス家、リバノス家と海運王が多く、船舶保有量は世界第 4 位の 2,870 万総トンに及ぶ。業界によると、GDP に占めるシェアは約 5%で、雇用者数は 25 万人である[21]。ギリシャ人船主はパナマ（世界第 1 位）やキプロス（世界第 6 位）など税制優遇措置を利用できる国に自らの船を登録することが多く、ギリシャ政府は主要な産業である海運業を課税捕捉できない。国滅びて多国籍企業が栄えるというグローバル資本主義経済の典型的な例といえる。EU や IMF は、タックスヘブンを廃止し多国籍企業を課税捕捉することなく、ギリシャ政府の財政支出削減努力ばかりを求めてきているが、処方箋が間違っているといえよう。

表 7 にあるようにハンガリー、ルーマニア、ラトビア、ギリシャの財政赤字は続いていたものの、3 年前には深刻な財政危機に陥るとは見られず、外資の資金流入を惹きつけ、賃金や物価は他の諸国より上昇幅が大きかった。しかし米国発金融・経済危機がおこり、資金流入が途絶え、歳入が減り財政赤字が膨らんだ。

ユーロに参加せず独自通貨を持っていた時代であれば、為替レートの調整によってコストを妥当なものにすることができた。しかし、ギリシャはユーロに参加し、ラトヴィアは ERMII に参加し対ユーロ中心レート±1%でペッグしている[22]以上、他の方法すなわちデフレーションで対応するしかなく、不況を長期化させ（表 8 参照）、失業率を高くさせ、公的・民間を問わず債務問題も悪化させ（公的債務については表 9 参照）、痛みを大きくしているのである[23]。クルーグマン

---

[21] http://jp.wsj.com/World/Europe/node_60697

[22] ハンガリーは 2001 年以降、対ユーロ中心レート±15%でペッグしてきたが、2008 年 2 月から完全変動相場制に移行し、ルーマニアはユーロを参考通貨とする管理フロート制。

[23] ルーマニア政府は 2010 年 5 月 6 日、25%の公務員給与削減、年金カットなどの歳出削減に踏み切り、財政悪化が信用不安につながったギリシャ問題が波及するのを避けるため、2009 年に GDP 比で 8%超の水準にある財政赤字の圧縮を図る。http://www.nikkei.com/news/latest/article/g=

は、このような問題を「ユーロの罠」であるとし、危機に陥った国がデフォルトになれば、ユーロの退場につながると論じている[24]。すなわち、一部の国のユーロ圏からの離脱は、単一通貨の終焉につながる。

EU と IMF が打ち出したギリシャへの総額 1100 億ユーロの支援策は、公務員

表 7　財政収支（GDP 比、%）

	2003 年	2004 年	2005 年	2006 年	2007 年	2008 年	2009 年
エストニア	1.7	1.6	1.6	2.5	2.6	-2.7	-1.7
ラトヴィア	-1.6	-1	-0.4	-0.5	-0.3	-4.1	-9
リトアニア	-1.3	-1.5	-0.5	-0.4	-1	-3.3	-8.9
ハンガリー	-7.2	-6.4	-7.9	-9.3	-5	-3.8	-4
ルーマニア	-1.5	-1.2	-1.2	-2.2	-2.5	-5.4	-8.3
ポルトガル	-2.9	-3.4	-6.1	-3.9	-2.6	-2.8	-9.4
アイルランド	0.4	1.4	1.7	3	0.1	-7.3	-14.3
イタリア	-3.5	-3.5	-4.3	-3.3	-1.5	-2.7	-5.3
ギリシャ	-5.6	-7.5	-5.2	-3.6	-5.1	-7.7	-13.6
スペイン	-0.2	-0.3	1	2	1.9	-4.1	-11.2

出所：Eurostat

表 8　GDP 成長率（%）

	2003 年	2004 年	2005 年	2006 年	2007 年	2008 年	2009 年
エストニア	7.6	7.2	9.4	10	7.2	-3.6	-14.1
ラトヴィア	7.2	8.7	10.6	12.2	10	-4.6	-18
リトアニア	10.2	7.4	7.8	7.8	9.8	2.8	-14.8
ハンガリー	4.3	4.9	3.5	4	1	0.6	-6.3
ルーマニア	5.2	8.5	4.2	7.9	6.3	7.3	-7.1
ポルトガル	-0.8	1.5	0.9	1.4	1.9	0	-2.7
アイルランド	4.4	4.6	6.2	5.4	6	-3	-7.5
イタリア	0	1.5	0.7	2	1.5	-1.3	-5
ギリシャ	5.9	4.6	2.2	4.5	4.5	2	-2
スペイン	3.1	3.3	3.6	4	3.6	0.9	-3.6

出所：Eurostat

96958A9C9381959FE2E5E2E39B8DE2E5E2E7E0E2E3E2E2E2E2E2E2E2

[24] http://www.nytimes.com/2010/04/30/opinion/30krugman.html?partner=rssnyt&emc=rss

表 9　公的債務（GDP 比、％）

	2003 年	2004 年	2005 年	2006 年	2007 年	2008 年	2009 年
エストニア	5.6	5	4.6	4.5	3.8	4.6	7.2
ラトヴィア	14.6	14.9	12.4	10.7	9	19.5	36.1
リトアニア	21.1	19.4	18.4	18	16.9	15.6	29.3
ハンガリー	58.4	59.1	61.8	65.6	65.9	72.9	78.3
ルーマニア	21.5	18.7	15.8	12.4	12.6	13.3	23.7
ポルトガル	56.9	58.3	63.6	64.7	63.6	66.3	76.8
アイルランド	31	29.7	27.6	24.9	25	43.9	64
イタリア	104.4	103.8	105.8	106.5	103.5	106.1	115.8
ギリシャ	97.4	98.6	100	97.8	95.7	99.2	115.1
スペイン	48.7	46.2	43	39.6	36.2	39.7	53.2

出所：Eurostat

の給与削減などを通じ 3 年間で 300 億ユーロの財政赤字の削減を目指すなど財政再建のための緊縮策があまりに厳しく、連日の激しいデモを引き起こし、ギリシャ政府は実行できない可能性が高い。多国籍企業への課税強化やタックスヘブンの廃止といった処方箋に切り換えていかない限り、ポルトガル、アイルランド、スペイン、イタリアの PIIGS[25]に危機が拡大していかざるをえないであろう。

2015 年の欧州難民危機のなか排外主義を訴える極右政党が台頭し、Brexit につながった。欧州の地域統合は、大きな成果を上げてきたが、リージョナル・コモンズの課題については第 13 章および第 14 章で続けて考察する。

4．北米の地域統合

（1）多国籍企業のための FTA

NAFTA は、1994 年に締結された自由貿易地域を目指す協定で、加盟国は、米国・メキシコ・カナダの 3 ヵ国である。NAFTA の特徴は、対外共通関税を持たず、労働力移動の自由化、経済政策の協調を内容に含んでいないが、重要産業

[25] PIGS は当初はユーロ圏の南ヨーロッパ 4 ヵ国、 ポルトガル、イタリア、ギリシャ、およびスペインの頭文字をとった略語でこれら諸国の経済状況について説明するときに使われていた。これにアイルランドを加えて PIIGS と呼ばれることもある。2009 年末からはポルトガル、アイルランド、ギリシャ、スペインの組み合わせで PIGS と呼ばれる場合が増えてきた。英語で「豚」を意味するこの略語は 2008 年から侮蔑的な意味を込めてイギリスおよび北アメリカの金融報道で使われるようになり、これら諸国に対する他のユーロ諸国の不信感が投影されているとも言われる。

分野につき厳しい原産地基準[26]を定め、加盟国の相互の投資を優遇する規則やサービス貿易、知的財産権に関する規則、実効性の高い紛争解決手続の導入、政府調達における優遇を定めるなど、実効性ある経済統合の枠組みを有している。

NAFTA を米州全体に拡大することを目指し、2001 年 4 月、カナダのケベックで開かれた 34 ヵ国の「米州首脳会議」で、2005 年までに米州自由貿易圏（FTAA）を実現することを謳った「ケベック宣言」が採択された。仮に FTAA が実現されれば、総人口 8 億人、経済規模 13 兆ドルにのぼる世界最大の自由貿易圏が出現することになる。しかし、南米諸国を中心に反対運動が展開され、今日まで実現に至っていない。

国境のメキシコ側には自由貿易地域が設けられ、「マキラドーラ」[27]という工業団地がある。この地域は、米国の 10 分の 1 の人件費であり、マキラドーラには環境基準がないのに加えて、IMF の輸出主導成長モデルの指図やメキシコの輸出競争力を強化するとの大義名分によって、メキシコ・ペソの大幅切り下げが行われ、多国籍企業にはマキラドーラに工場を設立する強力なインセンティブがある。メキシコ人労働者は、危険な化学物質や臭気にさらされ、マキラドーラ地区は 2,200 の工場の生産活動と膨大な量の有毒廃棄物によって汚染され、有毒廃棄物の多くは北に向かって流れる河川によってカリフォルニア州やテキサス州まで汚染している。外国企業の工場には固定資産税がかからないので、道路、上下水道、住宅といった公共インフラは全く整備されておらず、労働者は何キロにもわたって連なる廃材で作ったバラックに住んでいる[28]。メキシコ人労働者は労賃の安いこれらの工場で働くことより、米国で働くことを望み、カリフォルニア

---

[26] 北米産と認定されるには、締約国で算出された材料・製品を用いて締約国で生産された場合のほか、部品原材料輸入時の関税分類が加工過程によって変更されること（関税分類の変更）、又は現地調達率が 60%（取引価格方式）または 50%（純費用方式）以上であることが求められる。但し、自動車・繊維については特殊ルールを適用。

[27] メキシコの工場が製品を生産し輸出することを前提として原材料・部品を輸入する場合、その原材料・部品に対するメキシコの輸入関税を免除する制度。域内適用は 2001 年までに廃止。

[28] 大会社に魅力的な条件を維持するため、メキシコ政府は労働者に独自の労働組合を組織する権利を認めず、賃金の上昇率は生産性の上昇率よりはるかに低く抑えられている。1992 年の夏、フォルクスワーゲン社の工場で、政府管掌の労組が押しつけた条件を、1 万 4,000 人以上のメキシコ人労働者が拒否した。会社は全員を解雇し、裁判所もそれを認めた。1987 年には、2 ヵ月以上にわたって続く激しいストの最中、フォード社が組合との契約を破棄して 3,400 人の労働者を解雇し、賃金を 45%カットした。これに反発した労働者が団結すると、政府のお仕着せ労組に雇われた警備員が、工場内で無差別発砲を行った。コーテン（1997）pp.163-164.

州などには大量のメキシコ人不法就労者が存在している。

（2）サパティスタの抵抗

メキシコでもっとも貧しい南東部のチアパス州の住民は、1994年の1月1日に発効したNAFTAを「チアパス住民への死刑宣告」とし、約4000人の先住民がサパティスタ[29]民族解放軍[30]としてメキシコ政府に対して武装蜂起した。NAFTAによって貿易関税が消失し、米国産の競争力の強いトウモロコシが流入すると、多くの農民が自由競争に敗れて失業し、メキシコ市のスラムや北部国境のリオ・ブラボー川を越えて米国に流入した。チアパス州のラカンドンでは、木材のグローバル商業化や、石油やウランの発掘がもくろまれ、当地の先住民を一掃する大規模な強制排除計画が進み、白色警備隊と呼ばれるギャング組織が大規模農園主によって雇われ、身に迫る脅威を前に、先住民たちは立ち上がった。

コーテンによれば、「メキシコでは、NAFTA のせいで農地を失う家族が 100万世帯に達する見込み」[31]である。

5．南米の地域統合

MERCOSURは南米諸国の関税同盟で、南米での欧州連合（EU）のような域内での関税撤廃と域外共通関税を実施することを目的としている。1991 年にアルゼンチン、ウルグアイ、パラグアイ、ブラジルの4ヵ国が調印し、1994年12月には4ヵ国首脳が最終議定書に調印し、1995年1月に発足した。加盟国は2004年12月以降、アンデス共同市場（アンデス共同体）と相互に準加盟の形で協力関係にあり、南米共同体の実現に向けて活動中である。2005 年発足予定であった米国主導の FTAA 計画に先行するものとみる期待もあったが、2005年11月4日、5 日にマル・デル・プラタで開かれた第 4 回米州首脳会議で、当時の

---

[29] サパティスタという名称は、メキシコ革命において農民解放運動を指揮したエミリアーノ・サパタにちなむものである。メキシコ革命は、ポルフィリオ・ディアス大統領が、政治的には反対派への弾圧を繰り返し、経済的には無原則な外資導入によって国内の主要産業のほとんどすべてを外国資本に売り渡す政策を続けていたことに対する反対運動として1911年に始まり、10年以上続いた。

[30] サパティスタ民族解放軍は、インターネットを介して自らの主張を展開し、世界的な支援を獲得したために、もはや武力などの実力を行使せずとも隠然たる影響力をメキシコ政府に対して持つに至った。このようにIT時代の革命運動であり、メキシコからの独立や政権の転覆と政権の奪取を目的とする偏狭な反政府運動ではなく、世界的な新自由主義グローバリゼーションがもたらす構造的な搾取と差別に対して闘うことを目的とした運動である。

[31] コーテン（1997）p. 64.

MERCOSUR 諸国とベネズエラの反対で FTAA 計画は頓挫している。この後にベネズエラが MERCOSUR への加盟を表明した。MERCOSUR は、ベネズエラを加えて南米全体の人口の約 7 割に当たる 2 億 6 千万人、国内総生産全体の 75%を占めることになった。ベネズエラと他の加盟国との間の貿易関税は 2010 年から 2013 年にかけて撤廃される予定である。

ラテン・アメリカとカリブ諸国における2005年の移民数は、人口の5.1%の2,830万人に達している。2000年の高等教育を受けた移出民の割合は、スリナム（89.9%）、ガイアナ（85.9%）、ジャマイカ（82.5%）、ハイチ（81.6%）、トリニダード・トバコ（78.4%）、セントキッツ・ネーヴィス（71.8%）、アンティグア・バーブーダ（70.9%）、グレナダ（66.7%）と異常に高い。本国に残っている高等教育を受けた人口が極端に少なくなっていて、本国の経済が衰退する要因になっている。2006年における移民によるGDP比で本国送金額が多いのは、ホンジュラス（25.6%）、ガイアナ（24.3%）、ハイチ（21.6%）、ジャマイカ（18.5%）、エルサルバドル（18.2%）、ニカラグア（12.2%）、グアテマラ（10.3%）、ドミニカ共和国（10.0%）、エクアドル（7.2%）、ボリビア（5.5%）である[32]。

親米路線のコロンビアを除いて、南米諸国では2003年前後から反米左翼政権が誕生した。新自由主義的な経済政策を改め、基幹産業の国有化、大土地所有制の解体、貧困層への所得再配分、IMF・世銀との関係の見直し、米国とのFTAの拒否といった共通点が見られる。

６．アジアの地域統合

（１）AFTA

ASEAN は、タイ・インドネシア・マレーシア・フィリピン・シンガポールの原加盟国で、1967 年、ASEAN は政治的・経済的・社会的安定を目指して発足した。発足当初は、域内紛争や対立を背景に、第 1 の目的を域内の政治的安定におき平和を求めて発足したため、協議による合意、内政不干渉、コンセンサス重視を基本理念とした「柔らかな地域主義体」であった。

1985 年のプラザ合意後、日本企業は東南アジアに新たな投資市場を求めて進

[32] www.worldbank.org/prospects/migrationandremittances

出した。これを期に、東南アジアは目覚しい経済発展をした。しかし、1990 年代に入ると、冷戦終結とともに、先進諸国の投資・貿易の対象が中国に重きを置かれるようになり、ASEAN はこのような状況に危機感を抱くに至った。このため、ASEAN 域内での関税や非関税障壁の引き下げを行い、貿易の自由化、それに伴う経済の活性化・発展を目的とし、AFTA を 1992 年に締結し、段階的な貿易自由化を始めた。

他方で、1989 年にオーストラリアのホーク首相の提唱で、日本・米国・カナダ・韓国・オーストラリア・ニュージーランドおよび ASEAN 加盟 6 ヵ国の計 12 ヵ国でアジア太平洋経済協力（APEC）が発足した。環太平洋地域における多国間経済協力を進めるための非公式なフォーラムであるが、近年の WTO の新ラウンドの停滞や自由貿易協定締結の動きの活発化などによって、その存在意義が薄れてきている。

（2）ASEAN+3

東アジア諸国が FTA 締結に取り組み始めるのは、1990 年代末以降である[33]。中国や台湾はそれぞれ、2001 年、2002 年まで WTO にも加盟しておらず、WTO 加盟国との FTA 締結はできない状況にあった。地域貿易協定の締結は世界各地で進み、2001 年現在で、どこの国・地域とも協定を結んでいなかったのは中国・日本・韓国のみという状態であった。

今日の東アジア経済統合において、ASEAN は事実上中核的な位置を占めている。中国や日本、のちに韓国は ASEAN 諸国全体との FTA（ASEAN+1FTA）をそれぞれ締結し、それをまとめたものを ASEAN+3FTA として事実上の東アジア FTA を構築するのが既定路線になっている。2000 年の ASEAN＋3（日本・中国・韓国）は、再び通貨危機がおこったときに金融支援を行うという通貨スワップ協定（チェンマイ・イニチアティブ）を合意した。2002 年の ASEAN＋3 では、「東アジア自由貿易圏」の創設への作業部会が、各国首脳の会議で設けら

[33] この地域において、FTA に最も積極的なのは、シンガポールである。AFTA においても、提唱国のタイと並ぶ推進者であった。AFTA だけではなく、域外国との FTA 締結にも熱心であり、2000 年 11 月にニュージーランドとの間でニュージーランド・シンガポール経済連携緊密化協定に調印した。その後、日本、EFTA（2002 年）、オーストラリア、米国（2003 年）、ヨルダン（2004 年）、インド、太平洋 4 ヵ国（チリ、ニュージーランド、ブルネイ）、韓国、パナマ、カタール（2005 年）などとの間で締結した。

れた[34]。

（3）東アジア共同体

日本政府は、2003 年の日・ASEAN 特別首脳会議東京宣言などで、将来の東アジア共同体[35]構築へのコミットメントを表明した。2004 年の第 59 回国連総会一般討論演説で、ASEAN+3 の基礎の上に立って、「東アジア共同体」構想を提唱した。2005 年の第 162 国会施政方針演説では、多様性を包み込みながら経済的繁栄を共有する、開かれた「東アジア共同体」の構築に積極的な役割を果たしていく決意を表明している[36]。

米国を含む APEC の重要性を訴える米国は、1990 年代初頭に浮上した東アジア経済グループ（EAEG）構想に、アマコスト駐日大使が「1989 年末に結成した APEC 閣僚会議の活動を阻害する」と批判した。東アジア経済協議体（EAEC）構想には、ベーカー国務長官が「EAEC は太平洋に線を引き日米を分断する構想で、絶対に認められない」と反対した。2004 年 8 月にはパウエル国務長官が「ASEAN+3 の枠組みの必要性については未だ納得していない」と発言し、米国は東アジアにおける共同体の構想に抵抗してきている。

2009 年 5 月に民主党代表となった鳩山由紀夫は、「日米安保条約は外交の要」としながらも、友愛精神に基づいた「東アジア共同体」を提唱した。日本・中国・韓国を中心とした東アジアが集団安全保障体制を構築し、通貨の統一も実現すべきだ、とするものであるが、鳩山は「東アジア地域の安定を図るため、米国の軍

---

34 2002 年に日本の小泉首相が ASEAN+5 構想を提唱し、オーストラリアやニュージーランドも含むべきだと主張したが、オーストラリア、ニュージーランドはすでに ANZCER を締結し、この ANCER と AFTA の間の FTA 構想も交渉が行われている。

35 国際連合による定義では、日・朝鮮半島・中国（香港・マカオを含む）にモンゴルを加えた国と地域地理的な東アジアとして公表している。同じアジアの東側でも極東ロシアや東南アジアとは区別されることが多く、南アジアやオセアニアも含めるのであれば、ネーミングには工夫が求められよう。

36 自民党政権時代の日本政府の東アジア共同体の基本的立場は、以下の通り。

①「開かれた地域主義」の原則に基づく。東アジアでは、ASEAN、日中韓に加え、オーストラリア、ニュージーランド、インド、さらには米国等が各種機能的協力で重要な役割を果たしている。開放性・透明性・包含性を確保し、これら幅広いパートナーと緊密な協力を確保。

②機能的協力促進が中心（「機能的アプローチ」）。地域の多様性（経済発展水準、文化、民族、宗教、政治理念、安保政策等）に鑑みれば、EU のような政治的な制度や枠組みの導入は未だ将来的目標。当面は、広汎な分野で機能的協力（FTA/EPA、金融、国境を越える問題等）を推進することを中心に共同体形成を目指す。

③普遍的価値の尊重、グローバルなルール遵守。民主主義、自由、人権等の普遍的価値、WTO 等のグローバルなルールを重視する。http://www.mofa.go.jp/mofaj/area/eas/pdfs/eas_02.pdf

に機能すべきだと思うが、（同時に）政治的・経済的にも影響力を行使し続けるのには、できる限り歯止めをかけたい」（『Voice』2009年9月号）と主張しており、米国の影響力を徐々に減らしていくべきという趣旨の主張をした[37]。

岡田克也外相（当時）は2009年10月7日、都内の講演で、鳩山由紀夫首相が提唱している「東アジア共同体」構想の枠組みについて「日本、中国、韓国、東南アジア諸国連合（ASEAN）、インド、豪州、ニュージーランドの範囲で考えている」と述べ、米国は正式な加盟国として想定していないことを政府高官として初めて明らかにした[38]。

中国が2005年4月から提唱してきた「東アジア自由貿易圏（EAFTA; ASEAN+3）」と、日本が2006年4月から提唱してきた「東アジア包括的経済連携（CEPEA; ASEAN+6）」が併存してきたが、2011年8月の日中共同提案「EAFTAおよびCEPEA構築を加速させるためのイニシアチブ」を受け、同年11月に、ASEAN首脳は両構想を踏まえ、ASEANとFTAを締結しているFTAパートナー諸国とのRCEPを設立するためのプロセスを開始することで一致した[39]。

東アジア・大洋州における2005年の移民数は、人口の1%の1,930万人に達している。2000年の高等教育を受けた移出民の割合は、トンガ（74.2%）、サモア（66.6%）、フィジー（58.7%）、マーシャル諸島（41.0%）、ベトナム（39.0%）、ミクロネシア連邦（36.4%）、パラオ（30.0%）、パプアニューギニア（28.2%）、キリバス（24.9%）、フィリピン（14.8%）となっており、大洋州諸国の割合が高い。南アジアにおける2005年の移民数は、人口の1.5%の2,210万人に達している。2006年における移民によるGDP比で本国送金額が多いのは、ネパール（18.0%）、バングラデシュ（8.8%）、スリランカ（8.7%）、パキスタン（4.0%）、インド（2.8%）の順である[40]。

地域共同体の成立のためには、財・サービス・人の移動に対する自由化が必要不可欠である。しかし現状においては、人の移動の自由化を実施した場合、日本

---

37 *New York Times*, 2009. 8. 27
38 http://www.nikkei.co.jp/news/seiji/20091008AT3S0702307102009.html
39 外務省（2012年）pp. 212-217.
40 www.worldbank.org/prospects/migrationandremittances

に大量の難民が流入する、財の移動の自由化を試みた場合、中国の安全性や品質に問題がある食品や商品がチェックされずに日本に流通するなど、アジアにおける地域統合に対する難題は極めて多い。アジア共通通貨導入の通貨圏としては、東アジア諸国とASEAN新規加盟5ヵ国との経済格差が大きいことが懸念材料といえる。自然・環境・文化保全など農業の多面的機能、食料安全保障といった観点からは、日本を含めた各国の農業の保護はそれぞれ持続すべきであり、貿易を自由化すれば経済厚生が高まるというわけではない。

日本の生産年齢人口は今後約20年間の間に1,200万人減少、つまり年率0.7%で減少していくと予想される。これに対して日本の労働生産性上昇率が最近のようにゼロ%であっても、女性の職場進出や定年の延長がなされれば、大規模な人手不足が発生することは考えにくいはずであった。しかしながら、仕事がきついのに手当てが少ない介護士やコンビニの店員などの「3K」の職場には、深刻な人手不足が発生している。これは、イノベーションが起こる研究環境や人材育成が重視されず、仕事に見合う労賃が支払われていないためで、安易に低賃金でも雇用可能な外国人労働力で解決していけばよいという問題ではない。

谷口誠は、東アジアはその土壌に合った地域統合を志向すべきで、EUに比べより緩やかな形で、まずFTAを含む幅広い経済連携を中心とした「東アジア経済共同体」を設立することから始まり、この基盤の上に政治面、安全保障面での地域協力が加わった形での「東アジア共同体」に発展させていくべきと論じている[41]。東アジア共同体を実現していく際に、市場社会主義の経済体制で複数政党制の民主主義ではない中国、経済発展水準が大きく異なっているASEAN新規加盟5ヵ国、イスラム教徒やヒンズー教徒が多い国、と多様な地域であり、所与の経済的、社会的、歴史的、文化的諸条件を尊重して共同体を実現していくやり方でなければ、中心と周辺の歴史的課題を克服していくことはできない。戦後、日本政府が強い主導権を発揮して政治的にアジア諸国を纏めようとすると内外から「大東亜共栄圏の復活」と揶揄されることも多く、ODAを多用した外交に徹してきた経緯もある。新植民地主義に陥り、無用な紛争を招くことにならないよ

[41] 谷口（2004年）p. 77.

う肝に命じる必要がある。

おわりに

EU はリージョナル・コモンズの取り組みにおいて多くの成果をあげたが、財政同盟なき通貨同盟が成功していないように、また Brexit や東欧諸国などの懐疑派の問題を解決していくために、さらに統合を推進していくための協働が必要となっている。

また、NAFTA に見られるような多国籍企業のための地域統合は、地域住民の抵抗を受け、持続可能とはいえない。

すでにグローバリゼーションによって、財・サービス・人・通貨は国境を越えて移動しているが、世界規模でそれらをコントロールできる世界中央政府が存在していないという今日の基本的な問題がある。この問題を解決するためには、これまでの地域統合の負の側面を是正した上で、世界規模に発展させていく必要がある。

第 11 章　グローバル・コモンズ——地球環境保全

2019 年の台風 19 号は、300 近い河川の決壊・氾濫を引き起こし、JR 東日本は長野市内の車両基地で水没した北陸新幹線の 10 両編成車両すべてを廃車にすると発表した。JR 西日本保有分を含めた損失額は 148 億円。
Source:https://www.nikkei.com/article/DGXNZO52052390R11CA1710A00/

はじめに

原材料やエネルギーの使用量は文明の発展とともに増え、自然が持つ自己修復能力を超えて負担をかけ、オゾン層の破壊、温暖化、酸性雨、海洋汚染、砂漠化、動植物生態系破壊、熱帯林破壊、野生生物種の減少といった地球環境問題が起こっている。

自然への負荷と自然の自己修復能力のバランスが崩れ、本格的に悪化し始めたのは、18〜19 世紀の産業革命・工業化期であり、利潤の追求を基本的な価値観とする資本主義が原因であると考えられる。今日ではその資本主義がグローバル化し、環境基準、安全基準、労働基準が緩い途上国に工場を移してきたため、途上国における環境破壊が爆発的な規模になっている[1]。

地球環境問題は、貧困や地域紛争などと並ぶ地球規模問題として、国際機関によってグローバル化した資本主義を持続可能な成長にすることによって解決しようと取り組まれてきている。しかし、世界の人口が 80 億人に達する 2023 年ごろまでに、グローバル化した資本主義の部分的な手直しでは、地球環境破壊を許容できないほどまで加速させることを避けられず、持続可能な成長を追求することは不可能で、成長を抑えて環境を回復させるしかないことを考察する。

1．加速度的に進む地球温暖化

気象現象への影響は、「異常気象の増加」、偏西風の蛇行に見られる。米国南東部・東部の海水温上昇により、竜巻の発生域が南東部や東部に広がっている。寒い日・寒い夜が減少、暑い日・暑い夜が増加し、全体的に昇温傾向となっている。高温や熱波・大雨の頻度の増加、干ばつ地域の増加、勢力の強い熱帯低気圧の増加、高潮の増加が起こっている。大気中の水蒸気量の増加により、平均降水量は

---

[1] 1984 年の米国企業ユニオン・カーバイド社のインドのボパールにある農薬工場の爆発事故は、世界最悪の化学工場事故といわれている。約 40 トンのイソシアン酸メチル（MIC）が流出し有毒ガスが工場周辺の町に流れ出した。その夜のうちに周辺のスラムの 2000 人以上が死亡し、15-30 万人が被害を受け、最終的に、様々な要因で 1 万 5000 人〜2 万 5000 人が死亡したとされる。現在もなお工場から漏れ出した化学物質による周辺住民への健康被害が続き、ユニオン・カーバイド社への訴訟や責任問題が未解決である。環境 NGO のグリーンピースは、世銀の環境アセスメントを検討し、ボリビア、マラウイ、マレーシア、ジャワ島の石炭火力発電所案件で、温室効果ガスに言及しておらず、石炭採掘が引き起こす問題に、酸性雨、水銀や重金属の排出、淡水・海水の汚染、固形や液体の産業廃棄物などがあるが、これらにも一切言及していないと指摘している。ジョージ・サベッリ（1996 年）p. 213. David Batker, ‘General Comments on the World Bank Environmental Assessments’

増加し、平均降水量の変動幅の増大、豪雨や旱魃の増加が見られ、熱帯雨林の乾燥化や崩壊が起こっている。

2018 年は日本への猛烈な台風（最大風速 54 メートル以上）の発生は 7 個で過去最多、上陸数は 5 個で、平年の 2.7 個を上回った。8 月末に台風 20 号が四国と近畿を縦断し、西日本に大雨をもたらした。続いて 25 年ぶりに「非常に強い」勢力のまま上陸した台風 21 号が近畿で猛威を振るい、高波で浸水した関西国際空港が一時閉鎖された[2]。

2019 年には日本近海の海水温が平均より 2 度高く、熱帯低気圧が発生すると水蒸気が吸い上げられ 50 年に 1 度の記録的豪雨をもたらした台風 19 号が上陸し、2 日間で 500 ㎜の記録的豪雨で死者数は 90 人、5 人が行方不明となり、浸水被害は 300 近い河川の流域に及び、土砂災害は 884 件と 1 つの台風としては記録のある 1982 年以降最多となった[3]。

国立環境研究所の江守正多副センター長は「気温が徐々に上がっていった時にある“臨界点”、ある温度を超えると、後戻りできないような急激な変化が起こり得る」と話す。後戻りできない“臨界点”に近づいているとされるのが、氷で覆われた島・グリーンランド。北極圏の入り口にあたる島の南部で、今年 8 月、氷が解けて大きな川のようになっているのが確認された。ヨーロッパを襲った記録的な熱波の影響で、グリーンランドの気温も上がり、大量の氷が溶け出した。温暖化が進み、ある“臨界点”を超えると、こうした氷の融解が止められなくなるという。グリーンランドの氷の厚さは 1500 メートル以上ある。氷が解けると標高が下がる。標高が下がると、より暖かい空気に触れるため、さらに、氷が解ける。この悪循環に陥り、止められなくなるのが“臨界点”だ。江守副センター長は「それ以上、気温が上昇しなかったとしても、氷は解け続け、すべて解けるまで止まらない」という。こうした悪循環は、様々な場所で起こり得るとされている。例えば、熱帯雨林。今年、アマゾンは深刻な火災に見舞われた。火災や伐採、干ばつで森林が減少すると、森林から出る水蒸気が減少し、雨も減る。雨が減ることで木が枯れ、さらに森林が減少。“臨界点”を超えると、この悪循環に

[2] https://www.nikkei.com/article/DGXMZO39533730Y8A221C1CC1000/

[3] https://www.nikkei.com/article/DGXMZO52052390R11C19A1710A00/

陥ってしまう[4]。

2019年11月からのオーストラリアの森林火災では日本の半分に当たる18万平方キロ以上が燃え、30人以上が死亡した[5]。森林火災は、大量の二酸化炭素が排出されるとともに、焼失後の灰が雨で流されてしまい、痩せた土地になり、二酸化炭素を吸収してくれる森林が再生する可能性が奪われ砂漠化するという二重のダメージとなる。

オーストラリア・ニューサウスウェールズ州=ロイター

2．国際協調メカニズム

（1）国際連合人間環境会議

1972年6月5日から16日まで、スウェーデンのストックホルムで環境問題についての世界で初めての大規模な政府間会合が開催され、「ストックホルム会議」とも呼ばれる。キャッチフレーズは、「かけがえのない地球（Only One Earth）」で、114か国が参加した。この会議において「人間環境宣言」および「環境国際行動計画」が採択された。これを実行するため、国際連合に環境問題を専門的に扱う国際連合環境計画（UNEP）がケニアのナイロビに設立された。

国際連合の主催による環境や開発を議題とする会議は、1972年の「国連人間環境会議」（ストックホルム会議）以来、1982年の国連環境計画管理理事会特別会合（ナイロビ会議）、1992年の環境と開発に関する国際連合会議（地球サミット、リオデジャネイロ）、2002年の「持続可能な開発に関する世界首脳会議」（環境開発サミット、ヨハネスブルグ・サミット）と、約10年ごとに開催されている。

1992年の環境と開発に関する国際連合会議では、持続可能な開発に向けた地

---

[4] https://www.tv-asahi.co.jp/hst/feature/detail.php?news_id=163
[5] https://www.nikkei.com/article/DGXMZO55873400Q0A220C2EAF000/?n_cid=SPTMG002

球規模での新たなパートナーシップの構築に向けた「環境と開発に関するリオデジャネイロ宣言」と、この宣言の諸原則を実施するための行動計画である「アジェンダ 21」、「森林原則声明」が合意された。また、別途協議が続けられていた「気候変動枠組条約」と「生物多様性条約」が提起され、この会議の場で署名が開始され、国際連合の経済社会理事会の下に「持続可能な開発委員会」が設置された。

（2）「環境と開発に関する世界委員会」

1982 年に国連に設置された。1984 年から 1987 年まで、ノルウェーのブルントラント首相が委員長をつとめたことからブルントラント委員会と呼ばれる。この委員会がまとめた報告書「地球の未来を守るために（Our Common Future）」には、「将来世代のニーズを損なうことなく現在の世代のニーズを満たすこと」という持続可能な開発の概念が打ち出されている。

ジョージは、持続可能な開発の概念について、「“持続可能性”という言葉が終わることのない将来を約束するので、本来的に破壊的なプロセスが破壊的ではないようになる」[6]と批判している。

（3）気候変動枠組条約締約国会議

1992 年 6 月の地球サミットにおいて気候変動枠組条約が採択され、定期的な会合（気候変動枠組条約締約国会議、COP）の開催が規定された。世界的な削減義務としての京都議定書が、1995 年に議決され 2005 年に発効し、議定書の目標達成を目処に削減が行われてきた。しかし主要排出国の米国が参加しておらず、途上国の排出量を抑制する道程も定まっていない。その一方で、温暖化の被害を最小にするには、京都議定書より一桁多い温暖化ガスの排出量削減率が必要とされる。

国連の気候変動に関する政府間パネル（IPCC）が発行した第 4 次評価報告書（以下、AR4）によって膨大な量の科学的知見が集約された結果、人為的な温室効果ガスが温暖化の原因である確率は非常に高い（9 割を超える確率）と報告された[7]。AR4 で集約された科学的知見によれば、2100 年には平均気温が最大推計

---

[6] ジョージ・サベッリ（1996 年）p. 232.
[7] Intergovernmental Panel on Climate Change (2007) p.39.

で 6.4℃(最良推定値 1.8〜4℃)、海面水位は平均推計で 38.5cm(最大推計 59cm)上昇するとされている[8]。北極域の平均気温は過去 100 年間で世界平均の上昇率のほとんど 2 倍の速さで上昇した。北極の年平均海氷面積は、10 年当たり 2.1〜3.3%(平均 2.7%)縮小している[9]。陸域における最高・最低気温の上昇、気温の日較差の縮小。温暖化が環境中からの二酸化炭素やメタンなどの放出を促進し、さらに温暖化が加速するという正のフィードバック効果が起こる。

北大西洋深層循環の突然の停止や南極およびまたはグリーンランド氷床の融解による地球規模の急速な海面上昇などのような、地球システムにおける極端で時に不可逆な変化などの大規模な特異事象の影響に関する研究はほとんど行われていない。これら事象の基礎にあるメカニズムやその可能性への理解が不十分なため、試験的な研究のみが実施されてきた。例えば、突然の海面上昇における最悪のシナリオの調査に関しては、沿岸域に対して、2100 年までに 7m の海面上昇がある場合についての影響評価が実施された。これらのシナリオが、2007 年 2 月には AR4 の第 2 作業部会の評価に初めて含まれた[10]。すでに、ジャカルタやバンコクの沿海部が水没し始めており、最悪のシナリオに近いスピードで温暖化が進んでいることを感じさせている。

2007 年のハイリゲンダムサミットにおいては、「温室効果ガスを 2050 年までに半減する」という目標が掲げられたが、具体的な削減方法や負担割合については調整がつかず、2007 年 12 月の温暖化防止バリ会議(COP13)においても数値目標を定めるには至っていない。

2009 年 12 月にコペンハーゲンで開催された COP15 では、京都議定書に定めのない 2013 年以降の温暖化対策の国際的枠組みの構築を目指す政治合意「コペンハーゲン協定」の採択を目指した。しかし、途上国側は温暖化を引き起こしたのは先進国側であるとし、途上国に温室効果ガス削減目標を定めることに抵抗し、先進国の温室効果ガス削減目標が低いことや先進国中心の議事手続きに一部途上国が反発した。このため、「コペンハーゲン協定」の正式採択は見送られ、「留意する」との決定を下し、2013 年以降の温暖化ガス削減対策の枠組み作りは持

---

[8] *ibid.* p. 45.
[9] *ibid.* p. 30.
[10] *ibid.* p. 65.

ち越された。

（5）京都議定書

地球温暖化の原因となる温室効果ガスの一種である二酸化炭素（CO_2)、メタン（CH_4)、亜酸化窒素（N_2O)、ハイドロフルオロカーボン類（HFCs)、パーフルオロカーボン類（PFCs)、六フッ化硫黄（SF_6）の先進国における削減率について 1990 年を基準として各国別に定め、共同で約束期間内に目標値を達成することが定められた。ただし、京都議定書第 3 条 7 に基づき各締約国は HFCs、PFCs、SF_6 の基準年として 1995 年を選択できることとされている。また、温室効果ガスの削減をより容易にするための規定として、クリーン開発メカニズム（CDM)、共同実施（JI)、排出量取引（ET）の京都メカニズムや、吸収源活動が盛り込まれている。

京都議定書第 3 条では、2008 年から 2012 年までの期間中に、先進国全体の温室効果ガス 6 種の合計排出量を 1990 年に比べて少なくとも 5%削減することを目的と定め、第 4 条では、各締約国が二酸化炭素とそれに換算した他 5 種の排出量について、表 1 にある削減義務を達成することを求めている。なお、京都議定書策定以前から技術のみに依存するのではなく化石燃料を使わない方法で化石燃料由来排出量を減らしてきた北欧諸国などは、京都議定書の目標値が緩く設定されており、例えばスウェーデンは +4%が認められているなど、具体的な成果を挙げている国については相応の評価がされている。京都議定書により約束した割当量を超えて排出した場合には、超過した排出量を 3 割増にし、次期削減義務値に上乗せされる。

日本では排出量は、2007 年時点で、京都議定書の規定による基準年 1990 年（HFCs、PFCs および SF_6 については 1995 年）比で、削減されているどころか、逆に+9%と増加[11]しており、この状況になっても自民党政権は効果的な対策を実施していなかった。太陽光、風力、波力・潮力、流水・潮汐、地熱、バイオマス等の自然エネルギーによる電力の割合は、2008 年時点で EU が 16.7%に達しているのに対して日本はわずか 0.4%しかない[12]。京都議定書で日本が約束し

[11] http://www.env.go.jp/press/file_view.php?serial=13481&hou_id=11091

[12] Renewable Energy Policy Network for the 21st Century (REN21) (2010) p.59.

た温室効果ガスの削減義務を守るために、政府や産業界が海外から購入する排出権の総量は、二酸化炭素換算で少なくとも約3億5,000万トン、現在の国際価格では約7,000億円に上る[13]。

表1　削減義務を負う国・地域（附属書I国）の、1990年から 2005年にかけての温室効果ガス排出量の増減割合

	温室効果ガス排出量の増減割合		2012年までのEU	議定書の削減義務
	吸収源活動を除く	吸収源活動を含む		
EU	-2%	-4%	-	-8%
ドイツ	-18%	-20%	-21%	↑
フランス	-2%	-7%	±0%	↑
イギリス	-15%	-15%	-13%	↑
アイルランド	26%	25%	13%	↑
スペイン	53%	60%	15%	↑
ポルトガル	43%	40%	27%	↑
ギリシャ	27%	25%	25%	↑
スウェーデン	-7%	-8%	4%	↑
デンマーク	-7%	-10%	-21%	↑
ノルウェー	9%	-23%	-	1%
ロシア	-29%	-28%	-	±0%
ウクライナ	-55%	-59%	-	±0%
日本	7%	7%	-	-6%
オーストラリア	26%	5%	-	8%
ニュージーランド	25%	23%	-	±0%
カナダ	25%	54%	-	-6%
米国	16%	16%	-	(-7%)

出所：Greenhouse Gas Inventory Data より作成

経済産業省の2009年度概算要求に、「住宅用太陽光補助金」として238億円が盛り込まれた。2005年度を限りに廃止されて以来、4年ぶりの復活となる。2005年度の補助額はkWあたり2万円と小額で、予算額も26億円まで減っていた。シャープ、京セラや三洋電機は太陽光発電パネルの大手であるが、太陽光発電パネルの大半は、補助金が手厚く余剰買取価格も高く普及が著しいドイツや

13 http://mainichi.jp/life/ecology/select/news/20081204ddm001010029000c.html
京都議定書の期限である2012年が近づくにつれ、市場で需給が逼迫すれば価格がつり上がると予測され、1トン当たり1900円という単価は、今後はこの水準にとどまる保証はない。仏投資銀大手のソシエテ・ジェネラルは1月末、2012年にCDMの排出権の単価は37ユーロ（約5900円）にまで高騰するとの予測を発表したが、日本の費用負担は、数兆円に上る可能性がある。
http://business.nikkeibp.co.jp/article/tech/20070416/122880/?P=3

スペインなどの欧州向けとなっている[14]。ロシアや東欧諸国から排出権を購入するのに巨額の税金を投入[15]するよりも、太陽光発電や電気自動車などの購入に対する補助金を増額して、国内における実際の排出量削減に投入すべきである。

民主党政権は、2009 年 9 月の国連総会で、すべての主要国の参加による公平かつ実効性のある枠組みと意欲的な目標の合意を前提に、日本が 2020 年までに温暖化ガスの国内排出量を 1990 年比で 25%削減することを国際公約した。

共和党のブッシュ政権や一部の学者は、温暖化の否定、CO_2 などの温室効果ガス原因説や人為説の否定、海面水位上昇の否定などの議論を展開しているが、IPCC が科学的な根拠を示しているのに対して、十分な科学的な根拠を示してきているとはいえない[16]。

（6）パリ協定

第 21 回気候変動枠組条約締約国会議（COP21）が開催されたパリで 2015 年 12 月に採択され、気候変動枠組条約に加盟する全 196 ヵ国全てが参加する枠組みとして 2020 年以降の地球温暖化対策を定めている。

産業革命前からの世界の平均気温上昇を「2 度未満」に抑える。加えて、平均気温上昇「1.5 度未満」を目指す（第 2 条 1 項）。

各国が、削減目標を作成・提出・維持する義務と、当該削減目標の目的を達成するための国内対策をとる義務を負っている（第 4 条 2 項）。目標の達成自体は義務ではない。

2017 年 6 月、共和党のトランプ大統領は「中国、ロシア、インドは何も貢献しないのに米国は何十億ドルも払う不公平な協定だ」として米国がパリ協定から

---

14 米国とスウェーデンは太陽光発電には 30%の税額控除を行っている（米国では 2016 年まで）。フランスは 50%の所得税還付を行っている。オーストラリアはワット当たり 8 オーストラリアドルの払い戻しを行っている。最も注目すべきは中国の太陽光発電補助金であり、50kW 超の建築物一体型太陽光発電と 300kW 超の系統連系型プロジェクトの資本コストの約 50%を提供し、系統独立型のプロジェクトには資本コストの 70%を提供している。REN21 (2010), p.40. 日本は、国の補助金が 2011 年 3 月まで 7 万円／kwh、2011 年 4 月からは 4.8 万円／kwh で、地方自治体の補助金が 2～10 万円／kwh であり、資本コストの 10～20%と少ない。

15 2007 年にハンガリーから約 200 億円、2009 年にウクライナから 2 億 9 千万ユーロ（約 325 億円）排出権を購入している。

16 たとえば、武田邦彦は、氷が解けても水位は変化しないというアルキメデスの原理に基づき、海面水位は上昇しないという議論などを展開している。海水が凍っただけの北極の氷が解けても海面水位は上昇しないが、南極大陸やグリーンランドの氷河や氷床が解ければ海面水位は上昇するという点を何故か無視している。武田（2007 年）pp. 38-71.

離脱すると表明した[17]。

3．持続不可能な成長

（1）宇宙船地球号

20 世紀末から石油の可採量が増大した理由は、原油価格の上昇と技術の向上[18]がある。1973 年の第一次石油危機の時には多くの石油専門家がマスコミに登場して「あと 30 年で石油は枯渇する」とされていたが、2005 年の段階でも「現在発見されている油田可採埋蔵量だけでも現在の消費量で割ればあと 40 年は供給できる」[19]とされたように、可採量は毎年増大し続けた。

人類が採掘可能な石油埋蔵量を究極可採埋蔵量という。1970 年代にはこれは 2 兆バレルと考えられており、また、その時点での既発見の埋蔵量は 1 兆バレルと考えられていた。石油鉱業連盟によれば、現在ではこれは 3 兆バレル（68 年分）と考えられている[20]。たしかに、採算に合えば「採掘可能な埋蔵量」は確保され続けるかもしれないが、環境破壊を無限に続けることはできない。

1972 年に出版されたローマ・クラブ[21]の『成長の限界』は、現在のまま人口増加や環境破壊が続けば、21 世紀半ばには資源の枯渇や環境の悪化によって、人類の成長は限界に達すると警鐘を鳴らしており、破局を回避するためには、地球が無限であるということを前提とした経済のあり方を見直し、世界的な均衡を目指す必要があると論じている[22]。

---

17 https://www.latimes.com/politics/la-na-pol-trump-paris-20170601-story.html

18 ある油田は 1 バレルあたり採掘コストが 30 ドルかかるとする。このとき、もし原油価格が 1 バレルあたり 10 ドルならば、この油田は採算に合わないため「採掘可能な埋蔵量」には含まれない。しかし、もし原油価格が 1 バレル 50 ドルに上昇すれば、この油田は充分採算に合うため「採掘可能な埋蔵量」に含まれることになる。

19 可採年数（R/P）とは、ある年度において埋蔵が確認されている石油のうち、その時点での技術で採掘可能な埋蔵量(R) を、その年度の実際の生産量（P）で割った値である。ちなみに 2007 年度末の可採年数は 41.6 年であった。

20 石鉱連資源評価スタディ 2007 年 （世界の石油・天然ガス等の資源に関する 2005 年末における評価）2007 年 11 月石油鉱業連盟発行

21 イタリア・オリベッティ社の副社長で石油王としても知られるアウレリオ・ペッチェイ博士が、資源・人口・軍備拡張・経済・環境破壊などの全地球的な問題対処するために設立した民間のシンクタンク。世界各国の科学者・経済人・教育者・各種分野の学識経験者など 100 人からなり、1968 年 4 月に立ち上げのための会合をローマで開いたことからこの名称になった。

22 メドウズ（1972 年）

世界の総人口に占める地域別構成比率

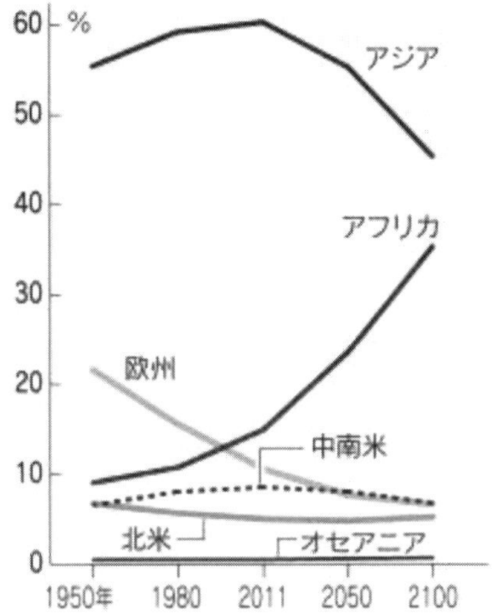

出所：国連世界人口推計。（2050年、2100年は中位推計を使用）

1966 年、アメリカの経済学者ケネス・E・ボールディング[23]は『来たるべき宇宙船地球号の経済学（The Economics of the Coming Spaceship Earth）』で、「開かれた経済」は無限の資源を想定し「カウボーイ経済」[24]と呼べるが、「未来の『閉じた経済』は、同様に『宇宙飛行士経済』と呼ばれるべきだろう。ここでは地球は一個の宇宙船となり、無限の蓄えはどこにもなく、採掘するための場所も汚染するための場所もない。それゆえ、この経済の中では、人間は循環する生態系やシステムの中にいることを理解するのだ」[25]と論じている。

世界人口は 12 年間で 10 億人のペースで増加し 2050 年には世界人口は 100 億人に達するが[26]、2023 年ごろに世界人口が 80 億人[27]に達した時点で経済的・エコロジー的・社会的・政治的な理由で資本主義を保つことはまったく不可能になるという見方がある[28]。世界人口は 1971 年には 40 億人であったのであり、約 50 年間という短期間で倍増することになる。

国連の世界人口推計（2010 年版）は、世界総人口にアフリカ地域が占める比率は 2100 年に 35%となり、2011 年現在比 20 ポイント増になり、アジアは依然

[23] Kenneth Ewart Boulding（1910 年 - 1993 年）イギリス出身のアメリカの経済学者。1968 年アメリカ経済学会会長。生物学者のベルタランフィに呼応して贈与経済学や組織論さらには紛争解決論など、一般システム理論の社会システム理論への理論的拡張に貢献した。チャールズ・ダーウィンの進化論を経済学分析に取り入れた進化経済学を樹立し、バックミンスター・フラーが提唱した概念「宇宙船地球号」を経済学に導入した。

[24] アメリカ西部などの初期フロンティア社会のカウボーイは、無限とも思える資源に恵まれ、人のほとんどいない土地に暮らしていた。土地の使用権を主張する先住民の存在さえ無視すれば、思うままに資源を使い捨てることができ、皆が富を求めて自由に競争すれば、個人の利益がやがて社会全体の利益になると考えられた。

[25] http://dieoff.org/page160.htm

[26] 国連は、2025 年以後は人口増のペースが減速し、100 億人突破は 2083 年になるとの見通しを示している。

[27] 実際には、アフリカでは餓死者が増え、世界人口が 80 億人にならない可能性もある。

[28] ジョージ（2000 年）pp. 57-108.

トップだが、比率は同 15 ポイント減の 45％へ低下し、地域別の人口分布が 2100 年までに大きく変わると予測している（図参照）。これまで以上に経済格差や食料・水不足などの問題が深刻化する。アフリカでは、貧しいがゆえに、収入を増やそうとして子沢山になり、子沢山になるがゆえに貧しくなるという悪循環に陥っている。

『人口論』を著したマルサス[29]は、幾何級数的に増加する人口と算術級数的に増加する食糧の差により人口過剰、すなわち貧困が発生し、これは必然であり、社会制度の改良では回避され得ないと論じた。しかし、歴史的に人口増加率よりも食糧生産増加率のほうが常に上回ってきており、貧困は分配が公平になされないことから発生し、貧困国における食料危機は、貧困国が食糧の必要量を購入できないことから発生していて、マルサスの見方は当てはまらない。

（2）エコロジカル・フットプリント

その土地が地球上のどこに存在していようとも、具体的な物質的な生活水準で生活する一定の人口によって使用される資源を生み出すために、また、彼らによって生み出される廃棄物を吸収するために必要とされる、生産力を有する土地と水の生態系に対応するエリアを示す「エコロジカル・フットプリント」が有効な尺度である。ワケナゲルは、「パリを例にとれば、パリを支えているエリアはパリ自身よりおよそ 300 倍も大きい。・・・すでに今日我々は地球が再生産できる量より 20％も多く使っている」[30]と指摘している。

純一次生産量あるいは純光合成生産量（ともに NPP と略称）、つまり太陽エネルギーが、現在生産しており、また、これまで生産してきたあらゆるもののうち、人類は 40％を自分たちのために利用していると計算する生物学者もいる。NPP は地球が生み出す生産品（食物・燃料・繊維・その他）の人類による使用の尺度となるだけではなく、森林伐採・過剰な漁獲・砂漠化のような人間による環境システムの破壊の影響の尺度ともなる。このような人間が NPP を専有する割合は、おおよそ 25 年ごとに倍加する計算になる。ジョージは、「今の割合がつづくと、

---

[29] Thomas Robert Malthus（1766 年 - 1834 年）イギリス出身の経済学者。古典派経済学を代表する経済学者で、過少消費説、有効需要説を唱え、1798 年に『人口論』を著した。

[30] Wackernagel (2002)

2015 年までに人類による NPP の専有は 80%に達し、2040 年には 160%になるので、その年までに、私たちは地球に別れを告げねばならないことになるのである」[31]と論じている。

（3）成長論の幻想

スターン報告[32]は、安定化時の CO_2 濃度を 550ppm に抑えるコストは世界の GDP の 1%と見積もられ、巨額ではあるが支出可能であり、対策の無い場合に想定される被害（今世紀末で GDP の約 20%）に比較して十分に小さいとしている[33]。これにより、エネルギー（発電、熱、動力）、運輸、省エネ、炭素固定など、広い分野にわたる技術面および政策面での対策が必要としている。

新古典派だけではなく、ケインジアンにも持続的な成長は可能という主張がある。生産一単位に必要な天然資源の量は、技術進歩とともに減少するからであり、したがって、より少ない原材料とエネルギーで、より多くを生産することが常に可能であるという。経済成長によって貧困と不平等が減少し、社会の団結が強化されるという主張である。

ジャン＝マリー・アリベ[34]は、「天然資源の消費原単位が低下しても、その効果は残念ながら、総生産量の増加によって優に相殺されてしまう。資本主義経済の成長は必然的に不平等で、創造的であるとともに破壊的でもあり、不平等の拡大により絶えずフラストレーションと欲求をかき立てる。過去 40 年間に、世界中で生産される富が著しく増加したにもかかわらず、不平等は爆発的に拡大した。1960 年には 1 対 30 であった最貧層 20%と富裕層 20%の間の所得格差は、現在では 1 対 80 に拡大している。それは驚くに値しない。資本蓄積体制への移行にともなって、生産された価値の分配メカニズムが激変したからだ」[35]と断じている。地球規模で格差社会が拡がり、環境破壊が進み、持続的成長はすでに不可能になっている。

（4）具体的な方策

---

31 ジョージ（2004 年）pp. 68-69.

32 2006 年 10 月 30 日にイギリス政府のために経済学者ニコラス・スターン卿(Sir Nicholas Stern) によって発表された地球温暖化（気候変動）に関する報告書である。

33 Stern (2007) p.285.

34 Jean-Marie Harribey ボルドー第四大学助教授、ATTAC 学術評議会メンバー。

35 アリベ（2004）参照。

①ピグー税

グリーン税や環境税と呼ばれているものであり、1920 年代にアーサー・セシル・ピグー[36]が発展させた概念がもとになっている。企業が生産物を産出するとき、市場での取引を通じずに、汚染などの不効用を消費者などに与えることがある。この効果を外部不経済とよぶ。外部不経済が存在する状況では企業の私的費用と社会的費用とが一致しない。このような場合、外部不経済のもととなる企業の生産に課税をするか、汚染の軽減に補助金を出すことで社会的厚生が最大となるような生産水準を達成することができる。このときの課税をピグー税、補助金をピグー補助金と呼ぶ。

環境汚染、エネルギー消費、商品の包装、ゴミ、有害物質などに課税し、環境や社会全般が負うコストのすべてを吸収してしまえば、ゴミのあまり出ない生産、より健全な環境、より健康な人々をもたらすだけではなく、未来志向で、ハイテクの、潜在的な輸出力の高い分野において、もっとも上質で進んだ解決策を模索しようという刺激を与えることが可能になる。

②トービン税

ジェームズ・トービン[37]が 1972 年に提唱した税制度である。投機目的の短期的な取引を抑制するため、国際通貨取引に低率の課税をするというアイデアで、NGO の ATTAC などがトービン税の税収を発展途上国の債務解消・融資やエイズ、環境問題などに使うことを提案している[38]。トービン税は、非導入国がある場合、投機家の資金が非導入国に大量に流入するため、世界各国が同時に導入しなければ効果が出ない。

ATTAC の名誉代表でもあるジョージは、「世界銀行は、中国とインドで、19 世紀のテクノロジー、つまり、公害を引き起こす石炭を用いた発電所の建設に融

---

[36] Arthur Cecil Pigou（1877 年 - 1959 年）イギリス・ケンブリッジ大学の経済学者。経済学者アルフレッド・マーシャルの後継者で、「厚生経済学」と呼ばれる分野の確立者、ピグー税の考案者として知られる。

[37] James Tobin（1918 年 - 2002 年）米国の経済学者。1981 年にノーベル経済学賞を受賞した。ケインズの考えを支持し、マネタリストと財政・金融政策で論争している。投機的な通貨取引に課税するトービン税で知られる。

[38] ATTAC の成果の一つとして挙げられるのが、航空税である。これは世界的に見た場合、航空機を利用できるような人間は富裕層に属するという観点から、旅行者 1 人あたりにつき数百円程度の税金を徴収し、この税金を貧困国への援助に充てるというものである。

資した。これは地球全体の温暖化に 10%も寄与する発電所である」[39]と批判している。中国とインドの 25 億人の人々が、化石燃料を使う道を歩みつづければ、永続的で破壊的な気候変化に確実に帰結する。ジョージは、「80 億の人口を数えることになる世界を生きることのできる場所にするために、地球規模のマーシャル・プランの実施が必要で、環境の保護と回復のためにただちに融資を行い、クリーンなテクノロジーと再生可能なエネルギーの使用を促進し、先進国の社会のみならず、貧しい国々がエコロジー的に近代化することを支援するという努力がなされないかぎり、われわれを破局に導こうとしているネガティブな作用を回避することはできない」[40]と警鐘を鳴らしている。先進諸国から地球規模のマーシャル・プランへの資金の財源を創出するためにトービン税を導入すべきであろう。

③「グローバル・グリーン・ニューディール」

石油、天然ガス、オイルサンド、メタンハイドレート等の化石燃料やウラン等の埋蔵資源を利用するものは、枯渇する資源であるとともに、化石燃料は温室効果ガスを排出するので、できるだけ早く再生可能エネルギーに切り替えるよう環境技術開発が求められている。

原子力発電は温室効果ガスを排出しないが、放射能の半減期の長い長寿命核種（特に、ウラン 235 は 7 億年、ウラン 238 は 45 億年）が含まれる大量の放射性廃棄物を、地震や火山噴火等に耐える強固な施設で、地下水にも汚染がないよう地下 300m の箇所に多重バリアを引いて処理する手法が提示されているが、候補地の目途すら立たない状況にある。仮に候補地の目処が立ったとしても、放射能の半減期の長い廃棄物を腐食せずに保管しておく物質がない。地震や津波による事故が起きるだけではなく、放射線汚染という深刻な環境破壊問題を引き起こすため、化石燃料に代わる発電方法として採用すべきではない。

したがって、風力発電、地熱発電、太陽光発電、バイオマス、波力発電、潮力発電などの再生可能エネルギーの技術開発を進め、普及を促進する必要がある。表 2 は、先進国の中で日本は再生可能エネルギーの活用が極めて遅れていることを示している。

---

39 ジョージ vs ウルフ（2002 年）p. 128.
40 同上。p. 129.

表２　自然エネルギー発電設備容量（2009 年時点での既存容量）

技術	世界総計	途上国	EU-27	中国	米国	ドイツ	スペイン	インド	日本
風力発電	159	40	75	25.8	35.1	25.8	19.2	10.9	2.1
小水力発電（10MW 未満）	60	40	12	33	3	2	2	2	4
バイオマス発電	54	24	16	3.2	9	4	0.4	1.5	0.1
太陽光発電系統連系型	21	0.5	16	0.4	1.2	9.8	3.4	～0	2.6
地熱発電	11	5	0.8	～0	3.2	0	0	0	0.5
集光型太陽熱発電（CSP）	0.7	0	0.2	0	0.5	0	0.2	0	0
海洋（潮力）発電	0.3	0	0.3	0	0	0	0	0	0
自然エネルギー発電容量合計（小水力のみを含む）	305	110	120	62	52	42	25	14	9
全規模の水力発電	980	580	127	197	95	11	18	37	51
自然エネルギー発電容量合計（全規模の水力発電含む）	1230	650	246	226	144	51	41	49	56

出所：REN21(2010) p.55.

表３　発電方式別の発電原価試算結果（1kWh 当たりの発電費用）

発電方式	発電単価（円／kWh）	設備利用率（％）
水力	8.2～13.3	45
石油	10.0～17.3	30～80
ＬＮＧ	5.8～7.1	60～80
石炭	5.0～6.5	70～80
原子力	4.8～6.2	70～85
太陽光	46	12
風力	10～14	20

注）設備利用率（％）＝1 年間の発電電力量／（定格出力×1 年間の時間数）×100％。
太陽光の発電単価 46 円／kwh は 20 年前の発電原価が用いられており、現在は約 20 円／kwh。
出所：経済産業省（2008）、『エネルギー白書　2008 年版』

表３に示されているように、水力発電や石油火力発電、太陽光発電、風力発電は比較的コストが高く、原子力発電がもっともコストが低いといわれているが、1 基当たり数千億円といわれる原子力発電所の解体費用、高レベル放射性廃棄物の保管費用や事故の補償費用などは含まれておらず、これらが含まれれば、原子力発電のコストが桁違いに高くなる。経済産業省は、原子力発電を推進するため

に、意図的に低い数字を示してきたといわざるをえない。

2008 年の世界金融危機は前例のない政策対応を引き起こし、金利が劇的に引き下げられ、場合によってはほぼゼロになり、世界中の銀行システムに数千億ドルの流動性支援と新鮮な資本が提供され、さらに、提案された財政刺激策パッケージは、世界全体で約 3 兆米ドルになった。これらの対応について、UNEP は「中長期的に持続可能な不況後の経済を生み出すのか疑問が起こっていて、成長、雇用、貧困への取り組みのために経済を刺激しつつ、その将来の持続可能性を構築するために今投資する方が効率的で賢明ではないのか」と問題提起し、「グローバル・グリーン・ニューディール」でグリーンジョブの創出とグローバル経済システムの再構築による化石燃料への依存低減を提唱した[41]。

UNEP が委託した最近の研究論文は、「今後 2 年間に世界の GDP の 1%を投資すると、世界経済の重要な緑化のシードとなるために必要なグリーンインフラストラクチャーの臨界質量を提供できると主張している（もちろん、投資の特定の焦点は先進国と発展途上国では異なり、財政と援助の資金のミックスも異なる）。この推奨される「グリーン」刺激策の全体的な規模は可能な範囲内に十分収まり、世界の GDP の 1%（つまり、約 7,500 億米ドル）で、提案されている財政刺激策の合計規模の 4 分の 1 に過ぎない」[42]としている。

2018 年に取りまとめられた IPCC の評価報告書は、地球温暖化を 2℃以上ではなく、1.5℃に抑えることによって、多くの気候変動の影響が回避できることを強調している。例えば 2100 年までに、地球温暖化を 1.5℃に抑えた場合、世界の海水面上昇は 2℃の温度上昇の場合に比べて 10cm 低くなり、夏季に北極海が氷結しない可能性も、気温上昇 2℃の場合の 10 年に 1 回以上に対し、1.5℃の地球温暖化の場合には 1 世紀に 1 回となる。1.5℃の地球温暖化の場合、サンゴ礁は 70~90%減少するが、気温上昇が 2℃に達した場合、サンゴ礁は事実上全滅（99%超が死滅）する[43]。

---

[41] UNEP（2009) p. 1.
[42] See Barbier (2009)
[43] Intergovernmental Panel on Climate Change (2018) p. 8.

スウェーデンの環境活動家グレタ・トゥーンベリさん（16）は 9 月 23 日、ニューヨークで開かれた国連気候行動サミットに出席し、地球温暖化に本気で取り組んでいない大人たちを叱責した。温暖化解決のための具体的な行動を取らないのであれば、「結果とともに生きなければいけない若い世代」はあなたたちを許さないと強く訴えた[44]。

米国や中国などの途上国が参加していなかった京都議定書の目標達成期限は 2012 年に終了していたが、米国や中国などの途上国が参加する枠組みは 2020 年以降にしか始まらなかったという無為の結果、“臨界点”を超えてしまい、16 歳のグレタさんのような未来を奪われてしまった世代から追及されているのである。

Source: https://www.huffingtonpost.jp/entry/greta-thunberg-un-speech_jp_5d8959e6e4b0938b5932fcb6

おわりに

世界金融危機が起こり、先進国政府は不況やデフレから脱却するために、消費や投資を促進する政策に腐心し、多くの人々も経済成長が生活水準の維持・向上につながると信じ、各国政府に対し経済対策を要求している。しかし、エコロジストの計算では、現在以上に環境破壊が進まないと仮定しても、地球の人口が 100 億から 110 億人になれば、地球が 5～6 個必要となり、途上国のすべての人々にも現在の先進国の生活水準をもたらすには、地球が 8 個も必要になる。これはカリカチャー以外の何物でもない。すでに“臨界点”を超え人間の能力では制御不能であり、「グローバル・グリーン・ニューディール」によって現在よりも環境が悪化しないようにするしか選択肢はない。「自国ファースト」でグローバル・コモンズを理解できない指導者を許し続ける余地はない。

[44] https://www.huffingtonpost.jp/entry/greta-thunberg-un-speech_jp_5d8959e6e4b0938b5932fcb6

第12章　グローバリゼーション

アントニオ・ネグリ（左）とマイケル・ハート。ウェストミンスター大学での出版記念会において。

はじめに

大航海時代からヨーロッパ諸国が植民地を世界各地に作り始め、地球規模での貿易や帝国支配は存在していた。しかし、1989 年に冷戦が終結し、インターネットが登場し、地球規模で環境問題などが発生した。ワシントン・コンセンサスに見られるように、市場原理主義・新自由主義が旧ソ連・東欧諸国や発展途上国に導入された。経済行為を主体として貿易、投資、金融などすべての領域にわたって国境を取り外して自由化すること、自由競争、市場経済を地球的規模に拡げること、各国は米国型もしくは西欧型民主主義の政治・社会体制をとること、などの諸要素から成る複合的・総括的なグローバリゼーションが進んできている。グローバリゼーションは、資本主義の最新段階であり、それを繁栄させる政治的枠組みといえる。

古典的な産業社会において可能であったリスクは、ダメージが限定的で、計算（したがって補償や保険が）可能なものであり、それによって予防的に施されるアフターケアと説明責任がセットで成立していた。しかし、ベックが論じているように、「原子力、化学、遺伝子、エコロジーがもたらす巨大なハザード」[1]とグローバルに広がり、修復不能となったダメージに直面しすっかり形を変えてしまったのである。たとえば、遺伝子組み換え食品に対する制限に見られるように、厳密な意味で科学的な根拠に欠ける「非－知」の世界の行為であるが、無意識の配分、すなわち将来もたらしうるダメージに対する不確かな見込みに基づいている。現代における「脅威」はそのように見込まれた「リスク」の形をとる。

政治は私たちの生活のすみずみに入り込んできているが、様々な問題は、個人的に、地域的に、また国家的にすら解決できないものとなってきている。それは、グローバリゼーションによって権力が、市民の声がかすかに遠くでしか響かないような高い位置へ移行していき、人々はこの悪循環のなかで、失望感と無力を感じ、個人的な関心のある世界に引きこもろうとしている。

グローバリゼーションの特徴を分析し、グローバリゼーションに対する肯定的議論、オルター・グローバリゼーションを含む批判的議論、否定的議論をそれぞ

[1] ベック（2014 年）pp. 91-92.

れ検討することによって、グローバリゼーションに対してどのように対応していくことが必要なのが考察する。

1．グローバリゼーションをめぐる議論

米国は独占資本、多国籍企業の海外活動に象徴されるように国境なき自由競争、市場経済万能型の米国型グローバリゼーションを推し進め、対抗する東側陣営が瓦解した1990年代初めから技術革新と相俟って一挙にその勢いを加速化させた。先兵となったIMFグループが、経済運営の困難な市場経済移行国・途上国に対し経済政策指導として押し付けてきたのは、ワシントン・コンセンサスといわれる市場の自由化であり、債務返済のためには総需要抑制策として物価、財政支出、国際収支赤字それぞれの抑制を図り、急速に公企業を民営化することであった。

バグワティ[2]は、貿易および対外直接投資の社会的影響は有益であり、アジア通貨危機などで監視や規制の体制を整えず、銀行再編にも着手しないままに慌しく資本移動を自由化したために短期資本が大量に引き上げられたとし、「グローバリゼーションは人間の顔をもつのであり、しかももっと好ましいものに変えられるのである」[3]と全面的に支持している。

これに対してスティグリッツは、「グローバリゼーション—すなわち自由貿易の障壁を取り払い、世界各国の経済をより緊密に統合すること—が、かならずよい結果をもたらしうると確信するし、グローバリゼーションには世界中の人びと、とりわけ貧しい人びとを豊かにする可能性が秘められていると確信している。だが同時に、もしそれが事実だとしても、そうした障壁を取り払うのに大きな役割を果たしてきた国際貿易協定をはじめとするグローバリゼーションの進め方、およびグローバリゼーションの過程で発展途上国に押しつけられている各種の政策は、根本的に再考を要すると確信するのである」[4]と論じている。スティグリッツは、グローバリゼーションは歴史的な大きな潮流であるが、発展途上国や旧

---

[2] Jagdish Bhagwati（1934年 -　）インド出身の経済学者。マサチューセッツ工科大学（MIT)、オックスフォード大学、インド統計研究所教授、MIT教授、コロンビア大学教授歴任。アダム・スミス、リカード、マーシャルの流れを汲む保守本流の自由貿易主義者である。GATT事務総長の経済政策顧問、国連のグローバリゼーション問題に関する顧問、WTOの外部顧問を務めた。

[3] バグワティ（2005年）p. 11.

[4] Stiglitz (2002) pp. ix-x.

ソ連・東欧諸国に押し付けられてきたワシントン・コンセンサスを改める必要があるという立場である[5]。

西欧にはEUの形成過程を通じて、グローバリゼーションと区別し国境を取り払うという世界化（フランス語でモンディアリザシオン）の概念が用いられた[6]。EUそのものがモンディアリザシオンを具現してきた結果である。他方、米国と西欧は西欧文明という同根をもちながらも、自由競争を最良のものとして市場を発展させてきた米国型と、既存の秩序を民衆が押し上げ改革を積み上げた西欧型の相違、およびこの時期までに両者が有した条件の差がグローバリゼーションとモンディアリザシオンの価値観や方法論の差異となって現れている[7]。決定的な相違点であるが、新通貨ユーロは米ドルと異なり、単一の国家権力の意思で操作されるものではない。EUではすべての経済・政治政策も原則として参加国の合意で運営される[8]。しかし、第7章で論じたように、東欧諸国のEU加盟条件が西欧先進国スタンダードの押し付けであることから、西欧型グローバリゼーションも多様な政治・経済・社会制度を尊重しながら対等な関係で地域統合を進めるものではないことを物語っている。

2．多国籍企業の支配

地球上でもっとも豊かな20%の人々ともっとも貧しい20%の人々との富の格差をUNDPが指摘していて、第二次世界大戦後、この比率は30対1であったが、今や82対1である。1日2ドル以下で暮らしている人々が地球上の全人口の約半分を占めている。ILOはこういった現象とグローバリゼーションの間には明らかに相関関係があると指摘している。国境を越えた吸収合併が、外国への直接投資の 80〜85%にものぼり、それは常に解雇を伴い、多国籍企業は地域企業を占め出し圧殺している。UNCTADの報告書によると、1人当たりの所得に最も増加がみられたのは、グローバリゼーションへの開放度が高い貧困国ではなく、

---

5 拙著「スティグリッツのワシントン・コンセンサス批判」今井・和田・森著（2003年）所収。pp. 1-5.
6 ボワイエ、スイリ（2002年）pp. 2-4.
7 中国語では、全球化という。
8 今井「序」、今井・和田・森著（2003年）所収。p. i.

開放度が低い貧困国であった[9]。8 人の人間が、人類の最も貧しい人々の半分を占める 36 億人に匹敵する富を所有している[10]現状では、市場が公正かつ効率的に機能するわけでもなく、市場という制度自体の正当性に疑問が持たれる。

ジョージは、プロクター&ギャンブルやグッドイヤーといった巨大な利益を得ているアメリカの数十の企業は、2000 年以降の 3 年間、税金を 1 銭も払っておらず、また、ドイツのユルゲン・シュレンプ、ダイムラーやスウェーデンのボルボの社長も、税金をまったく払っていないことを自慢していて、税金が一番安い国にコストを移し、税金が一番低い国に収入を移して、巧妙な会計処理をしてバランスシートを調整していることを指摘している[11]。ゼネラル・エレクトリック社の元社長ジャック・ウェルチは、「すべての工場が、船の上に乗っていることが理想である」[12]と述べている。

グローバリゼーション下で多国籍企業はダウンサイジングを行い、本社機能を中核的機能である財務、販売戦略、特許技術など、会社の業績の根幹にかかわる活動だけに絞り込み、最低限の人員を配置する。生産活動などの周辺機能は、下請けネットワークを通じて、外部の業者（途上国の業者を含む）に発注し、中核会社から、下請業者の生産ネットワーク組織へと、雇用が移転する。

表 1　トップ企業 100 社の、売上高と雇用者数（1993～97 年）

分野あるいは産業	93／97 年のリストの両方に載った企業数	1993～97 年の売上高	1993～97 年の雇用
電子工学とコンピュータ	20	+16.5%	-4.3%
自動車／タイヤ	11	+25%	-6.8%
石油	11	+18.8%	-24.4%
食品、飲料、タバコ	6	+8%	+1%
化学製品	9	+16.5%	-15.4%
医薬品	5	+5.2%	-14.8%

出所：ジョージ（2004 年）p. 27.

表 1 は、1993 年と 1997 年のトップ企業 100 社の、売上高と雇用者数を示し

9 UNCTAD(2004) p.36.
10 Oxfam (2017) p. 2.
11 ジョージ vs ウルフ（2002 年）p. 22.
12 同上。

ているが、ほぼどの業種も、めざましいくらい売上げを伸ばしている一方で、大勢の人が解雇されている。特に、石油・化学製品・医薬品の分野で著しい。多国籍企業は売上げが伸びても人員削減し、利潤の最大化を追求するので、グローバリゼーションが進めば雇用機会が増加するというのは幻想でしかない。

経済力が一部の多国籍企業に集中することで、旧ソ連政府などとは比べものにならないほど、生産ネットワークが強力に支配下に治められるようになった。本社は、従属部門を思うままに買収し、売却し、解体し、閉鎖する。世界中どこへでも生産施設を移転させ、下請業者と親会社の利益配分率を定め、子会社幹部の人事権を握り、下請業者や子会社が本社の決定に意義を唱えることは難しい。規模では旧ソ連ほどの計画経済を運営するグローバル企業はまだないが、IT テクノロジーの発達で、それが現れる日も遠くはないといえよう。

正当な貿易活動と結びついた為替市場の取引は、為替市場の取引の 2%ぐらいしか占めておらず、98%は投機的為替取引である。大半の商業銀行と多くの多国籍企業は、こうした為替取引によって、それ以外のすべての活動によるよりも多くの金を稼いでいる。ジョージは、多国籍企業の利潤（売上げに応じ、ある多国籍企業の A 国での売上げがその企業の総売上の 15%に当たる場合、納税も 15%は A 国で行う）、吸収合併、国と国の間のあらゆる資本の移動、投機資金、さらには株や債権の購入などに国際税をかけることの必要性を論じている[13]。

会社の規模と存在が大きくなるほど政治力が彼らに集中し、大会社の政治力が大きくなるほど民衆の政治力が奪われ民主主義が形骸化するが、コーテンは、「これを防ぐ方法は、一つしかなく、経済と地域を密着させ、経済力を分散させ、民衆に近い民主主義を実現することだ」[14]と論じている。

---

[13] 同上。pp. 78-82.

[14] コーテン（1997）p. 176. 共産主義の理論は、労働者による生産手段の所有を求め、アダム・スミスも、小さな農家や職人からなる理想の市場、つまり所有者と経営者と労働者が同一である場合を想定し、暗黙ではあるが両者は同じことを前提としていた。しかし共産主義も資本主義も、理想を現実に移すことはできなかった。共産主義では遠く離れた中央政府が財産権を独占し、その権利を行使するにあたって民衆側へのいかなる説明責任も負わなかった。一方、資本主義では財産権が巨大な会社や金融機関に集中し、株主にもコントロールできない暴走を許してしまった。これに代わることのできるシステムは、全部とは言わないまでも大部分が家族経営の会社、小規模な協同組合、労働者所有の企業、近所の人たちや市が出資する企業などから構成される市場経済だ。同上。pp. 393-394.

3．オルター・グローバリゼーション

オルター・グローバリズム（フランス語 Altermondialisme）は、新自由主義的なものとは異なった政治面・経済面・社会体制面などでのグローバリゼーションを模索・推進する諸運動の総称で、この運動の参加者はアルテルモンディアリスト（altermondialiste）と呼ばれる。スーザン・ジョージがその代表的な指導者で、国際NGOのATTACや世界社会フォーラム（World Social Forum、略称WSF）がその運動を担っている。

WSFは、スイス・ダボスで開催される「世界経済フォーラム」に対抗するため作られたアルテルモンディアリスムのサミットで、ATTACの呼びかけにより開始された。WSFは、世界の富の8割がわずか2割の人々に独占され残りの人々は貧しいままの現状に異を唱え、グローバリゼーションが世界にもたらす影響と問題を民衆の立場から考え、世界の格差構造を見据えた地球規模の連帯と、民主的現実的代替案を求める世界中のNGO・NPO・社会団体による世界的ネットワークである。ダボスでは、大規模なデモを開催するには、人々を運ぶ交通能力に限界があることと、ニュース番組における、世界経済フォーラム（WEF）の報道量を減らす両方の観点から、同時期に開催されることが多い。

1999年11～12月、アメリカのシアトルでWTO閣僚会議が開催されたが、世界から7万人が集まり抗議行動を行った結果、閣僚会議は決裂し、世界的な反対運動の幕開けとなった[15]。一部過激派やイメージの悪化を狙って治安当局が送り込んだ分子によって意図的に破壊活動が行われているが、オルター・グローバリゼーションの運動は世界的な大きなうねりとなってきている。ATTACは、具体的な手段として、金融取引へ課税（トービン税）し、貧困国への富の再分配をすること求めている。

公共サービスは、本来、市場の外になければならない。教育や保険医療は、公共領域に帰すべきであり、すべての人々に与えられなければならない。公共交通

---

15 2000年4月、ワシントンでのIMF・世銀総会には、35,000人が抗議行動に参加した。2001年6月には、スウェーデンのイエーテボリでEU首脳会議が開催され、数万人が抗議行動を行ったが、青年1人が警官に撃たれ重体となった。2001年7月には、イタリアのジェノバでサミットが開かれ、世界中から20万人以上が集まり反対運動を行ったが、治安部隊が暴力的に制圧し、市民1人が死亡した。2003年11月のパリとその近郊でのヨーロッパ社会フォーラムには、65,000人が参加した。

機関・通信・エネルギーなども市場の外に置くべきであろう。人々は単なる消費者ではなく、従業員・学生・病人・失業者・障害者・退職者として、市場から保護される必要がある。ジョージは、大学院に至るまで授業料が無料であること、医療費が無料（健康保険制度で100％の保障を受けられる）であることは、社会連帯のヨーロッパ・モデルであり、揺りかごから墓場までの社会制度、託児所から退職者のための住宅まで、子供の世話から年寄りの世話まで、世代間の連帯のヨーロッパ・モデルであり、オルター・グローバリゼーションが目指すべきものとして論じている[16]。

4．グローバリゼーション自体を拒否する立場

セルジュ・ラトゥーシュ[17]は、オルター・グローバリゼーション批判を展開している。ラトゥーシュによれば、資本は今や一国レベルの社会的妥協なしに価値を掌握・蓄積できるため、「主権国家」の権限の回復によって対抗するというオルタナティブは無効である。オルター・グローバリゼーションは、「持続的発展」神話に捕らわれており、人権・自由・民主主義といった18世紀以来の啓蒙主義的な西洋的普遍主義を信奉しており、世界文化の複数性と矛盾する。たとえば、レーニンが「ソビエト＋電化」と言ったのと同じ調子で、イスラム主義者が「先端技術＋シャリーア（イスラム法）」という普遍主義を持ち出したら、西洋人はこれを誤ったグローバリゼーションとして指弾するだろうが、西洋文化と異なった他の文化圏にいる人々が西洋のキリスト教的普遍主義を認めないのと同じことである。ラトゥーシュが提唱するのは、「もうひとつの世界」や「オルター・グローバリゼーション」という単数性ではなくて、「さまざまな異なった世界の共存」という複数性こそが実際的に構想されねばならないということである[18]。

ラトゥーシュは、北への経済的、文化的依存と絶縁すること、植民地化、開発、グローバル化によって断たれた歴史を回復すること、独自の文化的アイデンティティを再発見し、再び自分のものとすることを提唱している。「学校、医療セン

[16] ジョージ（2004年）pp. 152-155.
[17] Serge Latouche。パリ第12大学の名誉教授、経済哲学者。市民団体「水平線連盟」会長。
[18] 杉村昌昭「訳者あとがき」、ジョージ（2004年）所収。pp. 321-322.

ター、水道網の建設、食糧自給の回復を望むというのは好意からの提案ではあるが、そこにはよくある自文化中心主義が存在する。・・・アフリカでは1960年代に大規模な開発攻勢がかけられる以前は食糧自給ができていた。それを崩壊させ、日ごとに食糧依存を強化したのは、植民地の、開発の、グローバル化の帝国主義だ」[19]と論じている。

さらにラトゥーシュは、「収縮社会のために」と題し、「経済成長は、すくなくとも以下の三つの理由により支持しがたいものである。不平等と不正義の増大を生むこと。むなしい幻想的な幸福を創り上げること。そして最後に、経済成長社会は富裕者たち自身にも懇親的な生活関係を引き起こさない」[20]と論じている。

5．領土を持たない〈帝国〉

アントニオ・ネグリ[21]は、グローバリゼーションの進展に伴い出現しているこれまでとは異なる主権の形態を〈帝国〉と捉えた。〈帝国〉の特徴は、その脱中心性かつ脱領域性にあり、アメリカが現代世界で特権的地位を占めていることを認識しつつも、世界はアメリカによって支配されているといった「アメリカ帝国」論とは一線を画する理解を示している。ネグリは、「今日私たちは、帝国主義から〈帝国〉への移行、言いかえれば、国民国家からグローバルな市場の調整への移行に立ち会っている」。来るべき〈帝国〉は領土を持たない。つまり、〈帝国〉はアメリカではない。それは、核兵器と貨幣とコミュニケーションを手段とするグローバルな管理ネットワーク（「単一の支配原理のもとに統合された一連の国家的かつ超国家的な組織体」）である。「いかなる国民国家も、帝国主義的プロジ

---

[19] http://www.diplo.jp/articles04/0411-4.html

[20] ラトゥーシュ（2004年）pp. 258-259. ラトゥーシュに対して、ジャン＝マリー・アリベは、政治的にみて、すべてに満ち足りている人々と必要不可欠なものも得られない人々とに、画一的に縮退を命じることは公正ではなく、貧しい人々には、一定期間にわたり経済成長を行う権利があり、極度の貧困を欧米的価値観の投影、あるいは想像の産物にすぎないとする考えは受け入れられないとする。非識字者をなくすためには学校を、すべての人々が治療を受けるためには医療センターを、そしてすべての人々がどこでも飲料水を手に入れるためには水道網を作り上げる必要がある。アリベは、「地球上のすべての人々が飲料水、バランスの取れた食事、医療、教育、民主主義に手が届くように「開発」を呼びかけ続けることはまったく正当なことである。最低限の必要を普遍的な権利として定義することは、欧米文化による支配を追認することでも、私有財産権のような自然権への自由主義的な信念に追従することでもない」と反論している。アリベ（2004年）参照。

[21] Antonio Negri（1933年8月1日‐）イタリアの政治活動家、哲学者。パドヴァ大学、パリ第8大学で教える。

ェクトの中心を形成することはできないのであって、合衆国もまた中心とはなりえない」[22]と論じている。

現代の民主主義の危機は欧米あるいは世界のどこかの地域に限定されたものではない。代表制の危機と民主主義諸形態の腐敗は地球全体に見られる状況であり、あらゆる国民国家に明白に表れた徴候だ。ネグリとハートは、「それは近隣の国家で形成される地域共同体によって克服することはできず、グローバルな〈帝国〉レベルにおいてもっとも暴力的な形で露呈している」[23]と論じている。

おわりに

これまで労働者が汗水たらして新しい技術を開発して生産性を向上させても、生産性向上による利益は資本家に独占され、生産性が向上したことによって労働時間が短縮されることはなく、逆に生産性向上による余剰労働力が解雇されるという合理化が行われてきた。地球規模で限られた資源の利用は、貧困国が最低限の必要を満たすために必要な成長を始動させ、豊かな国が節約するように組織化され、公益的な製品とサービスの質が重視され、既存の所得が公正に分配され、生産性が向上するにつれ、労働時間が短縮され雇用が維持される社会に転換していくことが必要となってきている。

新従属理論が説明するように、資本主義はグローバル化し、周辺から中心へ資本蓄積が行われ、周辺には教育・保健医療・上下水道といった基本的なニーズを満たすだけの資本が残されておらず、貧困から脱出することができない。ラトゥーシュは、「北への経済的、文化的依存と絶縁すること」が必要と主張し、新従属理論も、周辺が中心への従属を断ち切る必要があることを主張している。しかし、自ら従属を断ち切ったわけではないが、経済制裁を受けた結果、従属を断ち切ったことと同じ状態になっているキューバ、北朝鮮、ミャンマー、リビア[24]を見てみると、石油資源が豊富で自力で国内経済を維持できるリビア以外は、自立的な経済発展を実現できているとはいえず、従属を断ち切っても問題が解決でき

---

22 ネグリ・ハート（2003年）pp.4-6
23 ネグリ、ハート（2005b年）p. 255.
24 リビアは、2003年に核兵器など大量破壊兵器開発をしていた事実を認め、即時かつ無条件の廃棄を表明し、制裁は解除された。

ないといわざるをえない。

好むと好まざるにかかわらず、経済的には世界は資本主義というシステムによって支配されている[25]のであり、文化の「複数の普遍主義」を維持するためにも、世界規模で中心から周辺への富の再分配をすることが必要なのである。第13章でも見たように、地球の自己修復能力を超えて人間の経済活動が行われており、成長が持続可能でないことには根拠があるが、ラトゥーシュやコーテンのように開発自体の必要性を否定することには根拠がないといわざるをえない。したがって、先進国は環境コストを内部化し最貧国への富を再分配することを優先することによって、途上国とはじめて不均衡を是正できるのである。

グローバリゼーションはこの上なく格差を拡大させてきている。また、ギリシャだけではなく、ドイツ、米国や日本も財政赤字に苦しんでいるのであり、まさに多国籍企業栄えて国滅ぶというグローバリゼーションの本質を表してきているといえる。国際機構はこのようなグローバリゼーションのあり方を是正できるよう改革されていく必要がある。

---

[25] スーザン・ストレンジは、構造的権力が一方では拡散されていながらも、他方ではそれによって各国・各地の経済社会を収斂させてきていると主張した。このような収斂論に対して、ロベール・ボワイエ（2005）らは多様化論、分岐論の立場を支持している。2007 年世界金融・経済危機に続いて先進国を襲っているマーケットの痙攣や BRICS の台頭は収斂論の立場を弱めているとの見方もある。

第13章　グローバル・コモンズ——シェアリング・エコノミー

ウォーレン上院議員が米大統領選挙に向けGAFA解体を公約したブログ
Source: https://medium.com/@teamwarren/heres-how-we-can-break-up-big-tech-9ad9e0da324c

はじめに

2008 年 9 月に投資銀行（かつての証券会社）大手リーマン・ブラザーズが破綻し、米国や欧州の多くの金融機関が公的資金の注入を受け、GM やクライスラーなどの製造業も破綻するという未曾有の世界金融・経済危機が起こった。米国の金融資本は、グローバルに規制緩和を推進し、国境を超えた資金移動を自由化し、IT を駆使して金融商品を生み出し、自己資本をはるかに上回る資産膨張を可能にしたレバレッジ（テコの原理を使う）経営によって巨利を得てきたが、とうとう世界の金融システムを破綻させた。

ハーディンが、1968 年に「共有地（コモンズ）の悲劇」をサイエンス誌に投稿し、個人の配慮のない行動が環境を損なう危険性を警告した。共有地（コモンズ）である牧草地に複数の農民が牛を放牧する。農民は利益の最大化を求めてより多くの牛を放牧する。自身の所有地であれば、牛が牧草を食べ尽くさないように数を調整するが、共有地では、自身が牛を増やさないと他の農民が牛を増やしてしまい、自身の取り分が減ってしまうので、牛を無尽蔵に増やし続ける結果になる。こうして農民が共有地を自由に利用する限り、資源である牧草地は荒れ果て、結果としてすべての農民が被害を受けることになる[1]、というのである。マルサスの人口論に言及しながら、人口過多に警鐘を鳴らした[2]が、化学肥料の開発などによって人口増加より農産物生産量の増加が上回っているため、人口増加自体は根拠がなくなっている。

しかし、2008 年の未曾有の世界金融危機は、コモンズである金融市場／システムにおいて規制を緩和し、デリバティブやレバレッジで巨利を得ようとしてコモンズである金融市場／システムを破綻させ、世界中の人々に被害をもたらした点において「コモンズの悲劇」であった。

所詮は資本主義経済の自律的な調整のプロセスにすぎず、グローバル化した資本主義は延命すると考えるのか、全面的な制度転換が必要になっていると考えるのか、その場合、どのような制度に転換していくことが必要なのか、考察する。

---

1 Hardin (1968) p.1244.
2 *ibid.* p. 1243.

1．米国発世界金融・経済危機

2000 年代前半、米国金融機関は新たな借り手を求めていたが、ブッシュ大統領の「持ち家の勧め」キャンペーンによって、米国において貸し付けられたローンのうち、優良顧客（プライム層）向けでなく、通常の住宅ローンの審査には通らないような信用度の低い顧客（サブプライム層）向けのローンがサブプライムローンである。当初 2～3 年は元金・金利返済がきわめて低位に抑えられ、以後、返済額が急増するが、返済額が急増する前に買い替えをすることによって返済能力を維持できるという巧妙な仕組みで、返済能力が乏しい低所得層に貸し付けられた。しかし、担保である不動産評価額が上昇し続けることを前提にした仕組みであり、2007 年夏頃から住宅バブルがはじけ、不動産価格が低下に転じ、サブプライムローン返済の延滞率が上昇した。

住宅ローン会社は、リスクを回避するためにサブプライムローン債権を金融機関に売却し、金融機関はサブプライムローン債権を証券化し、他の国債や優良会社への貸出債権などの証券化商品を組み入れた債権担保証券（CDO）という金融派生（デリバティブ）商品を世界中に販売してリスクを分散していた。さらに CDO を購入した投資家は、これを担保に資金調達し、さらに資産運用に使うという形で、レバレッジ投資は膨れ上がっていた。しかし、CDO の劣化をきっかけとして歯車が逆転し、レバレッジ投資に伴う損失は天文学的な数字に膨れ上がり、リーマン・ブラザーズが破綻し、クレジット・クランチ（貸し渋り）が起こった。

IMF は 2008 年 10 月 7 日に発表した「世界金融安定性報告」で、サブプライムローン問題による世界の金融機関の損失が今後数年間で約 1 兆 4,050 億ドル（約 143 兆円）に上り、主要金融機関で合計約 6,750 億ドル（約 69 兆円）の資本増強が今後必要になるとの試算を示した。

米国では、ポールソン財務長官が、2008 年 8 月 10 日、「多額の最終赤字を計上した米連邦住宅抵当公社（ファニーメイ）と米連邦住宅貸付抵当公社（フレディマック）両社への（公的な）資金注入は考えていない」と強調していた。それにもかかわらず、ファニーメイとフレディマックに対し財務長官の権限で緊急融資や公的資金による資本注入を実施し、総額 3000 億ドル（約 32 兆円）の債務保証枠を設定し、公的管理下に置いた。

同年9月15日、リーマン・ブラザーズが負債総額約6,000億ドル（64兆円）で破綻した。ポールソン財務長官は同日、「リーマン・ブラザーズの公的救済は一度も考えなかった」[3]と語った。ポールソン財務長官はゴールドマン・サックスの元会長兼最高経営責任者であり[4]、リーマンを破綻させれば金融危機を招くことは分かっていたはずである。金融危機は、資本主義経済の自律的な調整のプロセスにすぎず、リーマンを破綻させることによって、リーマンの債務を帳消しにするとともに、肥大化した米金融機関の下位行切捨てによるリストラが狙いであったのではないかと考えられる。

米政府は、金融危機の拡大を防ぐための総合金融安定化対策として、公的資金7,000億ドル（75兆円）で住宅ローンや住宅ローン担保証券など金融機関の不良資産を買い取り、政府は買い取りと引き換えに金融機関の新株取得権を取得し、買い取り対象の金融機関の最高経営責任者の報酬を制限し、買い取り業務を監視する委員会を設置する法案を10月3日に可決した。

しかし、金融機関の不良資産を買い取っても、金融機関には評価損失が発生し自己資本不足に陥るため、これを補う公的資金の注入がなければ破綻から免れることは困難で、また米国景気の低迷を救うことにはならない。実際に、この懸念から、ダウ工業株30種平均は10月6日に10,000ドル割れ、その波及で日経平均株価も7日に10,000円を割れると、7,000円割れ寸前まで暴落し続けた。ポールソン財務長官は、10月10日、7ヵ国（G7）財務相・中央銀行総裁会議閉幕で、「金融市場の安定に向け、金融機関からの住宅ローン債権の買い取り・保証、株式買い取りの計画を進めている」と述べ、不良資産の買い取りから公的資金による金融機関への資本注入へ方針転換をせざるをえなかった。

金融危機は、同時に経済危機を招来した。オバマ政権誕生後、米民主党は11月17日、年末にも運転資金が枯渇しかねない米自動車大手3社に最大250億ドル（約2兆4,000億円）の低利融資を政府が提供する支援法案を発表した。クラ

---

[3] http://markets.nikkei.co.jp/features/12.aspx/features/markets.nikkei.co.jp?id=AS2N1504K%2015092008

[4] クリントン政権のルービン財務長官もゴールドマン・サックスの元会長で、現在はシティ・グループの経営執行委員会会長。

イスラーは2009年5月30日、米連邦破産法11条（日本の民事再生法に相当）の適用を申請し、米国、カナダ両政府が計105億ドル（約1兆円）を拠出、再建を支援した。GMは同年6月1日に連邦破産法11条を申請し、米政府はGMが優良ブランドを分離して設立する「新生GM」の72.5%の株式を保有し、一時国有化した。

欧州の金融機関の多くは、米国のサブプライムローンを組み入れた金融商品を大量に保有していた。2008年2月17日に、英銀ノーザン・ロックが破綻し、英政府は即国有化した。英政府は同年10月13日、ロイヤル・バンク・オブ・スコットランド（RBS）、HBOS、ロイズTSBの大手英銀3行の自己資本を増強するため公的資金を投入した。投入額は3行合計で最大370億ポンド。政府が引き受けを保証し増資する。RBSとHBOSは政府の株式保有比率が5割を超え、事実上の国有化であった。英政府は、包括的な銀行救済策で銀行の自己資本積み増し計画を定め、500億ポンド（8兆5,000億円）の公的資金投入枠を設定した。

ドイツ政府は、同年10月13日、公的資金の投入と銀行間取引の政府保証を柱とする総額5,000億ユーロ（約68兆円）の金融危機対策を導入すると発表した。

アイスランド政府は、銀行を数年前に民営化し規制緩和していたが、同年10月6日、非常事態を宣言し、すべての銀行を国有化し、海外資産売却など再建策を政府が手掛けることを決定した。ハーデ首相は、同国のGNPの何倍もの負債を持つ民間銀行の「実質破綻」により「最悪の場合、銀行とともに国家が破産する危険もある」と述べるに至り、10月24日、IMFはアイスランド向けの緊急融資で最大21億ドル支援した。

脆弱な金融システムの東欧・旧ソ連諸国は直撃を受けた。IMFは世界銀行、EUと共同で、10月28日、金融危機に陥っているハンガリー向けに200億ユーロ（2兆4800億円）の金融支援を実施した。金融危機に陥ったウクライナは、11月にIMFから164億ドル（約1兆6,000億円）の融資を受けることになった。

欧州においても金融危機は製造業に波及し、欧州委員会は、域内の自動車産業に少なくとも50億ユーロ（約6,200億円）の支援を行う方針を11月に表明した。スウェーデン政府は12月11日、ボルボやサーブを対象とし、280億クローナ（約

3,200億円）の自動車産業の支援策を導入すると発表した。

各国政府が刺激策を導入しているが、スティグリッツは、「“どうすれば世界が最大の利益を享受できるか”でなく、“どうすればわが国が最大の利益を享受できるか”に関心があり、刺激支出が国内に留まるよう注力している。しかし、各国政府が国家として考えているため、世界的なインパクトは減少し、刺激策から得られる利益も本来の規模より小さいものになってしまう」[5]と論じている。現在の危機が、大恐慌以来もっとも深く長期の不況であるにもかかわらず国益追求に終始していて、大恐慌後に国益追求に終始し経済のブロック化を招き、第二次世界大戦に至ったことの轍を踏むことが懸念される。

新興国証券市場も急落した。行き場を失った投機資金は、市場が小さい原油・商品市場に殺到し、これらの価格は急騰した後、急落した。米国の巨額の公的資金注入は、大量の米国債発行を必要とし、長期的なドル下落を招き、ドルに代わる基軸通貨の必要性が高まった。

金融危機・経済危機の域を超え恐慌と位置付ける見方もある。たとえば、浜矩子は、内生的な力学によって、経済活動の歪みと膨張が極限に達し、そのことが劇的な調整をもたらし、金融市場において発生した衝撃が実体経済に強い縮減効果を及ぼすという古典的な恐慌としての特性を備え、他方で、世界同時多発的に進行し、モノとカネが決別する構図のなかで展開し、管理通貨制度の下で発生した点で、古典的な恐慌と異なると論じている[6]。

ブラウン英首相は2009年11月7日、G20財務相・中央銀行総裁会議に出席し、国境を越えて展開する金融機関の破綻に備え「金融取引課税（通称、トービン税）などG20で国際的な仕組みを考えるべきだ」と述べ、早急に検討するよう提唱した。ブラウン首相は「(好調時は) 少数の金融機関が利益を享受し、破綻時の損失は国民が負担するのは許容できない」と述べ、金融機関の破綻に備える国際的な仕組みが必要と指摘。具体案として(1)（預金保険制度のような）破綻処理ファンド(2)自己資本規制強化(3)国際的な金融取引課税――を例示した。1ヵ国だけ導入すればその国の競争力が低下するため、米欧アジア中東を含む国際

[5] Stiglitz (2009) p. 4.
[6] 浜（2009年）pp. 134-143.

的な仕組みが必要と強調した[7]。トービン税は、投機的な金融取引を抑制するとともに金融危機が起こった場合の公的資金のファンドとして用いることができるため、投機を抑制されるため抵抗している金融機関の圧力に屈することなく、この機会を逃さず導入すべきである。

米大手銀バンク・オブ・アメリカなどは公的資金をすでに返済済みで、シティ・グループも、2009年12月、米政府から受け入れた公的資金450億ドル（約4兆円）の返済計画を発表し、米国ではすべての金融大手が返済を終える。公的資金の返済で、優先株の配当や損失保証料の支払いがなくなり経費を削減でき、役員報酬の削減などの政府による介入を受けなくてもよくなる。高額な役員報酬は復活しつつあり、米国の金融システムは元の木阿弥に戻ったといえる。政府による規制や介入を退け、未曾有の金融危機を何ら教訓化することなくデリバティブ商品の開発・販売やレバレッジ投資を継続すれば、2020年までに今回の金融危機以上の危機を引き起こすことは避けられない。政府による株式持分を維持し、政府による規制や監督を強化しないかぎり、グローバル資本主義は自壊するしかない。

2．金融システムは公共財

2008年にノーベル経済学賞を受賞したポール・クルーグマンは、2008年10月12日にニューヨーク・タイムズに、「ゴードン（ブラウン首相）はよくやっている」と題し寄稿した。クルーグマンは、イギリスのブラウン首相が破綻した金融機関をすばやく公的資金によって国有化したことを高く評価した。他方で、ポールソン財務長官が公的資金7,000億ドルによる救済を発表した際に、「やろうとしていることは失敗したことだ」と言って、この明確な方法（資本注入）を拒否し、その代わりに、政府が有害な不動産担保証券が買取ることを主張した。「数週間の貴重な時間を浪費した後に、ポールソンも、今度は不良不動産担保証券ではなく、資本注入すると方針を転換した。・・・ポールソンの当初の対応はイデオロギーによって歪められていたと感じることは否めない。彼が、金融セクターの部分的な政府所有の必要性に直面させるのを困難にしていた"民間はよくて、

[7] http://www.nikkei.co.jp/news/main/20091107AT1F0700507112009.html

公的なものはダメ”と要約される政府哲学の行政府のために仕事をしていたことを思い出す必要がある」[8]と論じている。

金融機関の不良資産買い取りは、高報酬のウォール・ストリート[9]のミスを国民の負担（1 人当たり 26 万円）とするもので、国民の支持があるわけではない。公的資金注入で金融機関を国有化し、金融機関に不良債権処理をさせ、経営陣に責任をとらせ、国有化した金融機関を公共財として維持し続けるのであれば、税金によって救済することに理解が得られよう。

民間企業は短期的な視野で利潤の最大化を追求することを優先し、社会的責任を果たすことを疎かにする傾向がある[10]。建設、食品、電機、輸送用機器、金融といったあらゆる職種で私利私欲を肥やすためだけに労働が行われたら、耐震強度計算の偽装、食の安全性の偽装、自動車の欠陥隠蔽などの多発する事件に見られるように、技術開発、製造、投資等のあらゆる事柄が、人類全体の福利厚生を損なう形でしか実現されていかない。人間が生活していく上で不可欠なこれらの分野で、安全対策などを十分行えばコストがかかるため採算が取れずビジネスにならないというのであれば、国有企業として税金でコストをカバーして供給していくという考え方が必要である。

金融機関は、高度に IT 化されており、コンビニなどの ATM で各行の引出・預入が可能で、金利も横並びで、民間の個別銀行として多数存在する意義は薄れてきている。民間金融機関が短期の利潤最大化を追求し、バブルを発生させ、複雑なデリバティブ商品の販売やレバレッジ投資によって不良債権を累積させ、金融システムを崩壊させる危機を繰り返してきており、公共財として経済に血液を送る金融システムとして国有化して維持した方がよいという根拠が揃ってきている。

---

8 http://www.nytimes.com/2008/10/13/opinion/13krugman.html?_r=1&scp=1&sq=Krugman%20Brown&st=cse&oref=slogin

9 たとえば、リーマン・ブラザーズのファルド会長の 8 年間の報酬は、3.5 億ドル（360 億円）。

10 ローマ法王は 1991 年に出版された *Centesimus annus* で、事業の目的は、生産と利潤にだけあるのではなく、そのメンバーが基本的な需要を満たすことに努める人間の共同体としての事業そのもので、個別グループを形成しながら社会全体の利益に奉仕することとしている。これに対して、FIAT の会長であるチェザレ・ロミティやイタリア国立銀行総裁のアントニオ・ファズィオは、経済を創造すればするほど共通善のためになり、共通善は利潤追求の副産物にすぎないとしている。森（1999 年）p. 267.参照。

コンビニは、バーコード読み取りによる POS System で売れた商品の情報が中央のコンピューターに直結し商品の補充がトラックで行われるため、多数の会社で展開されるより、単一の小売システムとして展開した方が効率的になる。宅配便も、荷物がコンピューター管理されており、多数の会社で展開されるより、単一の物流システムとして展開した方がトラックの数や燃料使用が効率的になる。

市場経済における製造業は、見込み生産で、景気拡張期には生産量を増やすが、需要を供給が上回り在庫が増加し景気後退を招き、生産が調整され生産は低下するが、在庫が減少し出荷を下回るまで景気が後退することを繰り返さざるをえず、損失が大きい。工程間在庫を最少にする究極の形とは、完全受注生産である。しかし、生産のプロセスでは、オーダーから出荷までの間には数多くの工程が存在し、それが結果としてリードタイムの長時間化をもたらす。ニッチな製品の場合は顧客側も長リードタイムを受け入れる場合が多いが、一般的な大量生産品の場合、長リードタイム化はそのまま販売の機会損失に繋がる。そのため、ある程度の見込み生産が発生するが、見込み生産の量が多いことは、資金の投資から回収までの期間を長くするため、キャッシュ・フローの損失が大きい。また、販売不振による商品の切り替えが発生した場合、多量の仕掛在庫損失が発生する。

この問題を解決するために考案されたのが、トヨタのカンバン方式（ジャストインタイム生産方式）である。工程間在庫の最少化を狙って、生産指示票としてカンバンと呼ばれる帳票を利用する。このカンバンは、後工程に対しては納品書として加工品と共に引き渡される。後工程で加工品が使用されたらカンバンを前工程に戻す。前工程に戻す際は、発注票として渡され、このカンバンの受領をもって前工程では製品の加工を行う。後工程で使った分だけ前工程に作らせる連鎖を組むことで、工程間仕掛の在庫の最少化を実現することにより生産コストの削減を図るのである。このカンバン方式は、電子カンバン方式となり、市場ニーズがコンピューターを通じて生産計画に反映される市場メカニズムをビルトインした計画経済といえる。在庫を持たず、必要な物を、必要な時に、必要な量だけ生産することが可能になっている。しかし、2008 年の世界金融・経済危機によって米国における新車販売台数が 2007 年までの 1,600 万台から 2009 年の 1,042

万台と約4割も急減したため、カンバン方式のトヨタも固定費負担が重く大幅赤字を計上せざるをえなくなった。これは、IT技術が発達し生産力が拡大すれば、資本主義的市場経済であることが桎梏となっていることを物語っている[11]。

民営化の誤りについてのコンセンサスも必要になってきている。たとえば、輸送システムの民営化は、輸送システムの効率性と個々の路線のコストの低下とを混同した。民営化政策は、都市の輸送網がひとつの完結したシステムとせずに、個々バラバラの路線の集まりにすぎないと仮定した。しかし実際には、輸送システムが成功か失敗かの尺度は、乗客が一定の路線上の2点間ではなく、地域の好きなところから好きなところへの2点間でも行き来できる点にあり、民営化によって利益が少ない路線や赤字の路線が維持されていかなくなれば、輸送システムは機能しなくなる。

また、民間企業の方がサービスがよいというのは、本質的な誤解である。民間企業は契約書に書かれていない仕事をすることはせず、労働時間を延長し、人員を削減し、付加給付（フリンジ・ベネフィット）や賃金をカットし、経験豊かで熟練した労働者より経験不足で不熟練の低賃金の労働者を雇い、監視の行き届かないところで働かせる。また、労働組合に加入していない、ときには違法の労働者を雇い入れ、利潤の最大化を追求する。このため、民間企業のサービスは低レベルかつ最低限のものにとどまる。他方、国有企業従業員のサービスの質は、従業員教育をしっかりやっているか否かによるのであり、国有企業は本来、長期的な公共益の最大化のためにサービスを提供できるものである。

公共財は、非排除性あるいは非競合性の少なくとも一方を有する財として定義される。非排除性とは、価格づけによって対価を支払わない者を便益享受から排除できないという性質である。市場では、価格づけされた財が対価の支払いを条件として販売される。そのため、対価を支払おうとしない人を消費から排除することができる（排除性）。これに対して、非競合性とは、消費者あるいは利用者が増えても追加的な費用が伴わないという性質である。例えば食品であれば誰かが食べてしまえば他の人はその食品を食べることができない（競合性）。

---

11 1968年からのハンガリーの市場社会主義も市場メカニズムをビルトインした計画経済であったが、当時はコンピューターが十分に発達していなかった。森（1999年）pp. 265-267.参照。

非競合的かつ非排除的な狭義の公共財を純粋公共財と呼び、この純粋公共財の典型的な例は政府による外交や国防である。厳密には純粋公共財ではないが、非競合性あるいは非排除性のいずれかを有する広義の公共財は準公共財と呼ばれる。非競合的かつ排除的な財は、「クラブ財」と呼ばれる。例えば、有線放送のようなサービスは、放送用のケーブル網の敷設や番組制作などには費用がかかるが、これを100人の消費者に供給する代わりに150人の消費者に供給することによってもそれらの費用は余り増加しない。非排除的かつ競合的な財は、「コモン・プール財」と呼ばれる。たとえば、一般道路や橋などは、利用者全員に課金するためのコストが高く（排除可能性が低い）、ある程度までであれば、利用者は問題なく便益を受けられるが、利用者が増えるに従って、混雑費用が高まる（競合性は高い）。欧州では都市交通における自動車の利用を抑えるために、市電のような公共交通機関の料金を低く設定したり、無料にしたりしており、非競合的な財になっている。私的財に位置づけられながら、ある種の公共性を有するものをメリット財という。たとえば医療、介護、義務教育などである。これらのサービスは、あらゆる人がこれを享受する権利を持っているものであり、公共財としての位置づけが必要となっている。

これらの観点から、公共交通機関、通信、郵政、電力、上下水道、医療、教育などを、公共財として長期的に安定して国民の福利厚生に供するためには、民営化は不適切であり、前述のように、今や金融機関、製造業、サービス業ですら民間企業であることが桎梏になっているのである。

3．自壊するグローバル資本主義

2008年の世界金融・経済危機の時点で世界の実体経済の規模は30兆ドルであったが、金融資本の規模は80兆ドルまで膨れ上がっていて、金融資本が圧倒的な力を持って実体経済を規定していた。金融資本が追求しているのは利潤（キャピタルゲイン）であり、金融資本の要求を満たすために、世界経済は右肩上がりの成長を続けることを求められ、企業は労働者を解雇し、安全対策や環境保護などのコストを削減し、市場に歓迎されるROE（利潤の自己資本比率）を改善することが求められてきた。その結果、著しい人権侵害、社会不安、環境破壊、周期的な経済危機が引き起こされてきたが、社会に雇用と良品（サービス）を提供するという社会的責任を担えない企業は、存在価値はない。

2008 年の世界金融・経済危機は、グリーンスパン FRB 元議長などによって「100 年に一度の危機」と言われているが、1929 年の大恐慌と違い、グローバル化した資本主義の危機である。グローバル資本主義の問題の根幹は、モノやカネが国境を超えて自由に移動しているのに、それを制御する主体が国家単位に分散しているということにある。かつては小泉改革の片棒を担いでいたが世界金融危機後に「転向」した経済学者の中谷巌が論じているように、「強制力を持った“世界中央政府”」[12]が必要なのである。カール・ポラニー[13]が『大転換』のなかで、労働・貨幣・土地を「商品化」したことによって人類が蒙る被害について警告したが、中谷は「資本主義が求めるままにグローバルな市場取引を何もかも自由にすると、その帰結として大きな“罰”を受けるのだ」[14]と警告し、市場取引の規制を訴えている。

摩擦や規制のない「自由」な市場を追求すればするほど、短期的にはグローバル経済が活性化するように見えるが、実はそれはますます資本主義を不安定化し、その副作用を取り返しのつかない程度まで増幅する。中谷はさらに、「際限ない規制緩和と国際的な制度のハーモナイゼーションによって、摩擦の存在しないスムーズな世界市場ができるとすれば、そのときこそグローバル資本主義が自壊するときなのである」[15]と論じている。

1929 年の大恐慌の 4 年間で米国の GNP は半分近くを失い、失業率は都市部で 50%、国全体で 25%という惨澹たる状況で、その時に失われた米国の富は 1929 年の 1 年分であった。この大恐慌は世界中に拡がり、ファシズムの台頭、ドイツ・イタリア・日本の海外侵略、経済のブロック化から第二次世界大戦につながった。今後の金融・経済危機でも対応を誤れば、過去の惨劇を繰り返すことになる。

---

[12] 中谷（2008 年）pp. 360-362.

[13] Karl Polanyi（1886 年 - 1964 年）ハンガリー出身で、経済史の研究を基礎として、経済人類学の理論を構築した。

[14] 中谷前掲書。pp. 362-363.

[15] 同上。p. 364.

2019 年になってトランプ政権は、第二次世界大戦の主要な要因となった経済のブロック化から何も学ばず、中国に対して関税を引き上げるという米中貿易戦争を開始した。このため世界経済の成長見通しは下方修正され、2020 年 11 月の大統領選挙まで景気悪化を防ごうとしトランプ大統領は FRB に圧力をかけ金利を引き下げさせたため、ダウ平均株価は連日史上最高値となった。

2019 年の第 1 四半期に 3 カ月物の米国債の利回りは 2.14%で、2 年債や 5 年債は 1.8%台と、償還までの期間の長い債券の方が金利が低くなり逆イールドとなった。短期で資金を調達し、長期で貸し出す銀行は、利ザヤ縮小が嫌気され、利ザヤを確保できなくなった金融機関が企業への新規融資に慎重になる。過去 60 年間のデータから長短金利の逆転（逆イールド）が発生した後の株価の動きは、米株は平均で 29%上昇し、その後は景気後退とともに下落に向かっていた。2 年債と 10 年債で逆イールドが発生してから景気後退に陥るまでの期間は平均して 1 年 9 ヵ月、市場は金利低下によるカネ余りで楽観ムードに陥りやすくなる。日本でもバブル期の 1989 年に逆イールドが発生し、その後に深刻な景気後退と株安を経験した[16]。

日本と EU は 2016 年からマイナス金利で打つ手が限られ、景気後退期入りが決定的になり、追い打ちをかけるように新型コロナウイルスの感染拡大によって株式の暴落が始まり、2020 年末の米大統領選、Brexit の 1 年間の移行期間終了などの時期に予想されていた恐慌が前倒しされる形となった。新型コロナウイルスのパンデミック危機は、米中貿易戦争のような愚かな行為を嘲笑うかのようにグローバル・リスクとして猛威を振るっている。

4．シェアリング・エコノミー

オストロムは、コモンズの悲劇や環境問題を協力で解決することはできず、主要な強制力を持った政府の合理性が圧倒的であり、“唯一”の方法としてのリヴァイアサン、あるいは“唯一”の方法としての民営化は、本当に“唯一”の方法なのかと疑問を呈した[17]。そして、スイスのテルベルや日本の平野、長池、山中村

---

16 https://r.nikkei.com/article/DGXMZO4728177012072019SHA000?unlock=1&s=3
17 Ostrom (1990) pp. 8-15.

の高地における牧草地や森林の共同保有、スペインのバレンシア周辺やフィリピンのザンジェラの灌漑用水のコミュニティ、カリフォルニアでの地下水の汲み上げ競争や訴訟ゲーム、トルコや北スコットランドの沿岸漁業における制度的な失敗や脆さの制度論的な分析など、共有資源（コモン・プール財）における自治組織の制度論的アプローチの研究を世界中で行った。そして、それまでの政府か市場が対処するという主張に異議を唱え、資源を管理する効率性は市場でも政府でもなく、コミュニティが補完的役割を果たしたときに最も効果的になることを示した[18]。

これまでのハーディンの「コモンズの悲劇」が根拠に基づいていたとは言えなかったのに対して、現在のUber、Airbnb、MaaSなどのシェアリング・エコノミーの発展を予見するものであった。

スティグリッツが「オストロムは所有権に頼らなくても、共有地の使用を規制する社会的な管理メカニズムが存在していることを示した」[19]と評したことについて、ペニントンは、「オストロムの議論は所有形態では私的所有が必要となる」[20]と古典的な自由主義な伝統に固執して批判した。スティグリッツは、「公的な大企業と民間の大企業は、ともに多くの類似性を共有し、多くの類似した組織的な課題に直面」[21]し、「両者は、実質的な責任の委任を伴っており、議会も株主も大企業の日々の活動を直接コントロールしていない・・・民間企業におけるレントシーキングは公的企業におけるのと同じように起こっている」[22]と論じていた。スティグリッツは、所有よりも競争の重要性を強調する[23]。ソ連経済には非効率がはびこり、生産のかなりの部分が軍事支出に捧げられていたため、民営化することによって非効率を一掃するとともに軍事支出が削減され経済成長を実現できると考えられていたが、GDPは10年前の水準を大きく割り込んでいるのである。

---

18 See Ostrom (1990).
19 Stiglitz, Josef (2009) *New York Times*, 12 October 2009.
20 Pennington (2012) pp. 39-40.
21 See Stiglitz (1989).
22 Stiglitz (1998) p.21.
23 「中国は国有企業を民営化することなく競争の機会を提供した･･･ロシアは競争を促進することに注力することなく経済の大部分を民営化した」。Stiglitz, *op. cit.* p.22.

最終章で考察するネグリとハートは、「電子的「コモンズ」の開放性こそが情報革命初期に目ざましいイノベーションを可能にした主要な要素であり、今日では私的所有権や、開かれたアクセスと自由な交換を阻害する政府の管理によってイノベーションが日々妨げられている」[24]と論じている。ペニントンのような私的所有にとらわれた議論では、オストロムの業績を過小評価することになる。

5．イノベーションを妨げる独占

かつて、AT&T やマイクロソフトはその規模や影響力によって、独占禁止当局によって、AT&T は約 40 年前に分割された。1990 年代、マイクロソフトはコンピューターのオペレーティングシステムにおける優位性を、ウェブ・ブラウジングの新しい分野における優位性に当てはめようとしていて、連邦政府は、独占禁止法に違反したとしてマイクロソフトを訴え、マイクロソフトに対する独占禁止法の訴訟は、グーグルやフェイスブックなどのインターネット企業が出現する道筋を明確にするのに役立った。

再び独占が形成され、今日では、すべての電子商取引のほぼ半分が魔損を経由し、すべてのインターネット参照トラフィックの 70%以上は、グーグルまたはフェイスブックが所有または運営しているサイトを経由している。これらの企業がより大きく、より強力に成長するにつれて、彼らは中小企業とイノベーションを妨げ、アメリカ人のより広範な利益の代わりに自分の経済的利益を追求する方法を制御するようになった。

欧州委員会は、アマゾンが、同社のプラットフォームを利用している事業者の取引データを取得し、それを自社の販売業者に利用している行為についても競争法違反の疑いで予備的調査を開始している。また、米国においては、アップルが大手出版社と行った電子書籍の価格に関する共謀・合意がシャーマン法違反とされた（2012 年 4 月訴訟提起）[25]。

消費者に対して優越的地位にあるプラットフォーマーが消費者の利益に反して不当に個人情報を収集する場合には独占禁止法の優越的地位の濫用規制の適

---

[24] ネグリ、ハート（2005b 年）p. 233.
[25] 杉本（2019 年）p. 134.

用が考えられることなる。ドイツの連邦カルテル庁はドイツにおいてフェイスブックが、ユーザーが第三者のサービスを利用した際に生じるデータを無制限に収集・利用できるようにしている行為について、消費者が明確に認識しないまま行われるとして支配的地位の濫用に該当する違法行為と考えられるとの判断を下している（2019 年 2 月）[26]。

2020 年 11 月に控えた米大統領選でも、GAFA 解体を視野に入れた M&A 規制が焦点になっている。民主党の有力な大統領候補であるエリザベス・ウォーレン上院議員は、世界全体の売上高が 250 億ドル以上の、オンライン市場、取引所、または第三者を接続するためのプラットフォームを一般に提供している企業を「プラットフォーム公益事業者（platform utilities)」に指定し、プラットフォームユーティリティとそのプラットフォームの参加者の両方を所有することを禁止し、事業の分離を迫る方針を示している[27]。

ウォーレンは、アメリカの大手テクノロジー企業は、次の 2 つの戦略に一部基づいて優位性のレベルを達成している。

- 合併を使用して競争を制限する。フェイスブックは潜在的な競合他社である Instagram と WhatsApp を購入した。Amazon はその巨大な市場力を利用して、Diapers.com のような小規模の競合他社に割引率での販売を強制している。グーグルは、マッピング会社の Waze と広告会社の DoubleClick を買収した。政府の規制当局は、これらの取引を競争と革新に対する長期的な悪影響のためにブロックするのではなく、それらを波及させた。
- 独自のマーケットプレイスを使用して競争を制限する。多くの大手ハイテク企業は、買い手と売り手が取引する市場を所有している一方で、市場に参加している。これにより、利益相反が生じ、競争が損なわれる。アマゾンは、Amazon Marketplace で販売する商品をコピーし、自社ブランドのバージョンを販売することで、小規模企業を粉砕する。グーグルは、そのコンテンツを検索アルゴリズムで降格させることで競合する小さな検索エンジンを削除し、Yelp の評価よりも独自のレストランの評価を優先していると言わ

[26] 杉本（2019 年）pp. 136-137.
[27] https://medium.com/@teamwarren/heres-how-we-can-break-up-big-tech-9ad9e0da324c

れている[28]。

ウォーレンは、「ハイテクスタートアップの数は落ち込んでおり、ハイテク業界に典型的な高成長の若い企業は少なく、2012 年以降、ハイテクスタートアップの最初の資金調達ラウンドは 22%減少している」[29]と指摘している。

フランスのデータ保護機関「情報処理・自由全国委員会」（CNIL）はプライバシー保護に取り組む民間団体からの訴えを受け、2018 年 9 月にスマートフォン向け基本ソフト（OS）「アンドロイド」でグーグルのアカウントを作成するオンライン検査を実施した。検査では⑴グーグルから提供される情報が利用者にとって容易に入手可能ではない⑵広告を個別化する際に必要な利用者の同意を得ていなかった――という 2 種類の GDPR 違反が見つかったという。例えばグーグルがユーザーから集めている個人情報の目的や保存期間などの説明は複数の文書にまたがっていた。利用者が情報を知ろうとした場合にはボタンを何度もクリックしなければならず、最大で 5～6 段階の操作が必要なケースもあったという。広告の個別化の処理についても、グーグルが集めた個人情報がどの範囲で使われるのかを利用者が認識することができないと指摘した。グーグルは利用者がアカウントを作成する際に利用規約への同意を求めているが、CNIL は「十分な情報提供に基づくものではない」といい、「同意は正当に得られていない」と主張している[30]。

2019 年 12 月、日本政府も、巨大 IT 企業が大量に収集・利用する個人データの扱いでも新たなルールを整備する。公正取引委員会は指針を改定し、大手企業がサイトの購買履歴といった個人データを明確な説明なく利用すると「優越的地位の乱用」にあたると規定する。個人が望まないデータ利用の停止を企業に要請できる「利用停止権（使わせない権利）」を導入する。改正案は 2020 年の通常国会での成立を目指す[31]。

おわりに

---

[28] *ibid.*
[29] *ibid.*
[30] https://www.nikkei.com/article/DGXMZO40299590S9A120C1TJC000/?n_cid=SPTMG002
[31] https://www.nikkei.com/article/DGXMZO53440330X11C19A2MM0000/?n_cid=SPTMG053

2008年の世界金融・経済危機の時点で世界の実体経済の規模は30兆ドルであるが、金融資本の規模は80兆ドルまで膨れ上がっていて、金融資本が圧倒的な力を持って実体経済を規定している。金融資本が追求しているのは利潤（キャピタルゲイン）であり、金融資本の要求を満たすために、世界経済は右肩上がりの成長を続けることを求められ、企業は労働者を解雇し、安全対策や環境保護などのコストを削減し、市場に歓迎される ROE（利潤の自己資本比率）を改善することが求められてきた。その結果、著しい人権侵害、貧富の格差、環境破壊、周期的な経済危機が引き起こされてきたが、社会に雇用と良品（サービス）を提供するという社会的責任を担えない企業は、存在価値はない。金融資本にも社会的責任を求め規制・指導する国際機関としてIMFを再編する必要があろう。

直接的にはデリバティブ商品の開発とレバレッジ投資によって2008年の世界金融危機が起こったが、グローバル化した資本主義は行き着くところまで行き着いた。各国政府が、金融機関の一時的国有化や規制監督強化、ビッグ・スリーなどの破綻した製造業への公的資金注入、エコカー減税やエコポイントなどによる救済・景気刺激策などを行い、グローバル化した資本主義は延命した。

とりわけ、資本主義がグローバル化し、先進国における失業率上昇、低所得化や格差拡大、途上国における格差拡大を招くという問題は、先進国において中産階級から転落していく人たちに対応して福祉国家化し、途上国に対し抜本的な富の再分配を行うといった全面的な制度転換が必要である。さもなければ、1929年の恐慌の後のファシズムの台頭のように、失業中の不満を持った若者たちが、仕事に就けないのは外国人のせいだというデマゴギーに扇動され、いつか来た道を辿ることになりかねない。

オストロムが「資源を管理する効率性は市場でも政府でもなく、コミュニティが補完的役割を果たしたときに最も効果的になる」とシェアリング・エコノミーを予見した意義は大きい。今日の持続不可能な天文学的な格差拡大の原因となっているデジタル・プラットフォーマーによる独占を解体し、1%の富裕層からもっとも効率的に資源管理できるコミュニティに権限を移す必要があろう。

第14章　多数派による専制の克服

2019年7月15日、トランプ大統領が、非白人の民主党女性新人議員４人を念頭に「米国が嫌いなら、出て行って構わない。国に帰ってはどうか」と発言したことに対して、ワシントンで行われた記者会 見に臨む民主党の女性議員（左から）Rashida Tlaib, Ilhan Omar, Ayanna Pressley and Alexandria Ocasio-Cortez。 Source: https://www.nytimes.com/2019/07/19/opinion/trump-2020-democrats.html?fallback=0& recId=1OLvtTjiYceHhU71BnsNj6wE4ge&locked=0&geoContinent=AS&geoRegion=27&recAlloc =top_conversion&geoCountry=JP&blockId=most-popular&imp_id=967054700&action=click&mo dule=Most%20Popular&pgtype=Homepage

はじめに

1776年7月に承認されたアメリカ独立宣言を起草したトマス・ジェファーソンは、「全ての人間は平等に造られている」と唱え、不可侵・不可譲の自然権として「生命、自由、幸福の追求」の権利を掲げた「基本的人権と革命権に関する前文」は、アメリカ独立革命の理論的根拠を要約し、大西洋を越えてフランス革命に大きな影響を与えた。

1785年から1789年まで駐フランス公使としてトマス・ジェファーソンはフランス革命をつぶさに観察していた。トマス・ペイン[1]は、ラファイエット侯爵[2]から陥落していたバスティーユ牢獄の鍵を手渡され、ワシントン大統領に届けるよう依頼され、ジェファーソンを通じてこの任を果たしている。

フランスの思想家アレクシ・ド・トクヴィルは、『アンシャン・レジームと革命』でフランス革命を積極的に評価したが、ナポレオンが自ら皇帝を名乗るボナパルティズムによってフランス革命の自由、平等国民主権による民主主義の理念はフランスでは潰えた。トゥヴィルは自らアメリカに渡りアメリカでデモクラシーがどのように機能していくかを観察し、『アメリカのデモクラシー』で多数者が多数決で少数者を抑圧するという多数者による専制を見抜いて論じている。「多数者の精神的権威は、一つには次のような観念に基づいている。すなわち、一人の人間より多くの人間が集まった方が知識も知恵もあり、選択の結果より選

---

[1] Thomas Paine（1737年 - 1809年）イギリス出身で、1774年6月にロンドンでベンジャミン・フランクリンに紹介され、人物証明書を持たされてアメリカに移住。1776年1月、フィラデルフィアでペインが執筆した政治パンフレット『コモン・センス』で、民主的平和論を説き植民地の権利を守らないイギリスの支配から脱し、アメリカが独立するという考えは「Common sense」（常識）であると説いた。エドマンド・バークの『フランス革命についての省察』を反駁するため、『人間の権利』を出版し、1793年までイギリスで200万部を売りつくしたと試算される。『人間の権利』第2部で土地貴族を攻撃し世襲君主制への敵意を表明したためイギリス政府に追放され、かつ自著の仏訳を監修するためにパリに渡り、1791年10月にはフランスの市民権を与えられ国民公会によって新憲法の草案作成委員会に加えられた。

[2] Marie-Joseph Paul Yves Roch Gilbert du Motier, Marquis de La Fayette、（1757年 - 1834年）1776年、アメリカ独立戦争が勃発すると、支援を求めて来仏したベンジャミン・フランクリンに会ってその考えに共鳴し、自費を投じて船を購入し、義勇兵としてアメリカへ渡った。1781年にフランスに帰国し、1789年には7月14日のバスティーユ襲撃の翌日に新設された国民衛兵の総司令官に任命されるとともに、フランス人権宣言の起草に着手した。国民議会で採択された人権宣言は、第1条で「人は、自由かつ権利において平等なものとして出生し、かつ生存する」という人間平等を、第2条で天賦の人権、第3条で人民主権、第11条で思想の自由・言論の自由、第17条で所有権の不可侵をうたい、近代民主主義発展史上に記念碑的な位置を占めた。立憲君主制の支持者であったが、王政打倒を主張するジロンド派や最過激派たるジャコバン派の集会で国民衛兵に発砲を命じたしたことによって司令官を解任された。

択した議員の数が英知の証だという考え方である・・・また、次の原理にも基づいている。すなわち、最大多数の利益は少数者の利益より優先されねばならないという原則である」[3]。しかしトクヴィルは、フランス革命の自由、平等国民主権による民主主義の理念は、フランスの絶対君主による専制からアメリカにおいて多数派による専制になったことを目撃することになり、「アメリカでもっとも私が嫌うのは、極端な自由の支配ではなく、暴政に抗する保障がほとんどない点である」[4]と、民主主義は未完のプロジェクトであることを痛感せざるを得なかったのである。

今日では、グローバル化や新自由主義経済によって中間層は縮小、多くの人が不安を感じており、他者を気遣う余裕がなくなっている。これは 1900 年代前半に近いものがあるなかで、グローバル化や新自由主義経済によってもっとも恩恵を享受してきたトランプのような富裕層が、新たに入ってきた移民に原因があるかのようにグローバル化や新自由主義経済によって中間層から転落していった人々の偏見や無知に訴え煽動し、少数者である移民を抑圧しているのであり、多数派の専制として最たるものである。人種差別を煽るトランプ大統領の登場で、自由、平等、民主主義、他者の尊重、多元性という建国以来の米国憲法の精神が死にかけている。

本最終章では、1900 年代と同様の過ちを繰り返すという愚行の代わりに、未完のプロジェクトである民主主義の多数派による専制という歴史的な課題を克服していく方途を考察する。

1．多数派による専制は正当化されるのか

米軍普天間基地の名護市辺野古移設を巡る県民投票が 2019 年 2 月 24 日、投開票され、辺野古埋め立て計画に「反対」が 72.2%であったにもかかわらず、政府は普天間の危険性除去などのためには辺野古移設が唯一の解決策だとの立場を堅持し、埋め立て工事を強行している。沖縄では 72.2%という圧倒的多数の民意が示されても、日本の一部であり続ける限り、国会の議席の多数派を占めてい

---

[3] トクヴィル（2005 年）pp. 140-141.
[4] 同上。p. 150.

る与党政府の意思が押し付けられる。

香港で2019年11月24日に投票が行われた区議会議員選挙で、民主派は全452議席のうち85%を獲得して圧勝し、選挙前の約3割から大きく躍進した。民主派は区議選を「逃亡犯条例」改正案の撤回などの抗議活動への賛否を問う「住民投票」と位置づけてきた。デモ支持の民意が示されたとして、普通選挙などの要求を強める可能性がある[5]。しかし、香港では85%の民意が示されても、中国全体では少数派として多数派の意思が押し付けられる。

スコットランドは、グレートブリテンおよび北アイルランド連合王国（The United Kingdom of Great Britain and Northern Ireland）の連合構成国であるが、北海油田の利権がイギリス政府に握られ、首都と地方の格差拡大や基地負担などに不満を持ち、独立志向が強まった。ブレア内閣は、1999年にスコットランド議会を設置して、中央政権の権限を大幅にスコットランド自治政府に移譲した。スコットランドは、292年ぶりに自治権を獲得した。 2011年5月のスコットランド議会選挙で、スコットランド独立を公約に掲げるスコットランド国民党（SNP）が議会の過半数を占める大勝利を収め、イギリスからのスコットランド独立の是非を問う住民投票が2014年9月に実施されたが独立賛成が過半数には届かなかった。

1981年にハンガー・ストライキの末衰弱死したIRA暫定派のボビー・サンズ[6]を称えるベルファストの家屋の絵。

[5] https://www.nikkei.com/article/DGXMZO52576870V21C19A1MM8000/?n_cid=SPTMG053

[6] IRA暫定派の囚人は1977年に政治犯としての権利を剥奪され、組織犯罪の従事者として扱われていた。これに対して500名以上の囚人が衣服の洗浄を拒否するブランケット・プロテストを始め、1981年には受刑者によるハンガー・ストライキが行われ、7名のIRAメンバーと3名のINLA（Irish National Liberation Army、アイルランド民族解放軍。IRAの分派）メンバーが衰弱の末餓死した。受刑者への支援の為にアイルランド中でデモが行われ、ボビー・サンズの葬儀には10万人もの人々

2019 年 2 月にアイルランドで行われた総選挙で、与党の統一アイルランド党は 4 年前の前回選挙から 15 議席減の 35 議席となり第 3 党に沈み、アイルランド共和軍（IRA）の政治団体だったシン・フェイン党は英領北アイルランドを含めた南北アイルランドの統一を公約に掲げて 14 議席増の 37 議席に躍進し、38 議席の共和党に次ぐ第 2 党となった。

UK 全体では 2016 年の国民投票で EU を離脱することの賛成票が過半数を上回ったが、UK を構成する 4 ヵ国のうちスコットランドと北アイルランドの 2 つの人口が残留に投票した。UK 全体の多数派の意思がスコットランドと北アイルランドに押し付けられることになれば、スコットランドと北アイルランドが UK から離脱することになりかねない。スコットランドと UK やスコットランドと EU の関係に関する研究で知られるマイケル・キーティングは、「欧州の連邦主義は、国家と EU だけではなく、多重のレベルで捉えられなければならない」[7]と論じている。

カタルーニャは、1979 年にはスペイン国家内で自治州の地位を得たが、スペインは財政力の弱い地域を支援する税制を採用しており、財政力が強いカタルーニャ州は特に再配分比率が低い地域であるため、カタルーニャ州住民は 2010 年のソブリン危機に端を発するスペイン経済危機の状況下で不満を募らせていた[8]。2010 年代にはカタルーニャ独立運動が盛んになり、2017 年 10 月に独立を問う住民投票が実施され、投票率 4 割ながら賛成が 9 割に達し、カタルーニャ共和国として独立宣言が行われ、中央政府に対し対話を求めたものの、10 月 21 日に中央政府は自治政府の権限を一時停止する方針を決定た。中央政府はカタルーニャの独立を認めようとせず、2018 年 6 月までカタルーニャは自治権を回復できなかった[9]。

ミャンマーやタイの山岳地帯の少数民族は、軍事独裁政権が民主化されても、まさに民主主義という制度によって自らマイノリティとして少数民族ごとに政

が参列した。

[7] Keating (2017) pp. 615-632.

[8] 八嶋　(2015 年) pp. 48-54.

[9] “カタルーニャ新政府承認＝スペイン”、時事ドットコム、時事通信社. (2018 年 6 月 2 日) 2018 年 6 月 4 日閲覧。

党を作り民意が尊重されるようマジョリティの民族政党と対立し続けなければならない。中央アジアやアフリカ諸国においても、部族ごとに政党が作られ、選挙のたびに紛争になっている。

多数決原理は重大な欠陥を内包している。政治的支配力を持つ多数派が少数派に自分たちの生活様式を押し付けることによって、文化的出自の異なる市民に実効的な平等待遇を拒絶する。これは、市民の倫理的自己理解とアイデンティティとにかかわる政治的問題でもある。このような問題では、少数派は多数派に投票で負ける、と単純に考えてはならない。多数決原理はここで限界にぶつかっている。なぜなら、市民の構成の偶然性が、多数決という見かけ上中立な手続きの結果を先取りしてしまっているからである。ダールは、「多数決原理自体が、当の原理に先立つ単位集団に関する前提条件に依存している。その前提条件は、多数決原理を採用する単位集団自体が正当であること、さらに、多数決を採用するにふさわしい案件がその単位集団の管轄内にあることである。言い換えれば、ある問題領域が特定の単位集団内で多数決原理を採用するにふさわしいかどうかは、多数決原理それ自身によっては正当化できない前提に依存しているのである。単位集団自体の正当化は多数決原理の範囲外にあり、その点で、ほとんど民主制理論の射程範囲外にある」[10] と論じている。

EU からの離脱という Brexit によって、スコットランドと北アイルランドが UK から離脱する可能性が出てきているという問題に示されているように、分離独立は多数派による専制を解決する方法ではない[11]。ハーバーマスは、「分離独立という方法で平等な権利が実現されるのは、冷遇されている少数派が地理的に集中しているというほとんどありえない条件に合致する場合のみであることは、明らかである。そのような場合でなければ、分離独立後も、それ以前の問題がただ異なる旗の下で繰り返されるにすぎない。一般的に、差別待遇の撤廃は、国民の独立によってではなく、個々人や集団間に固有の差異である文化的背景にきわめて敏感な包括によってのみ可能なのである・・・その社会が民主的法治国家とし

---

[10] Dahl (1989) p.204.

[11] ソ連解体後に独立した 15 の共和国内での民族紛争や、ユーゴスラビア連邦解体後の民族紛争も同様の問題であった。森（2017 年）、森（2019 年）参照。

て組織化されているなら、「差異に敏感な」包括という困難なゴールに至るさまざまな方法がありうるだろう。権力分立の連邦主義的委譲、機能を特化した権力の移譲、国家権限の脱中心化、とりわけ文化の自律性および集団に固有な権利の保証、平等待遇政策および少数派保護のための実効的な特別調整などである。これらの方法によって、民主的プロセスに参加する市民の総体は、特定の地域や特定の政治問題ごとに民主的原理を犯すことなく、変化する」[12]と論じている。

2．小選挙区制による閉塞感

小選挙区が採用されていると、各選挙区で得票数がもっとも多かった候補しか当選できないため、過半数以上が死票となり、民意が反映されず、閉塞感から投票率の低下が共通している。

米国の大統領選挙では、民主党候補の総得票数が共和党候補を上回っていたにもかかわらず、獲得した選挙人数で上回ったため、2000 年の選挙でブッシュがアル・ゴアに勝利し、2016 年にもトランプがヒラリー・クリントンに勝利している。広い国土で交通・通信手段が発達していなかった建国時の、大半の州では、一般投票で 1 位になった候補がその州の選挙人を総取りするという現状にそぐわない選挙制度が維持されているからである。民意が反映されることが民主主義の前提であるにもかかわらず、民意が反映されないまま、ブッシュ政権によるイラク戦争や京都議定書不参加、トランプ政権による公然とした排外主義・人種差別、貿易戦争が開始されている。

イギリスでは単純小選挙区制で 2 大政党が政権を担ってきたが、2 大政党のみで民意を集約することは不可能なことが Brexit 問題で示された。

日本においても、2019 年 7 月に行われた参院選の選挙区の投票率が 48.80％となり、国政選挙（補選を除く）の投票率が 5 割を切るのは戦後 2 回目となった。比例代表における自由民主党の得票率は 35.37％であり、投票率が 48.80％であれば、自由民主党の支持率は全有権者の 17.26％に過ぎない。日本では 1996 年に小選挙区を採用したことから、図 1 にあるように同年に行われた衆議院議員選

---

[12] ハーバーマス（2004 年）p. 171.

挙で59.65％に投票率が下がり、民主党政権が誕生した2009年（平成21年）に69.28％に回復したものの、50％前半まで低下傾向が続いている。

日本では自由民主党をはじめとする与党は4割台の得票で7〜8割もの議席を占め改憲が可能になっている。「民主主義の限界」どころか、小選挙区制によって民意が反映されず、自由、民主主義、基本的人権の尊重といった価値が損なわれてきていて、権威主義体制が形成されつつあるのである。

図1　衆議院議員選挙および参議院議員選挙投票率の推移

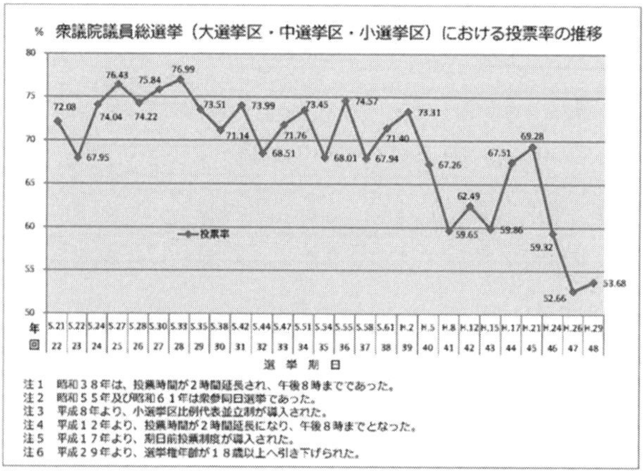

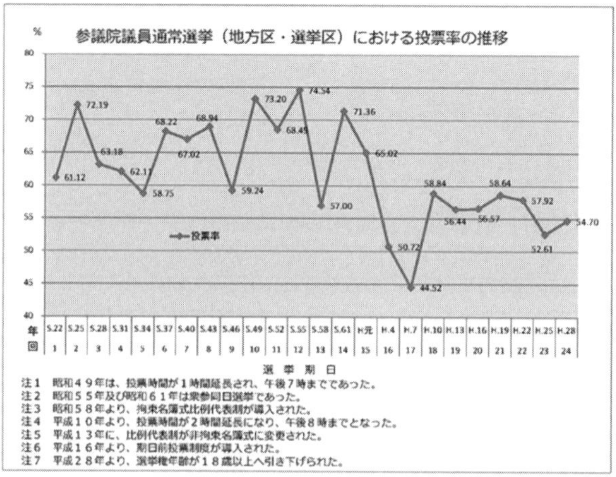

Source: http://www.soumu.go.jp/senkyo/senkyo_s/news/sonota/ritu/

3．「イリベラル・デモクラシー」？

Brexit 問題やハンガリーなど東欧諸国の懐疑主義で、羽場は「デモクラシーの限界」（国民投票や議会が二分された時、また多元的社会になると民主主義は機能しづらくなる）という問題として指摘している[13]。

シンガポールなどの開発独裁は、政治的な自由などの犠牲の上に経済開発が実現されてきたのであり、自由主義でもなく民主主義でもなく権威主義体制であり、オルバーン政権などが自政権の権威主義的体制や腐敗を正当化しているのである。

ポピュリズムとは「大衆迎合主義」とも称されるが、一般に、次のように定義される。「特権的エリートに対抗して一般大衆の利益、文化的特性および自然な感情を強調する政治運動。正当化のためにポピュリストはしばしば、チェック・アンド・バランスや少数派の権利にあまり配慮することなく、直接に、すなわち大衆集会、国民（住民）投票や、大衆民主主義の他の形を通じて、多数派の意思に訴える」[14]。

2014 年 7 月の総選挙で勝利し、2 期目のハンガリーの首相を務めることになったオルバーン・ヴィクトルは、「思考のトレンドトピックは、西洋ではなく、リベラルではなく、リベラルな民主主義ではなく、おそらく民主主義でさえないシステムを理解し、それでも国家を成功させることである。今日、国際分析のスターはシンガポール、中国、インド、トルコ、ロシアである。そして、私たちの政治的コミュニティはこの課題を正しく予測していたと信じている」[15]と、FIDESZ 政権はイリベラル・デモクラシーであると述べている。

「イリベラル・デモクラシー」として挙げられたシンガポールは、開発独裁として経済発展を実現した。1968 年から 1981 年までの 13 年間は、国会の全議席を人民行動党が占めていた。その後の総選挙でも 1984 年定数 79 で人民行動党 77、野党 2、1988 年定数 81 で人民行動党 80、野党 1、1991 年定数 81 で人民

---

[13] 羽場（2019 年）p. 13.
[14] See Di Tella (1995)
[15] https://budapestbeacon.com/full-text-of-viktor-orbans-speech-at-baile-tusnad-tusnadfurdo-of-26-july-2014/

行動党77、野党4、直近の2015年89議席のうち人民行動党83、野党・労働者党は6議席であった。国際化及び多様化された経済は貿易に依存し、製造業は2013年における同国のGDPのうち30%を計上した。購買力平価説の観点から、世界第3位の1人当たりの国民所得であるが、市民的自由及び政治的権利並びに低水準の言論の自由という犠牲を伴う人民行動党の準独裁政治体制である。

トランプ大統領は、移民によって雇用が奪われ犯罪が増加したというキャンペーンを行ってきた。図2の2019年6月のPew Research Centerの世論調査によれば、10人中6人のアメリカ人（62%）は、移民は「彼らの勤勉さと才能のために」国を強化していると答え、約4分の1（28%）のみが移民が仕事、住居、

図2　米国への移民は国に対して負担よりも強化していると思うか

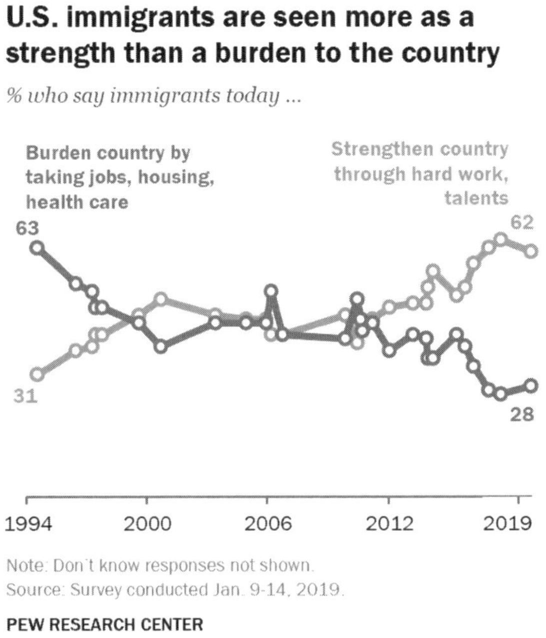

Source: https://www.pewresearch.org/fact-tank/2019/06/17/key-findings-about-u-s-immigrants/

ヘルスケアを奪い国に負担をかけていると答えているのであり、トランプ大統領の主張は根拠に基づいていない。

日本は米国やヨーロッパ諸国に比べて移民や難民は少ないにもかかわらず、繊維、鉄鋼、造船、電機などが国際競争力を失ってきたように、米国のラストベルトも国際競争力を失ったがゆえに失業率が高いのであり、不法移民によって雇用が奪われたというのは、根拠がないデマゴギーである。

OXFAM が「2017 年は新たに生じた富のうち 82%を世界の 1%の富裕層が独占」[16]と報告書をまとめているように、富裕層が著しい格差拡大を招き、移民や難民を発生させているという原因に対する無理解が横たわっている。

旧東ドイツ地域で急速に支持者を増やしている極右政党のドイツのための選択肢（Alternative für Deutschland、略称：AfD）のチューシンゲン選出のシュテファン・メラー議員は、「再統一の際、当時の東ドイツには社会保障の改善などたくさん約束がなされたが、多くが果たされない。旧東ドイツの自分たちではなく、難民のためにお金が使われていることに、多くの人が気づいた。これは本当に不公正だ」[17]と主張している。旧東ドイツの市民が 2 級市民として社会保障の約束が果たされていない問題はドイツ連邦政府に対してされるべき主張であり、難民を排除すれば公正になるというのは議論のすり替え、根拠のないデマゴギーである。

自由主義を支えていたのは経済面と治安面での安心（余裕）だったが、グローバル化や新自由主義経済によって中間層が縮小、多くの人が不安を感じており、他者を気遣う余裕を失い、根拠のないデマゴギーで煽動されている。ヒトラーがユダヤ人種は「つねに他民族の体内に住む寄生虫」[18]であるとし、根拠のないデマゴギーで煽動し、大量殺戮を正当化していった 1900 年代前半に類似している。

ドナルド・トランプ、ボリス・ジョンソン、オルバーン・ヴィクトルらは特権的エリートであり、自らデマゴギーで大衆を煽動し、排外主義を掲げ、人権の侵害行為を行っているのであり、自由主義でも民主主義でもなければ、ファシズム

---

16 Source: https://www.cnn.co.jp/business/35113497.html
17 https://www9.nhk.or.jp/nw9/digest/2019/11/1111.html
18 ヒトラー（1973 年）pp. 369-396. 森（2017 年）p. 46.

などの権威主義体制であり、ポピュリズムとしてオブラートに包んで論じていると本質を見誤る。

4．国境を越えるネットワーク上の権力

（1）マルチチュード

マルチチュード（Multitude）は、マキャベリによって最初に使用され、その後、スピノザが用いた政治概念で、ラテン語では「多数」、「民衆」などの意味を持つ概念で、「多数性」、「多性」、「群衆性」などの訳語もあてられる。最近では、アントニオ・ネグリとマイケル・ハートが、共著『帝国』および『マルチチュード』において地球規模による民主主義を実現する可能性として、国境を越えるネットワーク上の権力として提唱している概念のことである。

ネグリはマルチチュードを、近代以降に登場した超大国の覇権によるグローバルな世界秩序である帝国主義に対抗し、これからの世界を変革し得る存在としてそれぞれの国家の国民や企業を含む超国家的なネットワーク上の権力として位置付けている。ネグリはマルチチュードについて、いわゆる 19 世紀以降の社会主義に代表される革命に見られた多様性と差異性を無視したこれまでのありかたとは異なり、統合されたひとつの勢力でありながら多様性を失わない、かつ同一性と差異性の矛盾を問わぬ存在としている。

近代初期のヨーロッパと北米で民主主義を唱道した人びとは、民主主義はアテネのポリスのなかという限られた範囲であればまだしも、近代国民国家の広大な領土で実現するのは不可能だと主張する懐疑論者との対決を迫られた。ひるがえって今日のグローバル化時代の民主主義の肯定派は、国民国家という限られた範囲でならまだしも、グローバルな規模では民主主義はとうてい実現できないと主張する懐疑論者と対決している[19]。

18 世紀のヨーロッパとアメリカの革命家たちは、民主主義を「全員による全員の統治」という実に簡潔明瞭な言い回しで理解していた。実際、古代ギリシャの民主主義概念に対する近代の最初の大きな革新は、この普遍性に、すなわちす

[19] ネグリ、ハート（2005b 年）p. 87.

べての人びとへの民主主義の拡大にあった。たとえばペリクレスがアテネの民主主義を、（貴族制や寡頭制のような）「少数者による統治」や（君主制や独裁制のような）「一者による統治」と対比しつつ、「多数者による統治」と定義したことを思い起こしてほしい[20]。17－18 世紀の近代ヨーロッパと北米では、この多数者による統治という古典的な民主主義の概念は全員による民主主義へと形を変えていた[21]。

アメリカの第 4 代大統領で『ザ・フェデラリスト』の共著者ジェイムズ・マディソンは、民主主義の概念を、ルソーが定義した国民主権と同様、すべての人民が直接に、自由かつ平等に統治できるよう「人民が直接会して統治を行う」ことだと定義した[22]。マディソンはこうした民主主義を危険だとみなしたが、その理由はルソーと同様、人民の間には違いがある——単に個々の違いではなく（それなら簡単にコントロールできる）、集団的な違い、すなわち派閥が生じる——と考えたからだった。小規模な派閥なら多数派がコントロールできるので民主主義にとって重大な問題にはならないが、大規模な派閥をコントロールするメカニズムは民主主義には備わっていないと、マディソンは『ザ・フェデラリスト』の第 10 篇で述べている……したがって合衆国憲法の代表機構は、共和国内の多数派による抑圧に対する有効な防御策だというのである[23]。

ネグリとハートは、社会主義における評議会やソヴィエトにおける直接民主主義も、機能しなくなる原因を、「社会の基盤をなす人びとは工場や社会、国家のためにより大きな犠牲を払うことを求められ、その見返りにそれらの管理への参加を増やすことが約束された。だがその参加は常に最高統治機関と切り離され、距離を置かれたために、やがて参加や代表はそれまで以上に束の間のものになってしまった。こうして社会主義・共産主義運動による反独裁的イニシャティブや直接民主主義の要求は下火になっていった」[24]と分析している。

間接民主主義は代議員を選挙で選ぶ代議制である。国と地方の選挙システムに

---

[20] Thucydides (1998) p. 73.
[21] ネグリ、ハート前掲書。p. 91.
[22] no. 14. Madison (1961) p. 68. 第 14 篇マディソン（1999 年）p. 81.
[23] ネグリ、ハート前掲書。pp. 95-96.
[24] 同上。pp. 107-108.

おける欺瞞的でひずんだ代表のあり方は、長い間不満の対象となってきた。投票とは自分の望まない候補者――二人の悪者のなかでマシなほう――を、向こう 2 年間か 4 年間あるいは 6 年間の不適当な代表として選ぶ義務でしかない、と思われることもしばしばである。低い投票率はたしかに、選挙が標榜する代表制を損なうものだ……2000 年の合衆国大統領選挙は論争の余地がある票の数え直しと最高裁の介入をもって決着をみたが、これは選挙制度を媒介にした代表制の危機のもっとも目についた一例にすぎない[25]。

国連のなかでももっとも民主的な場である総会の代表のあり方は、大統領や首相になった人物が任命するため、加盟国以上のものにはなりえないということがある。言いかえれば、それぞれの国での民主主義の欠如が総会にそのまま持ち込まれるということだ。国連総会の代表は、その人物を指名した政治家が国民を代表しているように国民を代表することができない。それどころか必然的にそれ以下でしかない[26]。

近代立憲主義の基本原則である、代表なくして権力なし、権力の分割、そして言論の自由がことごとく本来の意味を骨抜きにされた。ネグリとハートは、「いかなる君主制とも縁を切るためのカギは代表制にあるとしたマディソンの主張は今や単なるまやかしにしか見えないし、立憲的権力の根本的な分割を提唱したモンテスキューはシステムの一体性を前に沈黙を強いられる。さらにジェファーソンが主張した言論の自由は、今や企業メディアによって独占されている……貧者、女性、人種的マイノリティや残りの従属的なマジョリティは初めからずっと、明治的ないし暗示的な構成的メカニズムによって権力から排除されてきた」[27]と論じている。

（2）国際的法制度の 3 つのレベル

南アフリカやグアテマラ、チリ、アルゼンチンなどで内戦や紛争終了後に設立された、さまざまな真実究明委員会をあげることができる。これらの真実究明委員会は一国内の機関だが、そこで扱われるのは大部分がその政権自体が犯した犯

---

25 同上。p. 136.
26 同上。p. 139.
27 同上。p. 140.

罪であるため、必然的に国の法体系を超越したものになる[28]。

国内紛争終結後、戦争犯罪や人道に反する罪を訴追するために成立される国際法廷である。その先鞭をつけたのはナチス政権の指導者を訴追したニュルンベルグ裁判で、1990 年代にはルワンダやユーゴスラビアでの戦争犯罪を訴追するために国際戦争犯罪法廷が設置された。これらの法廷は、ある区切られた期間にある特定の国で行われた極悪非道な犯罪だけを対象にしており、扱う範囲は明らかにきわめて限定的だが、それでも国家レベルを超えた本格的な制度的司法システムであることはたしかだ。それればかりかこうした国際法廷は、往々にして戦勝者の軍事行動を隠ぺいするだけのものになりがちだとはいえ、最初のグローバルな司法システムとみなすことができる[29]。

より一般的なレベルに相当するのは常設の国際刑事裁判所（まだ実験段階だが）である。1945 年、国連憲章の下に国民国家間の紛争を裁定するために設立された国際司法裁判所（ICJ）がその一例だ。だが ICJ はきわめて弱い強制力しかもたない。審理への参加は各国の自由に任されており、下された最低の重みは限りなくゼロに近い。たとえば、1986 年、ICJ はニカラグア侵攻によって生じた損害に対して合衆国に有罪判決を下したが、合衆国はこの判決に耳を貸さず、ICJ はそれに対してなんら有効な手立てをもたなかった。2002 年には ICJ よりはるかに強力な常設国際刑事裁判所（ICC）が設立された。ICC の規定を批准した国はその裁定に従うことが義務づけられる。ICC はルワンダやユーゴスラビアの国際戦犯法廷とは違って国内法廷に優先するものではなく、国内法の範囲を超える犯罪だけを扱う法廷である。だがそうした制約にもかかわらず、ICC は既存のどの機関にも増して、すべての人の権利を平等に守ることに貢献するグローバルな司法システムの可能性を示すものだ。だがこうした希望的な見解を口にしたとたん、合衆国が ICC の規定を批准するのを拒んだ（というより、合衆国はその設立条約に「署名しなかった」）という事実が……超国家的あるいはグローバルな司法システムを設置するためのあらゆる努力を骨抜きにする事実に直面する……もっとも強力な国家（あるいは国家群）が訴追を免除されることになれば、

[28] 同上。p. 143.
[29] 同上。p. 144.

普遍的な正義と権利を実現するための試みはあっという間に瓦解し、強者による弱者の支配と変わらぬものになり下がってしまうだろう[30]。

（3）グローバル議会の成立可能性

世界の有権者数がおよそ40億人（世界の人口60億人から未成年者を除いた数）として、それを1000万人ずつ400の選挙区に分けるとする。すると北米の住民が約20人の代表を選び、ヨーロッパとインドネシアの住民もそれぞれ20人ずつ、中国とインドの住民はそれぞれ100人と80人の代表を選ぶことになるだろう……40億人の有権者を相手に選挙を実行することにつきまとう困難は、少し考えただけでも想像を絶するものがある。さらに地球全体にこれほど薄く広く代表制という近代的概念を行きわたらせたとしても、それが民主主義という実質的概念を支える基盤になるとは考えられない。ジェイムズ・マディソンや合衆国建国当時の連邦主義者たちは、代表者1人当たりの人口が増大すればその分だけ代表制の度合いは減少するということを明確に認識していた（マディソンは人口3万人に代表者1人が理想的な割合だと考えた[31]）[32]。

ヨーロッパ構成体を実現するカギについて、ネグリとハートは、「多国間関係にもとづく多元的で重層的な意思決定方式にある。この多層的な仕組みは単なる超国家としてのヨーロッパでも、国民国家の統一体でもなく、複合的な連邦システムといえるものだ。ヨーロッパ・レベルで下される決定もあれば、国家レベルで、さらには国より小さい地域レベルで下される決定もある。行政プロセスの統一性はこれらさまざまなレベル間の相互作用の重なり合いによって生み出される。言いかえればこの方式は多層的な連邦システムを作り出すことによって、都市や国家、地域、さらには世界における法的・政治的形態相互間の直線的かつ同型的な関係性という伝統的考え方を打ち破る」[33]と論じている。ネグリとハートの複合的な連邦システムは、Brexit問題を解くカギとなりえるキーティングのマルチ・レベルの連邦主義としてのヨーロッパという捉え方に共通する[34]。

---

30 同上。pp. 144-145.
31 no. 56. Madison (1961) p. 318. 第56篇マディソン（1999年）
32 ネグリ、ハート前掲書。pp. 170-171.
33 同上。pp. 174-175.
34 See Keating (2017)

ネグリとハートによれば、「安定したグローバル・システムに寄与しうるメカニズムを提示するものの、代表制の問題と真に取り組むものではない。多層的な連邦モデルは伝統的代表制の形を骨抜きにするものにすぎず、新しい代表制を作り出すことはない」[35]とされる。マディソンが間接民主主義として構想した代表制には物理的に限界があり、一人ひとりが生活や仕事の時間を割いて、あらゆる政治的決定についてそのつど投票しなければならないという直接民主主義にも限界があり、両者の欠陥を克服するメカニズムとして構想されているのである。

（4）崩壊する主権モデル

ネグリとハートは、「政治理論のすべての伝統が一致する基本原則、それは統治できるのは君主であれ、国家であれ、国民であれ、人民であれ、党であれ、ただ「一者」のみだということである。古代および近代ヨーロッパ政治思想の基盤をなす伝統的な 3 つの統治形態――君主制、貴族政、民主制――はすべて、この観点から見れば単位の携帯に還元される。貴族制は少数による統治と見ることができるが、その少数の人びとは単一の団体または声に統一されていなければならない。同じように民主制も多数あるいは全員による統治とみなせるが、あくまでそれらの人びとが「人民」あるいは同様の単一の主体として統合されていることが条件となる。だがはっきりさせなければならないのは、一者のみが統治できるというこの政治思想の必須条件は、民主制の概念を蝕み否定するものだということである」[36]と論じている。

さらに、「民主制における権力は、貴族制における権力と同様に事実上君主制的であり、したがってそれはうわべだけのものにすぎないのだ……選択肢は黒か白か――主権かアナーキーかしかないのだ！……一者による統治か、さもなければ混沌かというこの誤った二者択一は、ヨーロッパの政治および法哲学の流れのなかでさまざまな形に置き換えられて繰り返し現れてきた……トマス・ホッブス本人のデザインによる『リヴァイアサン』原本の扉絵はこの真実を実に見事に描き出している。遠くから見ると大地の上に上半身を突き出して立つ王が描かれているのだが、よく見ると王の頭から下の胴体や腕は、何百という小さな市民たち

---

[35] ネグリ、ハート前掲書。pp. 174-175.
[36] 同上。pp. 220-222.

の身体でできている。主権者の身体は文字どおり社会という集団全体なのである。このアナロジーは有機的な統一性を強調するだけではなく、社会的機能の分割を強化し自然なものと見せるのにも役立つ。頭は一つだけであり、手足やさまざまな器官はその決定や命令に従わなければならない」[37]と説明する。

ネグリとハートは、「マルチチュードは単一性に還元されえず、一者による統治に従うこともない。マルチチュードは主権者にはなりえないのだ。これと同じ理由で、スピノザが絶対的と呼ぶ民主制もまた伝統的な意味での統治形態とは考えられない。スピノザの民主制においては、あらゆる人びとの多様性は主権という単一の形象に還元されないからだ」[38]と論じている。

Abraham Bosse による『リヴァイアサン』の表紙
上部に描かれた巨大な支配者の身体は多数の人間から構成されている。

ネグリとハートによれば、「主権権力は自律的な実体ではなく、絶対的なものでもありえない。それは統治者と被統治者、保護と従属、権利と義務との関係で構成されたものなのだ。仮に独裁者が主権を一方的なものにしようとすれば、被統治者はやがて必ず反乱を起こし、関係の二面性を取り戻す。主権の概念と機能にとって、従属するものは命令する者に劣らず不可欠な存在なのである。このように主権は必然的に二元的な権力システムだ」[39]といえる。

（5）「オープンソース運動」

---

37 同上。
38 同上。p. 222.
39 同上。pp. 225-226.

経済においてもまた、イノベーションを行うのに単一主体による管理は必要ではなく、必要なのはコモンズ的資源、開かれたアクセスそして自由な相互作用であることを示す事例は数限りなくある。このことがもっとも明確にあてはまるのは、情報や知識、コミュニケーションなど、ごく最近グローバル経済の中枢として出現してきた部門である。ネグリとハートは、「インターネットやサイバネティックスの専門家は、電子的「コモンズ」の開放性こそが情報革命初期に目ざましいイノベーションを可能にした主要な要素であり、今日では私的所有権や、開かれたアクセスと自由な交換を阻害する政府の管理によってイノベーションが日々妨げられている」[40]と論じ、オストロムやスティグリッツの議論をさらに前に進めている。

ネグリとハートは、「ネットワークにおけるイノベーションは、指揮者のいないオーケストラ――絶え間ないコミュニケーションによってそれ自身の拍子を決定し、指揮者が中心的権威をふるわないかぎり調子が狂ったり音が止んだりすることのないオーケストラ――というイメージでとらえるとわかりやすい。イノベーションは個人の才能に依存しているという考え方から脱却することが必要だ。生産やイノベーションはネットワークのなかでの協働によってしか実現しない」[41]と説明している。

ネグリとハートは、コンピューターソフトウェアの共同開発や革新的な「オープンソース運動」がマルチチュードの意思決定能力を高め、未完の民主主義が克服される可能性について以下のように論じている。

> 従来の私有財としてのソフトウェアの場合、ユーザーはそのプログラムの仕組みが示されたソースコードを見ることはできない。オープンソースの創始者の一人エリック・レイモンド[42]の言葉を借りれば、プログラマーがソフトウェアを作るには、少数の才能ある個人が汚れのない大伽藍を設計するような

---

[40] 同上。p. 233.
[41] 同上。p. 234.
[42] Eric Steven Raymond（1957 年 - ）GNU/Linux の開発の手法を分析した『伽藍とバザール』をはじめとする「オープンソース 4 部作」で、オープンソースのスポークスマン的な役割を果たしている。

方式がとられてきた。だがソースコードが公開されて誰でもそれを見られるようになると、これまで以上にバグが修正され、より良いプログラムが作られるようになった。それを見る目が多ければ多いほど、それに貢献できる人が多ければ多いほど、プログラムは改善されるのだ……マルチチュードによる民主主義は、ひとつにはオープンソース社会として理解することができる[43]……マルチチュードの意思決定能力は伝統的な義務の関係を逆転させるということだ。たとえばトマス・ホッブスは、服従の義務はすべての市民法の基礎であり、法に先立つものでなければならないと考えた[44]……だがマルチチュードは、原則的に権力に対していかなる義務も負っていない。反対にマルチチュードにとって絶対に欠かせないのは、不服従の権利と差異を求める権利だ。マルチチュードの構成は恒常的かつ正統な不服従の可能性に基づいている。マルチチュードにとって義務が発生するのは自身の積極的な政治的意志の結果としての意思決定のプロセスにおいてのみであり、義務はその政治的意志が継続する間だけ維持される。マルチチュードの創造とネットワークにおけるマルチチュードの革新、そして〈共〉にもとづくマルチチュードの意思決定能力によって、今日初めて民主主義は可能なものになった。政治的主権と一者の支配は、これまで歴史を通じて、あらゆる現実的な民主主義の概念を失効させてきたが、それはもはや不必要なだけではなく、まったく不可能なものになりつつあると見られる。主権とは常に、一者の神話にもとづいたものであるにもかかわらず、被統治者の同意と服従にもとづく関係にほかならなかったのである。この関係のバランスが被統治者の側に傾き、彼らが社会的諸関係を自律的に生み出す能力を獲得してマルチチュードとして立ち現れるなか、単一の主権者はますます不必要なものとなりつつある。マルチチュードの自律性とその経済的・政治的・社会的自己組織能力が主権の役割を奪い取ったのである。主権はもはや政治的なものの独占的な領域ではなくなっただけではなく、マルチチュードによって政治から解放された。マルチチュードがついに自らを統治する能力を手にするときにこそ、民主主義は可

---

[43] ネグリ、ハート前掲書。pp. 236-237.

[44] Hobbes (1998) chapter 14.

能になるのだ[45]。

「オープンソース運動」の顕著な成功例として、iPS 細胞技術の基本特許については、京都大学 iPS 細胞研究所（CiRA）つまり京都大学が主導権を握っていることがあげられる。iPS 細胞を生成する技術を開発した京都大学の山中伸弥教授は、「2014 年 3 月の時点ですが、欧米を中心に 30 の国・地域で京大が保有する基本特許が成立しています……京大が基本特許を押さえたことで、公的機関の研究者なら無償で、民間企業であっても、通常、最大でも数百万円という非常にリーズナブルなライセンス料で誰でも iPS 細胞を作ることができるシステムができました。現在 60 の大学や企業にライセンスしています……ヒトの iPS 細胞は自分たちのほうが先に作っていたんや、とアメリカのベンチャー企業が主張しました。同社の特許の請求内容を見たら、京大が先に出願していた請求内容とほとんど違わない[46]」と述べている。独占的に臨床に応用しようとする民間企業ではなく、公的機関が基本特許を押さえることによって世界中の研究者が一日でも早く臨床に応用できるよう環境が整えられている。

ネグリとハートが論じているマルチチュードの民主主義は、「経済的生産と政治的生産はひとつになり、生産の協働的ネットワークは新しい社会の制度的構造の枠組みを示唆するものとなる。私たち全員が生政治的生産を通じて社会を協働的に創造し維持する」[47]ことによって実現されるものである。これまで未完のプロジェクトであった民主主義は、独占を排除することによってついにその欠陥が克服されうることが視野に入ってきたのである。

おわりに

多数派による専制の克服はフランス革命以来の宿題であったが、科学技術が発展し、コモンズが開放されることによって、マルチチュードがついに自らを統治する能力を手にする可能性が見えてきた。しかしながら、自らデマゴギーで大衆

45 ネグリ、ハート前掲書。pp. 236-238.
46 https://dot.asahi.com/wa/2014102900078.html?page=1
47 ネグリ、ハート前掲書。p. 253.

を煽動し、排外主義を掲げ、人権の侵害行為を行っている政権、コモンズを独占し続けようとする民間企業や政府の存在を克服していくことができなければ、自由、平等、民主主義、他者の尊重、多元性は死に絶え、人類に未来は残されていかないであろう。

あとがき

本書は、拙著『オルタナティブ国際関係論――国際機構と国際協力の改革へ向けて――』彩流社（2011年）を基に、増補・改訂したものである。大和大学での講義やゼミのなかで新たな対応が必要になった諸課題について、大和大学の同僚教員とのディスカッションや海外でのフィールド調査を反映している。拙論「石橋湛山の「小日本主義」の今日的意義－歴史修正主義批判と国連中心主義への回帰－」『大和大学　研究紀要』第6巻（2020年）を2つの章として盛り込み、グローバル・コモンズの問題を加筆している。

私事ではあるが、縞問屋を営み米国との貿易にも携わっていた母方の祖父は、陸軍の将校として、日露戦争、満州事変後のハルビン、中支に従軍し、復員してから間もなくして亡くなっている。その祖父が「石橋湛山を高く評価していた」と言っていたことを母が聞いておいてくれたのである。歴史修正主義によって侵略し植民地支配した歴史が修正され、国連中心主義を放棄し自国の安全は国防軍で守るべきだとし、憲法9条の精神が葬られようとされているなかで、大正デモクラシーを経験し、ケインズの『一般理論』を原著で読み、「小日本主義」を訴え続けた石橋湛山の今日における意義は極めて大きい。

これらの問題について、恩師であった斉藤孝先生の戦間期の研究、河合秀和先生のトクヴィルなどの研究、アントニオ・ネグリとマイケル・ハートの未完のプロジェクトである民主主義を完成させるための研究、石橋湛山研究学会の増田弘先生、開発援助やEUなどの分野で今井正幸先生をはじめとする多くの諸先達から多くの示唆をいただき、本書を執筆することができた。この場を借りて感謝の意を表したい。

本書の出版については、彩流社の竹内淳夫氏に快く引受けていただいた。また、本書の構成やタイトルなどについて、貴重なご示唆をいただいた。ここに記して感謝の意を表したい。

2020年4月

森彰夫

参考・引用文献

外国語文献

Adrian, Tobias, Tommaso Mancini Griffoli (2019), The Rise of Digital Money, FinTech Notes, IMF

Agur, Itai, Anil Ari and Giovanni Dell'Ariccia (2019), Designing Central Bank Digital Currencies, IMF Working Papers

Asian Women's Fund (2000) Expert Meeting on Women's Human Rights under Armed Conflict

Balázs, Péter (1998), Szempontok a Magyar EU-csatlakozás elõny-hátrány mérlegének kidolgozásához, *Közgazdasági Szemle*, 1998, szeptember

Barbier, Edward B. (2009), "A Global Green New Deal", UNEP-DTIE

Boutros-Ghali, Boutros (1995), Supplement to An Agenda for Peace: Position Paper of the Secretary-General on Occasion of the Fifties Anniversary of the United nations

Brock, William E. (1984), 'Trade and Debt: The Vital Linkage', *Foreign Affairs*, Summer 1984.

Bryce, James (1985), *The American Commonwealth*, 3rd ed. New York: Macmillan, 2.

Bulletin of the Atomic Scientists (2009), *Bulletin of the Atomic Scientists*, March/April 2009

Bulletin of the Atomic Scientists (2009), *Bulletin of the Atomic Scientists*, May/June 2009

Carr, E. H., *The Twenty Years' Crisis, 1919-1939: An Introduction to the Study of International Relations*, (Macmillan, 1939, 2nd ed., 1946).井上茂訳『危機の二十年－理想と現実－』（岩波書店、1952 年、復刊 1992 年／岩波文庫、1996 年）

Chomsky, Noam et.al. (2019), Open Letter by Over 70 Scholars and Experts Condemns US-Backed Coup Attempt in Venezuela, Common Dreams

Chunghee Sarah Soh (2009), The Comfort Woman, University of Chicago Press

Coomaraswamy, Radhika (1996), Report of the Special Rapporteur on violence against women, its causes and consequences, Ms. Radhika Coomaraswamy, submitted in accordance with Commission on Human Rights resolution 1995/85, Commission on Human Rights, Economic and Social Council, United Nations

Cuervo, Cristina, Anastasiia Morozova, Nobuyasu Sugimoto (2020), Regulation of Crypto Assets, FinTech Notes, IMF

Cumings, Bruce (1992), "Wicked Witch of the West is Dead: Long Live Wicked Witch of the West", in Michale J. Hogan, ed., *The End of the Cold War: Its Meaning and Implications*, Cambridge University Press.

Dahl, Robert. A. (1989), *Democracy and Its Critics*, Yale University Press

Deleuze, Gilles, and Claire Parnet (2002), *Dialogues II*, trans. Hugh Tomlinson and Barbara Habberjam, New York: Columbia University Press ドゥルーズ、ジル、クレール・パルネ、田村毅訳（1980 年）『ドゥルーズの思想』大修館書店

Deutsch, Karl Wolfgang (1957), *Political Community and the North Atlantic Area: International Organization in the Light of Historical Experience*, with Sidney A. Bunrell, Robert A. Kann, and Maurice Lee, Jr., (Princeton University Press).

Diamond, Larry (1989), "Beyond Authoritarianism and Totalitarianism: Strategies for Democratization", *Washington Quarterly*, Vol. 12, No. 1

Di Tella, Torcuato S. (1995) "Populism" in Seymour Martin Lipset (Editor in Chief), The Encyclopedia of Democracy, Vol. III. Routledge

EU (1993), Presidency Conclusions, Copenhagen European Council - 21-22 June 1993

EU (1999), Europe's Agenda 2000: Strengthening and widening the European Union

EU (2009), *Eurobarometer: Views on European Union Enlargement Analytical Report*

EU (2019), *Standard Eurobarometer 92 Autumn 2019 "Public opinion in the European Union, First results"*

Fidesz (2009), *A Fidesz európai parlamenti választási programja*

Frank, Andre Gunder, *Latin America, Underdevelopment or Revol ution: Essays on the Development of Underdevelopment and the Immediate Enemy*, (Monthly Review Press, 1969).大崎正治・前田幸一・中尾久訳『世界資本主義と低開発－収奪の《中枢-衛星》構造－』(柘植書房、1976 年／大村書店、1979 年)

Friend of Earth (1993), 'Statement of Friend of Earth before the Senate Appropriations Subcommittee on Foreign Operations Concerning Foreign Aid Appropriations for the World Bank [and other agencies]'

Glaser, Charles L. (1995) "Realists and Optimists", *International Security*, Vol. 19. No. 3.

Gubler, de Claude, Michel Gonod (2005), Le grand secret Broché, Editions du Rocher

Haas, Ernst and Allen S. Whiting (1956), *Dynamics of International Politics*, McGraw Hill.

Herz, John H. (1959) *International Politics in the Atomic Age*, Columbia University Press

Hobbes, Thomas trans. Richard Tuck and Michael Silverthorne (1998), *On the Citizen*, Cambridge University Press.

Human Rights Watch (1995a), Georgia/Abkhazia. Violations of the laws of war and Russia's role in the conflict

Human Rights Watch (1995b), Playing the "Communal Card": Communal Violence and Human Rights, http://www.hrw.org/legacy/reports/1995/communal/

Human Rights Watch (2000), War Crimes in Chechnya and the Response of the West, http://www.hrw.org/en/news/2000/02/29/war-crimes-chechnya-and-response-west

Huntington, Samuel Phillips (1996), *The Clash of Civilizations and the Remaking of World Order*, Simon & Schuster.邦訳は『文明の衝突』鈴木主税訳（集英社、1998 年）

IMF (2009), IMF Overhauls Lending Framework, Press Release No. 09/85

IMF (2009), Initial Lessons of the Crisis for the Global Architecture and the IMF

International Financial Institution Advisory Commission (2000), *International Financial Institutions Reform: Report of the International Financial Advisory Commission*, US Congress.

Intergovernmental Panel on Climate Change (2007), "Climate Change 2007: Synthesis Report", http://www.ipcc.ch/pdf/assessment-report/ar4/syr/ar4_syr.pdf

Intergovernmental Panel on Climate Change (2018), Special Report: Global Warming of 1.5 ºC Summary for Policymakers, https://www.ipcc.ch/sr15/chapter/spm/

Jackson, Robert and George Sørensen (2003), *Introduction to International Relations: Theories and Approaches,* New York: Oxford University Press

Keating, Michael (2017) Europe as a Multilevel Federation, *Journal of European Public Policy*, Vol, 24, NO. 4.

Kennan, George F. (1993) *Around the Cragged Hill: A Personal and Political Philosophy*, Norton, 関元訳（1994 年）『20 世紀を生きて－ある個人と政治の哲学－』同文書院インターナショナル

Keohane, Robert Owen (1977), *Power and Interdependence: World Politics in Transition*, with Joseph S. Nye, Jr., (Little, Brown, 2nd ed., 1989, 3rd ed., 2001).

Lebow, Jervis and Stein eds. (1976), *Perception and Misperception in International Politics*, Princeton University Press

Lebow, Richard N. (1985), "The Deterrence Deadlock: Is There a Way Out?" in Robert Jervis, Richard N. Lebow and Janice G. Stein, eds., *Psychology and Deterrence*, Johns Hopkins

University Press.

Linklater, Andrew (1990), *Men and Citizens in the Theory of International Relations*, Macmillan, 1982, 2nd ed. 1990.

Linklater, Andrew (1998), *The Transformation of Political Community: Ethical Foundations of the Post-Westphalian Era*, Polity Press.

McDougall, Gay J. (1998), Systematic rape, sexual slavery and slavery-like practices during armed conflict Final report submitted by Ms. Gay J. McDougall, Special Rapporteur, Sub-Commission on Prevention of Discrimination and Protection of Minorities, Commission on Human Rights, Economic and Social Council, United Nations

Madison, James, ed. Clinton Rossiter (1961), *The Federalist Papers,* New York: Penguin,　A.ハミルトン、J.ジェイ、J.マディソン、斎藤真、中野勝郎編訳（1999年）『ザ・フェデラリスト』、岩波文庫

Masood, Ahmed and Lawrence Summers (1992), 'A Tenth Anniversary Report on the Debt Crisis', *Finance and Development*

McNamara, Robert S. (1968), *'On Gaps and Bridges' in the Essence of Security: Reflections in Office*, London, Hodder and Stoughton

Morgenthau, Hans Joachim (1948, 2nd ed., 1954, 3rd ed., 1960, 4th ed., 1967, 5th ed., 1978, 6th ed., 1985, 7th ed., 2006), *Politics among Nations: the Struggle for Power and Peace*, Knopf. 伊藤皓文・浦野起央訳（1963 年）『国際政治学－力と平和のための闘争－』（原第三版、アサヒ社）　、現代平和研究会訳（1998年）『国際政治－権力と平和－』（福村出版）

Nemes, Gusztáv (2003), Vidékfejlesztés és elõcsatlakozási felkészülés Magyarországon. A SAPARD-program hatásai és mellékhatásai, *Közgazdasági Szemle*, 2003. január

Neueder, Franz (2003), Costs and Benefits of EU Enlargement, *Intereconomics*, July/August 2003

Nye, Joseph S. and Sean M. Lynn-Jones, (1988) "International Security Studies", *International Security*, vol. 12, No.4

OECD (1993), *Financing and External Debt of Development Countries, 1992 Survey*

Ostrom, Elinor (1990) *Governing the Commons: The Evolution of Institutions for Collective Action*, Cambridge University Press.

Oxfam (2017), "An Economy for the 99%", Oxfam briefing paper

Pennington, Mark (2012), "Elinor Ostrom, Common-pool Resourse and the Classical Liberal Tradition" in Ostrom, Elinor, Christina Chang, Mark Pennington and Vlad Tarko (2012), *The Future of the Commons: Beyond Market Failure and Government Regulations*, Institute of Economic Affairs

Prebisch, Raúl (1959), "Commercial Policy in the Underdeveloped Countries", *American Economic Review*, Vol. 49, No. 2

R. Baldwin, J. Francois and R. Portes (1997), The Cost and benefits of Eastern enlargement, *Economic Policy,* No. 24.

Reddy, Sanjay G. and Thomas W. Pogge (2005). How not to Count the Poor, http://www.socialanalysis.org/

Renewable Energy Policy Network for the 21st Century (REN21) (2010), *Renewables 2010: Global Status Report*

Richter, Sándor (1998), *Costs, benefits and temporary exemptions*, 'Measurement of Costs and Benefits of Accession to the European Union for Selected CEECs', PHARE ACE project No. P96 – 6033 –R

Risse-Kappen, Thomas (1996), "Collective Identity in a Democratic Community: The Case of

NATO" in Peter Katzenstein. ed. *The Culture of National Security: Norms and Identity in World Politics*, Columbia University Press.

Sen, Amartya (1981). "Public Action and the Quality of Life in Developing Countries," *Oxford Bulletin of Economics and Statistics*, Vol.43 No.4.

Shapley, Deborah (1993), *Promise and Power: the Life and Times of Robert McNamara*, Little, Brown & Co.

Shihata, Ibrahim F. I. (1991), 'The World Bank and "Governance" Issues in its Borrowing Members', in Ibrahim F. I. Shihata, *The World Bank in a Changing World*, Hague, Martinus Nijhoff.

Snyder, Glenn H. (1984), "The Security Dilemma in Alliance Politics", *World Politics*, vol. 36, No. 3.

Stein, Janice G. (1993), "The Security Dilemma in the Middle East: A Prognosis for the Decade Ahead", in Bahgat Korany, Paul Noble, and Rex Brynen, eds., *The Many Faces of National Security in the Arab World*, Macmillan.

Steinbruner, John (1976) "Beyond Rational Deterrence: The Struggle for New Conceptions", *World Politics*, vol. 28. No. 2.

Steinwachs, Albrecht, Stefan Rhein, Jürgen M. Pietsch (2000), *Die Stadtkirche der Lutherstadt Wittenberg*. Edition Akanthus

Stern, Nicholas (2007), *The Economics of Climate Change: The Stern Review,* Cabinet Office - HM Treasury,

Stiglitz, Joseph E. (1989). The Economic Role of the State: Efficiency and Effectiveness. In, *The Economic Role of the State*, edited by A. Heertje. London: Basil Blackwell and Bank Insinger de Beaufort NV.

Stiglitz, Joseph E. (1998). *More Instruments and Broader Goals: Moving toward the Post-Washington Consensus.* UNU World Institute for Development Economics Research.

Stiglitz, Joseph (1999). Whither Reform?: Ten Years of the Transition. World Bank Annual Bank Conference on Development Economics. Keynote　Address.

Stiglitz, Joseph (2002). *Globalization and Its Discontents*, W. W. Norton & Company.

Stiglitz, Joseph (2009) "The global crisis, social protection and jobs", *International Labour Review*, Vol. 148, No. 1–2

The Humanitarian Monitor occupied Palestinian territory, November 2008 Number 31, http://www.ochaopt.org/documents/ocha_opt_humnitarian_monitor_2008_11_1_english.pdf

The Project for the New American Century (2000), Rebuilding America's Defenses: Strategy, Forces and Resources for a New Century,
http://www.newamericancentury.org/RebuildingAmericasDefenses.pdf

Thucydides (1998), *The Peloponnesian War*, bk2, sec.37, trans. Walter Blanco, New York: Norton, トゥキュディデス（1966年）『トゥーキュディデース　戦史　（上中下）』、久保正彰訳、岩波文庫。『世界の名5　ヘロドトス　トゥキュディデス』抄訳版、中央公論社

UNAIDS (2010), *Global Report: UNAIDS Report on the Global AIDS Epidemic 2010*

UNCTAD（2004）, *The Least developed Countries, Report 2004*, United Nations, Geneva

UNDP（2019), *Human Development Report 2019*

UNEP（2009), *Global Green New Deal Policy Brief*

UNHCR (2008), *2007 Global Trends: Refugees, Asylum-seekers, Returnees, Internally Displaced and Stateless Persons*

UNHCR (2019), *Global Trends: Forced Displacement in 2018*

United Nations (1991), *The Blue Helmets: A Review of United Nations Peacekeeping*, 2nd edition,

United Nations Department of Public Information

United Nations Human Rights Council (2009), *Human Rights in Palestine and Other Occupied Arab Territories: Report of the United Nations Fact Finding Mission on the Gaza Conflict*

UNRWA Emergency Operations in Gaza Interim Progress Report January-March 2009, http://www.un.org/unrwa/emergency/prog-report/interim_report_24june09.pdf

van Poelgeest, Bart (1994) Bart Report of a Study of Dutch Government Documents on the Forced Prostitution of Dutch Women in the Dutch East Indies during the Japanese Occupation, Unofficial Translation . 24th January, 1994

Wackernagel, Mathis (2002), Ecological Footprint Analysis http://www.global-vision.org/interviews/wackernagel.php

Wallerstein, Immanuel, *The Modern World-System: Capitalist Agriculture and the Origins of the European World-economy in the Sixteenth Century,* Academic Press, 1974.川北稔訳『近代世界システム－農業資本主義と「ヨーロッパ世界経済」の成立（1・2）－』（岩波書店、1981 年／岩波モダンクラシックス、2006 年）

Wallerstein, Immanuel, *The Modern World-System vol. 2: Mercantilism and the Consolidation of the European World-economy, 1600-1750*, Academic Press, 1980.川北稔訳『近代世界システム 1600-1750－重商主義と「ヨーロッパ世界経済」の凝集－』（名古屋大学出版会、1993 年）

Wallerstein, Immanuel, *The Modern World-System vol. 3: the Second Era of Great Expansion of the Capitalist World-economy, 1730-1840s*, Academic Press, 1989.川北稔訳『近代世界システム 1730-1840s－大西洋革命の時代－』（名古屋大学出版会、1997 年）

Wallerstein, Immanuel, *The Politics of the World-economy: the States, the Movements, and the Civilizations*, Cambridge University Press, 1984.田中治男・伊豫谷登士翁・内藤俊雄訳『世界経済の政治学－国家・運動・文明－』（同文舘出版、1991 年）

Waltz, Kenneth (1979), *Theory of International Politics*, New York: McGraw-Hill、河野勝・岡垣知子訳（2010 年）、『国際政治の理論』勁草書房

Waltz, Kenneth N. (1993), "The Emerging International Structure of International Politics", *International Security*, vol. 18. No. 2.

Wendt, Alexander (1999), *Social Theory of International Politics*, Cambridge University Press,

Wim Kok (2003), *Enlarging the European Union: Achievements and Challenges*, European University Institute, Robert Schuman Centre for Advanced Studies

World Bank (1982), *World Development Report 1982*

World Bank (1983), *World Development Report 1983*

World Bank (1986), *World Development Report 1986*

World Bank (1989), *Sub-Saharan Africa from Crisis to Sustainable Growth. A Long-Term Perspective Study.*

World Bank (1992), *'A Long-Term Perspective Study', in Sub-Saharan Africa: Form Crisis to Sustainable Growth.*

World Bank (1992), *Governance and Development.*

World Bank (1993), *Current Questions and Answers*, Information and Public Affairs Division, External Affairs Department, response to question 'What is adjustment lending?'

World Bank (1998), *Assessing Aid: What Works, What Doesn't, and Why.*

World Bank (2000). *World Development Report 1999/2000.* Oxford University Press: New York. www.worldbank.org/wdr/2000/fullreport.html

World Bank (2001). *World Development Report 2000/2001.* Oxford University Press: New York www.worldbank.org/poverty/wdrpoverty/report/index.htm

World Bank (2009), *HIPC At-A-Glance Guide* (Spring 2009)

Zettelmeyer, Jeromin (2010), Development through Financial Integration? Lessons from Emerging Europe, Presentation based on the 2009 Transition Report, EBRD, WIIW, 27. January 2010

日本語文献

アスキュー・デイヴィッド(2008年)「書評　南京アトロシティ研究の国際化 Kitamura Minoru, The Politics of Nanjing: An Impartial Investigation の検証」『立命館文学』609巻

アミン、サミール、野口祐他訳（1979年 a）『世界的規模における資本蓄積（1）世界資本蓄積論』柘植書房

アミン、サミール、野口祐他訳（1979年 b）『世界的規模における資本蓄積（2）周辺資本主義構成体論』柘植書房

アミン、サミール、原田金一郎訳（1981年）『世界的規模における資本蓄積（3）中心=周辺経済関係論』柘植書房

アリベ、ジャン＝マリー、加茂省三訳（2004年）「必ずしも発展に成長は必要ない」『ル・モンド・ディプロマティーク』http://www.diplo.jp/articles04/0407-5.html

イグナティエフ、マイケル、中山俊宏訳（2003年）『軽い帝国 ボスニア、コソボ、アフガニスタンにおける国家建設』風行社

エドワーズ、ジャック、薙野慎二訳（1992年）『くたばれ、ジャップ野郎！日本軍の捕虜になったイギリス兵の記録』径書房

ガルトゥング、ヨハン、高柳先男・塩屋保訳（1989年）『平和への新思考』勁草書房

ガルトゥング、ヨハン、御立英史訳（2017年）『日本人のための平和論』ダイヤモンド社

ガルトゥング、ヨハン（2003年）「平和学における認識論と方法論」ガルトゥング、ヨハン・藤田明史編著『ガルトゥング平和学入門』法律文化社、所収

カント、イマヌエル、宇都宮芳明訳（1985年）『永遠平和のために』岩波書店

クライン、ナオミ、松島聖子訳（2001年）『ブランドなんか、いらない―搾取で巨大化する大企業の非情－』はまの出版

クライン、ナオミ、松島聖子訳（2003年）『貧困と不正を生む資本主義を潰せ―企業によるグローバル化の悪を糾弾する－』はまの出版

グラック、キャロル（2019年）『戦争の記憶 コロンビア大学特別講義 学生との対話』講談社

ケペル、ジル（2005年）『ジハードとフィトナ－イスラム精神の戦い－』NTT出版

コーテン、デビッド、西川潤監訳（1997年）『グローバル経済という怪物』シュプリンガー東京

コーテン、デビッド、渡辺龍也訳（1995年）『NGOとボランティアの21世紀』学陽書房

ザックス、ヴォルフガング編、イヴァン・イリッチ他、三浦清隆他訳（1996年）『脱「開発」の時代－現代社会を解読するキイワード辞典－』晶文社

ジョージ、スーザン、ファブリッチオ・サベッリ、毛利良一訳（1996年）『世界銀行は地球を救えるか－開発帝国50年の功罪－』朝日新聞社

ジョージ、スーザン、向壽一訳（1989年）『債務危機の真実－なぜ第三世界は貧しいか－』朝日新聞社

ジョージ、スーザン、佐々木健・毛利良一訳（1995年）『債務ブーメラン－第三世界債務は地球を脅かす－』朝日新聞社

ジョージ、スーザン、小南祐一郎・谷口真理子訳（1984年）『なぜ世界の半分が飢えるのか－食糧危機の構造－』朝日新聞社

ジョージ、スーザン、森田成也、大屋定晴、中村好孝訳（2008年）『アメリカは、キリスト教原理主義・新保守主義に、いかに乗っ取られたのか？』作品社

ジョージ、スーザン、杉村昌昭・真田満訳（2004年）『オルター・グローバリゼーション宣言－もうひとつの世界は可能だ！もし……－』作品社

ジョージ、スーザン、杉村昌昭訳（2002 年）『WTO 徹底批判！』作品社
ジョージ、スーザン、毛利良一監訳（2000 年）『ルガノ秘密報告 グローバル市場経済生き残り戦略』朝日新聞社
ジョージ、スーザン vs マーティン・ウルフ、杉村昌昭訳（2002 年）『【徹底討論】グローバリゼーション賛成／反対』作品社
スティグリッツ、ジョセフ、アンドリュー・チャールトン、浦田秀次郎監訳（2007 年）『フェアトレード－格差を生まない経済システム－』日本経済新聞出版社
スティグリッツ、ジョセフ、鈴木主税訳（2002 年）『世界を不幸にしたグローバリズムの正体』徳間書店
ストレンジ、スーザン、西川潤・佐藤元彦訳（1994 年）『国際政治経済学入門－国家と市場－』東洋経済新報社
ストレンジ、スーザン、櫻井公人訳（1998 年）『国家の退場―グローバル経済の新しい主役たち－』岩波書店
スミス、アダム、山岡洋一訳（2007 年）『国富論－国の豊かさの本質と原因についての研究－』上・下、日本経済新聞出版社
石油鉱業連盟（2007 年）『石鉱連資源評価スタディ 2007 年』　（世界の石油・天然ガス等の資源に関する 2005 年末における評価）
チョムスキー、ノーム、山崎淳訳（2001 年）『9.11－アメリカに報復する資格はない！－』文藝春秋
トクヴィル、アレクシ・ド・（年）『アンシャン・レジームと革命』
トクヴィル、アレクシ・ド・松本礼二訳（2005 年）『アメリカのデモクラシー　第 1 巻（下）』岩波文庫
ネグリ、アントニオ、マイケル・ハート、水嶋一憲ほか訳（2003 年）『帝国－グローバル化の世界秩序とマルチチュードの可能性－』以文社
ネグリ、アントニオ、マイケル・ハート、水嶋一憲ほか訳（2005a 年）『マルチチュード（上）―〈帝国〉時代の戦争と民主主義』日本放送出版協会
ネグリ、アントニオ、マイケル・ハート、水嶋一憲ほか訳（2005b 年）『マルチチュード（下）―〈帝国〉時代の戦争と民主主義』日本放送出版協会
バグワティ、ジャグディシュ、鈴木主税・桃井緑美子訳（2005 年）『グローバリゼーションを擁護する』日本経済新聞社
ハーバーマス・ユルゲン、高野昌行訳（2004 年）『他者の受容－多文化社会の政治理論に関する研究』法政大学出版局
ハーマー、マルゲリート、村岡崇光訳（2013 年）『折られた花: 日本軍「慰安婦」とされたオランダ人女性たちの声』新教出版社
ヒトラー、アドルフ、平野一郎・将積茂訳（1973 年）『我が闘争』上、角川書店
フルフォード、ベンジャミン（2006 年）『9.11 テロ捏造－日本と世界を騙し続ける独裁国家アメリカ－』徳間書店
ブルマ、イアン、石井信平訳（1994 年）『戦争の記憶―日本人とドイツ人』TBS ブリタニカ
ベック、ウルリッヒ、　東廉（翻訳）（1998 年）『危険社会: 新しい近代への道』法政大学出版局
ベック、ウルリッヒ、山本啓訳（2014 年）『世界リスク社会』法政大学出版局
ベルトラン、モーリス、横田洋三監訳（1991 年）『国連再生のシナリオ』国際書院
ボワイエ、ロベール、ピエール・フランソワ・スイリ編、青木昌彦、榊原英資、佐々木かおり、藤本隆宏他（2002 年）『脱グローバリズム宣言－パクス・アメリカーナを超えて－』藤原書店
ボワイエ、ロベール、山田鋭夫訳（2005 年）『資本主義 vs 資本主義』藤原書店
マイネッケ、フリードリッヒ、矢田俊隆訳（1974 年）『ドイツの悲劇』中公文庫
マキアベリ、ニッコロ、河島英昭訳（1998 年）『君主論』岩波文庫
マクナマラ、ロバート・S、仲晃訳（1997 年）『マクナマラ回顧録―ベトナムの悲劇と教訓―』共同

通信社
メドウズ、ドネラ・H他、大来佐武郎監訳（1972年）『成長の限界－ローマ・クラブ人類の危機レポート－』ダイヤモンド社
ラトゥーシュ、セルジュ、清水眞理子訳（2004年）「開発の自文化中心主義に抗して」『ル・モンド・ディプロマティーク』http://www.diplo.jp/articles04/0411-4.html
ラトゥーシュ、セルジュ、原宏之訳（2004年）「収縮社会のために」『世界』2004年2月
リー・クアンユー、小牧利寿訳（2000年a）『リー・クアンユー回顧録（上）』日本経済新聞社
リー・クアンユー、小牧利寿訳（2000年b）『リー・クアンユー回顧録（下）』日本経済新聞社
ワインバーガー、キャスパー、ピーター・シュワイツァー、真野明裕訳（1997年）『ネクスト・ウォー』二見書房
石橋湛山（1990年）『石橋湛山評論選集』東洋経済新報社
石橋湛山、石橋湛山全集復刻委員会編（2011年）『石橋湛山全集　第11巻』東洋経済新報社
稲葉正夫編（1970年）『岡村寧次大将資料第一　戦場回想編』原書房
今井正幸、和田正武、森彰夫、ロジュニョイ・ヘドウィグ（2003年）『市場経済移行諸国の理想と現実－グローバリゼーション下の可能性－』彩流社
今井正幸・和田正武・大田英明・森彰夫（2008年）『市場経済下の苦悩と希望－21世紀における課題－』彩流社
今井正幸（2001年）『入門　国際開発金融』亜紀書房
今田真人（2018年）『極秘公文書と慰安婦強制連行―外交資料館等からの発見資料』三一書房
上杉勇司（2004年）『変わりゆく国連PKOと紛争解決－平和創造と平和構築をつなぐ－』明石書店
臼井勝美（2000年）『新版日中戦争―和平か戦線拡大か』中央公論新社
内海愛子ほか編（2011年）『東京裁判―性暴力関係資料』現代史料出版
栄維木（2010年）日中歴史共同研究 日本側の研究成果 第二部 第二章「日本の中国に対する全面的侵略戦争と中国の全面的抗日戦争」
遠藤誠治・遠藤乾編（2014年）『シリーズ　日本の安全保障1　安全保障とは何か』岩波書店
遠藤乾編（2015年）『シリーズ　日本の安全保障8　グローバル・コモンズ』岩波書店
王泰升; 鈴木敬夫 (2005). “植民地下台湾の弾圧と抵抗:日本植民地統治と台湾人の政治的抵抗文化”. 札幌学院法学 (札幌学院大学) 21 (1): pp.223-278.
大田英明（2009年）『IMF（国際通貨基金）－使命と誤算－』中央公論新社
大西健丞（2006年）『NGO、常在戦場』徳間書店
緒方貞子（2006年）『紛争と難民–緒方貞子の回想–』集英社
海軍経理学校補修学生第10期文集刊行委員会編（1983年）『滄溟』同委員会
外務省（2012年）『平成24年版外交青書』
梶村太一郎ほか編（2008年）『「慰安婦」強制連行』、金曜日「日本占領下オランダ領東印度におけるオランダ人女性に対する強制売春に関するオランダ政府所蔵文書調査報告」1994年1月、に収録
姜在彦編（1985年）『朝鮮における日窒コンツェルン』不二出版
姜在彦(1992年)『日本による朝鮮支配の40年』 朝日新聞社
極東国際軍事裁判所編（1968年）『極東国際軍事裁判速記録』第10巻、雄松堂書店
「軍事法廷対戦犯谷寿夫的判決書及附件」（1947年3月10日）国民政府軍令部戦史会档案、中国第二档案館所蔵五九三/870
経済産業省（2008)、『エネルギー白書　2008年版』
胡菊栄編（2006年）『南京審判』〔張憲文主編『南京大屠殺史料集』(24)〕江蘇人民出版社
黄文雄（2004年）『捏造された昭和史』日本文芸社
国際通貨研究所（2003年）「東アジア研究会」https://www.mof.go.jp/jouhou/kokkin/tyousa/tyou076-00c.pdf#search='東アジア研究会'

小島毅（2010年）日中歴史共同研究 日本側の研究成果　古代・中近世　第二部「中国文化の伝播と日本文化の創造的発展の諸相」第一章「思想、宗教の伝播と変容」
斉藤孝（1966年）『現代世界の史的考察－国際政治と日本－』東京大学出版会
斉藤孝編（1981年）『国際関係論入門』（新版）有斐閣
（財）女性のためのアジア平和国民基金編（1997年a）『政府調査「従軍慰安婦」関係資料集成①　警察庁関係公表資料・外務省関係公表資料（上）』龍渓書舎
（財）女性のためのアジア平和国民基金編（1997年b）『政府調査「従軍慰安婦」関係資料集成②　防衛庁関係公表資料（上）』龍渓書舎
（財）女性のためのアジア平和国民基金編（1997年c）『政府調査「従軍慰安婦」関係資料集成③　防衛庁関係公表資料（下）』龍渓書舎
（財）女性のためのアジア平和国民基金編（1998年a）『政府調査「従軍慰安婦」関係資料集成④　国立公文書館所蔵資料・大英帝国戦争博物館所蔵資料・厚生省関係公表資料』龍渓書舎
（財）女性のためのアジア平和国民基金編（1998年b）『政府調査「従軍慰安婦」関係資料集成⑤　米国国立公文書館所蔵資料・国立国会図書館所蔵資料・各巻資料の概要紹介』龍渓書舎
坂本義和（1990年）『地球時代の国際政治』岩波書店
清水伸編（1976年）『逐次日本国憲法審議録』（増補版）第2巻、原書房
下村恭民・辻一人・稲田十一・深川由起子（2001年）『国際協力－その新しい潮流－』有斐閣
庄司克宏（2018年）『欧州ポピュリズム―EU分断は避けられるか―』筑摩書房
杉本和行（2019年）『デジタル時代の競争政策』日本経済新聞出版社
鈴木健人（1997年）「ジョージ・ケナンの核兵器観と米国各政策　1945年－1950年」斉藤孝編、『20世紀政治史の諸問題』彩流社、所収
千明誠・深尾京司（1993年）「不完全な公共財としての国際援助」『経済研究』一橋大学経済研究所、44巻1号
高田純（2008年）『中国の核実験－シルクロードで発生した地表核爆発災害』 医療科学社
高柳賢三ほか編著（1972年）『日本国憲法制定の過程Ⅰ』有斐閣
武田邦彦（2007年）『環境問題はなぜ嘘がまかり通るか2』洋泉社
武田幸男編（2000年）『朝鮮史（新版 世界各国史)』山川出版社
田中禎彦（2005年）「20世紀前半の朝鮮総督府による朝鮮の歴史的建造物の調査保存事業について」『日本建築学会計画系論文集』594号 日本建築学会
田中利幸（1993年）『知られざる戦争犯罪―日本軍はオーストラリア人に何をしたか』大月書店
谷口誠（2004年）『東アジア共同体－経済統合のゆくえと日本－』岩波書店
俵義文（1997年）『慰安婦問題と教科書攻撃』高文研千田善（1999年）『ユーゴ紛争はなぜ長期化したか』勁草書房
土山實男（2004年）『安全保障の国際政治学－焦りと傲り－』有斐閣
朝鮮總督府農林局（1935年）『米穀關係法規；朝鮮米穀要覧』http://dl.ndl.go.jp/info:ndljp/pid/1337186
鶴見和子（1999年）『コレクション鶴見和子曼荼羅 Ⅸ 環の巻－内発的発展論によるパラダイム転換』藤原書店
鄭大均（2011年）『姜尚中を批判する－「在日」の犠牲者性を売り物にする進歩的文化人の功罪』飛鳥新社
東京裁判ハンドブック編集委員会編（1989年）『東京裁判ハンドブック』青木書店
戸部良一（2010年）日中歴史共同研究　日本側の研究成果　第2部「中国文化の伝播と日本文化の創造的発展の諸相」第1章「満洲事変から日中戦争まで」
中谷巌（2008年）『資本主義はなぜ自壊したのか－日本再生への提言－』集英社
新渡戸稲造（2000年）『武士道』教文館
禾晴道『海軍特別警察隊』（1975年）太平出版社

秦郁彦（2007 年）『南京事件』中央公論社
波多野澄雄・庄司潤一郎（2010 年）日中歴史共同研究 日本側の研究成果　古代・中近世　第 2 部第 2 章「日中戦争―日本軍の侵略と中国の抗戦」
羽仁五郎（1968 年）『都市の論理』勁草書房
羽場久美子（2019 年）「ブレグジット（イギリスの EU 離脱）と東欧―EU 統合の構造と課題―国際政治の観点から―」日本政治学会発表論文
浜矩子（2009 年）『グローバル恐慌－金融暴走時代の果てに－』岩波書店
林博史（2007 年）『シンガポール華僑粛清―日本軍はシンガポールで何をしたのか』高文研
藤原帰一（2001 年）『戦争を記憶する――広島・ホロコーストと現在』講談社
文京洙（2005 年）『韓国現代史』岩波書店
前田朗編（2016 年）『（2011 年）「慰安婦」問題の現在―「朴裕河現象」と知識人』三一書房
増田弘（1995 年）『石橋湛山―リベラリストの真髄』 中央公論新社
宮崎犀一他編（1981 年）『近代国際経済要覧』東京大学出版会
目加田説子（2004 年）『地球市民社会の最前線－NGO、NPO への招待－』岩波書店
最上敏樹（2016 年）『国際機構論講義』岩波書店
森彰夫（1999 年）『ハンガリーにおける民営化の政治経済学』彩流社
森彰夫（2011 年）『オルタナティブ国際関係論―国際機構と国際協力の改革へ向けて―』彩流社
森彰夫（2017 年）『インクルーシブ国際社会論』彩流社
森彰夫（2019 年）『マルティラテラル平和・安全保障論―多国間・国際組織・地域共同体の時代へ―』彩流社
森武麿（1992 年）『アジア・太平洋戦争（日本の歴史)』 集英社
八嶋由香利（2015 年）“ヨーロッパ統合の中の「国づくり」 カタルーニャ「独立問題」の背景にあるもの”『歴史学研究』(932)
楊夏鳴編（2005 年）『東京審判』江蘇人民出版社
吉田裕（1997 年）『現代歴史学と戦争責任』青木書店
吉田裕（2017 年）『日本軍兵士　アジア・太平洋戦争の現実』中公新書
吉田康彦（2003 年）『国連改革－「幻想」と「否定論」を超えて－』集英社
吉見義明（2010 年）『日本軍「慰安婦」制度とは何か』、岩波ブックレット
吉見義明（1995 年）『従軍慰安婦』岩波書店
吉見義明（2013 年）「橋下徹市長への公開質問状」
「遠東国際軍事法廷判決書」、張憲文主編『南京大屠殺史料集』(7)

■著者略歴
森　彰夫（もり　あきお）
ハンガリー政府給費留学、学習院大学大学院政治学研究科博士後期課程単位取得満期退学、学習院大学博士号（政治学）授与、ライオグランド大学（米国大学）日本校国際関係学科専任講師、海外経済協力基金開発援助研究所、国際協力銀行開発第3部、玉川大学経営学部非常勤講師、JICA キルギス共和国事務所企画調査員、東北公益文科大学公益学部教授、エトヴェシュ・ローランド大学社会科学学部（ハンガリー）客員教授を経て、現在、大和大学政治経済学部教授。

主要業績：
共著『20 世紀政治史の諸問題』彩流社、1997 年
単著『ハンガリーにおける民営化の政治経済学』彩流社、1999 年
共著『ウクライナのマクロ経済の現状と課題』海外経済協力基金開発援助研究所リサーチ・ペーパー No.35、1999 年
共著『市場経済移行諸国の理想と現実——グローバリゼーション下の可能性』彩流社、2003 年
共著『市場経済下の苦悩と希望—— 21 世紀における課題』彩流社、2008 年
単著『オルタナティブ国際関係論——国際機構と国際協力の改革へ向けて』彩流社、2011 年
単著『インクルーシブ国際社会論』彩流社、2017 年
単著『マルティラテラル平和・安全保障論——多国間・国際組織・地域共同体の時代へ』彩流社、2019 年

グローバル・コモンズのための国際関係論《こくさいかんけいろん》

2020 年 4 月 15 日　初版第 1 刷発行　　定価は、カバーに表示してあります

著　者　森　彰　夫
発行者　河野和憲

発行所　株式会社　彩　流　社
〒 101-0051　東京都千代田区神田神保町 3-10　大行ビル 6 F
TEL 03-3234-5931 FAX 03-3234-5932
ウェブサイト　http://www.sairyusha.co.jp
E-mail　sairyusha@sairyusha.co.jp

印刷　モリモト印刷㈱
製本　㈱難波製本

ISBN 978-4-7791-2684-0 C0031

マルテラテラル平和・安全保障論

978-4-7791-2578-2 C0031 (19.04

多国間・国際組織・地域共同体の時代へ　　森 彰夫 著

自衛隊を〝国軍〟として強化すると、周辺諸国に典型的なセキュリティ・ジレンマを引き起こす。平和憲法の理念に基づく多国間・国際組織の協力による平和・安全保障の必要性とその可能性を歴史的検証と安全保障理論の両面から説く平和構築論。 A5 判上製 2,500 円 + 税

インクルーシブ国際社会論

978-4-7791-2396-2 C0031 (17.09)

森 彰夫 著

『「違い」をお互いに認め合うインクルーシブな国際社会の必要性』という観点から、歴史的と理論、そして顕著な具体的例を検証することによって、混迷を深める現代社会の有り様を問い、未来を展望する。激変する国際社会への新しい視座！ A5 判上製 2,500 円 + 税

オルタナティブ国際関係論

978-4-7791-1692-6 C0031 (11.11)

国際機構と国際協力の改革へ向けて　　森 彰夫 著

様々な国際社会システム理論 ――リベラリズム、リアリズム、国際政治経済論、従属論と世界システム論、コンストラクティビズム――を超えて、新たな理論構築を目指した国際関係論の入門書。具体的な 課題に実行可能な代案を示す政策論 A5 判上製 2,500 円 + 税

オルタナティブ国際政治経済学

978-4-7791-1521-9 C0031 (10.03)

国際機構・国際紛争・開発援助・地域統合の再考　　今井正幸、森　彰夫 共著

多角的な視点で、国連による集団安全保障体制の構築、核抑止力、地球環境保全、金融取引、公正な貿易、対米従属の克服、アフリカ支援、東アジア共同体などの具体的な方策を論じ、深刻化するグローバル資本主義の代替案を提出する。 A5 判上製 2,800 円 + 税

市場経済移行諸国の理想と現実

9978-4-88202-818-5 C0033 (10. 05)

グローバリゼーション下の可能性　今井正幸、和田正武、森彰夫、ロジュニョイ・ヘドヴィグ 著

西欧型グローバリゼーションと米国型グローバリゼーションの狭間で揺れる市場経済移行諸国、EU 周辺国における 1990 年代のグローバリズムによる諸問題を整理するケーススタディを通して、オルターナティブの提示を試みる刺激的論集。 A5 判上製 3,200 円 + 税

反グローバリズム

978-4-88202-727-0 C0010(01. 12)

新しいユートピアとしての博愛　　ジャック・アタリ 著／近藤健彦、瀬藤澄彦 共訳

“テロと戦争の新世紀”へ J・アタリの具体的な提言。“グローバリゼーション－市場主義”が招く恐るべき世界とは？「自由」「平等」「民主主義」そして「博愛」「ユートピア」――手垢にまみれた概念を根底から洗い直し、新たな思想－行動原理を提示。 四六判上製　1,900 円 + 税

「発想の転換」の政治

978-4-7791-2544-7 C0022 (18.11)

ケネディ大統領の遺言ケネディ大統領の遺言　　土田　宏著

“強者が公正で、弱者が安全で、そして平和が維持される”米ソ冷戦の真っ最中、核戦争の危機のなかでの「平和」を目指し、「理想が崇高であればあるだけ、努力して必死に探求していかなければならない」と呼びかけたケネディ政治の真髄を再び問う。 四六判並製　2,000 円＋税